基于证据的新课程教学改进丛书

丛书主编 刘 坚 姬文广

基于整本书阅读的
小学语文教学改进

杨 磊 吴欣歆 著

北京师范大学出版集团
BEIJING NORMAL UNIVERSITY PUBLISHING GROUP
北京师范大学出版社

图书在版编目(CIP)数据

基于整本书阅读的小学语文教学改进 / 杨磊,吴欣
歆著. -- 北京 :北京师范大学出版社,2025.2.
(基于证据的新课程教学改进丛书). -- ISBN 978-7-303-
30387-8

Ⅰ.G623.202

中国国家版本馆 CIP 数据核字第 2025KW5535 号

出版发行:北京师范大学出版社 https://www.bnupg.com
　　　　　北京市西城区新街口外大街 12-3 号
　　　　　邮政编码:100088
印　　刷:北京同文印刷有限责任公司
经　　销:全国新华书店
开　　本:710 mm×1000 mm　1/16
印　　张:20.75
字　　数:330 千字
版　　次:2025 年 2 月第 1 版
印　　次:2025 年 2 月第 1 次印刷
定　　价:75.00 元

策划编辑:邓丽平　　　　　　　责任编辑:杨磊磊
美术编辑:胡美慧　王　蕊　　　装帧设计:李尘工作室
责任校对:陈　荟　赵鑫钰　　　责任印制:孙文凯

基于证据的新课程教学改进丛书
编　委　会

循证改进教学　发展核心素养

（代序）

　　教育乃国家发展、民族复兴的基石。在世界格局复杂多变的 21 世纪，如何通过发展高质量教育，提升青少年的综合素质及解决实际问题的能力，从而提升整个国家的国际竞争力，是教育工作者需要不断思考的问题。教学改进是提高教育质量的有效途径之一，教师是教学改进和教育改革的关键力量。"基于证据的新课程教学改进丛书"，在顺应发展学生核心素养的新课程改革趋势的同时，借鉴国内外改进科学研究的经验，以提升教师教研水平、提高教师教学实践能力为抓手，通过数据驱动促进区域教育高质量发展，激发学生学习兴趣，发展学生高阶能力。

　　我们开展的教学改进，缘起于郑州市义务教育质量健康体检项目，依托于郑州市义务教育质量提升项目。自 2012 年以来，北京师范大学区域教育质量健康体检项目团队用持续 8 年的时间，在郑州市共实施了 7 次全域范围的大规模教育质量监测与数据分析反馈活动。数据全面、直观地反映出不同学校或地区、不同年份义务教育质量发展图谱，构建了迄今为止全国范围内历时最长、规模最大的区域教育综合质量数据库。郑州市义务教育质量提升项目作为郑州市义务教育质量健康体检项目的延续和深化，充分整合和利用项目体检数据，将在教育评价过程中发现的重大问题、普遍规律与郑州市中小学教育实践相结合，服务于郑州市义务教育质量提升。郑州市义务教育质量提升项目于 2020 年启动，共涉及 9 个学科，分别依托郑州市的 5 个城区、20 多所中小学样本学校、300 多名骨干教

1

师，开展了持续 2 年的探索与实践。项目组织以高校教授为首席专家的小学语文、小学数学、小学科学、初中语文、初中数学、初中英语、初中科学、初中历史、初中道德与法治 9 大学科团队，协同郑州市教育局及教研室、学科所依托的区教育局和教研室、教研员和广大骨干教师，开启区域教学改进之路。

本套丛书的编写，既关注国家义务教育新一轮课程标准关于发展学生核心素养的改革需求，也注重将教学改进过程中的理论与实际相结合，更注重基于证据的精准教育引领。丛书的编写遵循以下四个理念。

（1）关注发展学生核心素养，助力落实《义务教育课程标准（2022 年版）》精神。第一，各学科均基于连续多年的区域义务教育质量监测数据，挖掘数据中隐含的规律，选择与学生核心素养发展密切相关的教学改进主题，关注学生的高阶能力与综合素质发展。第二，各学科通过呈现内容丰富、形式多样的教学改进课程设计，启发读者深刻理解新课程理念如何在实际教学中体现与运用，如何基于学生的成长和发展设计与改进教学，从而有效推动新课程标准在日常课堂中落地落实。

（2）教育理论与教学实践有机融合，呈现真实发生的教学改进故事。第一，各学科通过呈现教学案例如何随着教学改进的深入不断迭代的过程，通过分析教学案例带来的有关教育理念与课堂教学的深刻启发等，实现了教育理论与教学实践相融合的目标。第二，通过关注教学改进过程中教研共同体的建设及教师的个案研究，呈现学员教师如何通过课堂展示、观点分享、交流研讨将所学的教育理论运用到实际的课堂教学中，充分体现了教学改进促进学员教师自我成长、促进学生主动学习，有效推动了教学改进真实发生。

（3）注重定量与质性数据相结合，基于证据开展教学改进。从数据驱动下的教学改进主题选择、数据驱动下的样本学校选择、数据驱动下的改进课程效果追踪、数据驱动下的课程效果呈现四个方面，全方位、多视角地展示如何运用定量与质性多种数据开展基于证据的教学改进。第一，在数据驱动下的教学改进主题选择方面，各学科均结合郑州市连续多年的义务教育质量监测数据，分析学生能力表现及学习中较为普遍的问题，挖掘数据背后的教育教学规律，继而选择与确定教学改进主题。第二，在数据驱动下的样本学校选择方面，各学科结合参测学校在教学改进主题对应维度上的能力表现水平，重点关注普通学校、普通教师和普通学生的成长，促进教育公平发展。第三，在数据驱动下的改进课程效果追踪方面，通过教学改进过程中的访谈与问卷等多种调研数据，实时了解学员教师的实际需求与课程效果，及时调整教学改进活动规划。第四，在数据驱动下的课程效果呈现方面，通过课堂观察、访谈、问卷调查、学业测试等多种方式，收集与分析定量数据或质性数据，充分揭示数据背后的变化规律，全面呈现教师教学与学生学习的变化。

（4）教学改进成果可复制、可推广，具有面向全国的辐射力与影响力。第一，教学改进成果中的教学案例具有典型性与代表性，反映了许多学科教师在一线教学时遇到的共性问题，对新一轮课程标准实施过程中全国范围内相关中小学各学科教师面临的教学设计能力提升、教研能力发展等问题具有重要的借鉴与启发作用。第二，教学改进的整体思路、工作机制与改进模型等内容，也是教学改进的一大成果，对于学科教育研究者了解当下最新教育研究课题及研究进展的学术发展需求有积极的启发意义，对于教师教育研究者、教育行政与管理人员开展教师研修工作具有积极的参考与启发意义。

由北京师范大学出版社出版的"基于证据的新课程教学改进丛书"，系统反映了上述四个理念。在上述理念指导下，丛书遵循教学改进基本规律，围绕教学改进设计、教学改进实践、教学改进效果三个方面阐述基于证据的新课程教学改进。在书稿中体现为上篇（教学改进设计）、中篇（教学改进实践）、下篇（教学改进效果）。各册书稿围绕本学科的改进主题呈现出一定的学科特色，上篇、中篇、下篇的标题虽不完全相同，但其本质均分别对应教学改进设计、教学改进实践、教学改进效果，具有总体逻辑架构的统一性。丛书包括 8 个学科分册，分别由各学科的首席专家及执行负责人，即语文学科的郑国民教授、吴欣歆教授，小学数学学科的张丹教授，小学科学学科的刘晟副教授，初中数学学科的綦春霞教授，初中英语学科的罗少茜教授，初中科学学科的张殷教授，初中历史学科的张汉林教授担任各分册主著，各分册的主要作者都是研究团队的核心成员。郑州市义务教育质量提升项目的研究与探索得到了郑州市教育局、郑州市教研室等区域协同合作单位，以及多所参加教学改进项目的学校的大力支持，在此一并表示感谢！感谢北京师范大学出版社对本套丛书出版的大力支持！

丛书所选取的素材主要来源于郑州市义务教育质量提升项目，丛书主体内容兼具学术性与实践性，面向广大一线教师及教研员、学科教育研究者、教师教育工作者，受众群体广泛。无论学生核心素养的发展还是基于证据的教学改进，研究与实践都才刚刚开始。路虽远，行则将至；事虽难，做则必成。在实现高质量教育的征途上，让我们携手同行！

刘坚

2024 年 9 月于北京师范大学

前　言

郑州市义务教育质量提升项目作为郑州市义务教育质量健康体检项目的延续和深化，充分整合和利用体检项目数据，将教育评价过程中发现的重大问题、重要经验和普遍规律与郑州市中小学教育实践相结合，服务于郑州市义务教育质量改进与提升。小学语文学科将教学改进的主题确定为"小学语文整本书阅读"。

《普通高中语文课程标准(2017年版2020年修订)》和《义务教育语文课程标准(2022年版)》都将"整本书阅读"作为重要的课程内容呈现，进一步强调了阅读能力作为影响学生终身发展的关键能力的重要性。受到国际学生评估项目(PISA)、国际阅读素养进展研究项目(PIRLS)等的影响，我国学生在阅读能力测评表现方面的差异性等，都敦促我们必须找到符合我国基础教育领域语文阅读教学需求的阅读教学方法。

关于如何开展整本书阅读教学的问题，教师和领域内的专家学者已经做出了大量实践探索与理论研究，但是对教学方法与策略的实施效果却鲜有论及。本书聚焦整本书阅读教学实际与具体学情，以数据驱动的方式，设计以整本书阅读教学为主题的教学改进方案，关注教师在教学改进活动中的具体表现，发现教师整本阅读教学能力的变化趋势，分析整本书阅读教学在小学语文课堂中的实施效果，总结小学语文整本书阅读教学改进经验，为提高小学语文教师整本书阅读教学能力，发展学生阅读素养提供实践参考。

本书的撰写依据两条线索。第一条线索是以教学改进的实施过程为主的"明线"。这条线索串联了小学语文整本书阅读教学改进的全过程。第二条线索是以构建整本书阅读教学校本研修机制为主的"暗线"。这条线索暗含在每一轮教学改进实施的过程中。本书遵循小学语文整本书阅读教学改进的实施流程，整体规划了三篇七个章节。其中，上篇"小学语文整本书阅读教学改进的整体设计"包括三章。第一章和第二章重点解决"为何开展整本书阅读教学改进"的问题。第一章通过对国际阅读素养培养的发展趋势、国内新课程发展的必然要求、大规模数据监测的现实呼唤三个方面的分析，论证整本书阅读对于学生阅读素养发展的重要性。第二章通过梳理回顾我国整本书阅读教学的发展历程，明确整本书阅读教学改进主题的内涵及研究进展。第三章重点介绍教学改进的整体设计。中篇"小学语文整本书阅读教学改进的实践流程"包括第四至第六章，重点呈现每一轮教学改进的情况，具体包括教学改进的实施过程、教学改进的主题、教学设计的呈现与分析、教学改进的效果评估。下篇"小学语文整本书阅读教学改进的成效"包括第七章，通过梳理教学改进的完整实施流程，归纳具有一般属性的教学改进推进模型，为开展整本书阅读教学改进活动提供经验参考。

在教学改进过程中，项目组聚焦《夏洛的网》整本书阅读教学，对整本书的内容解读、阅读策略运用、评价方案设计作了详细阐释。同时，为了使整本书阅读教学改进经验惠及更广泛的整本书阅读教学实践，在归纳整本书阅读学科思想方法时，不拘泥于《夏洛的网》，而是将视野投射到更普遍、更抽象的整本书领域中，以尝试得出更具推广意义的结论。

郑州市义务教育质量健康体检项目已经持续了十数年。在开展过程中，小学语文学科组经历了评价指标建构、测试工具开发、专题研究、教学改进等多个环节。大量高校学者、一线教师、硕博研究生参与到此项目中，贡献突出。本书的编写工作完成了，项目组依然努力学习，依然保持成长的姿态。我相信理论与实践相结合的持续发展路径，敬畏团队协作的力量。

杨磊

目 录
CONTENTS

上 篇 小学语文整本书阅读教学改进的整体设计 …………………… 1

第一章 教学改进主题确定的依据 ……………………………… 2

一、国际阅读素养培养的发展趋势 ……………………… 2

二、国内新课程发展的必然要求 ………………………… 5

三、大规模数据监测的现实呼唤 ………………………… 10

第二章 改进主题的内涵及研究进展 ……………………… 37

一、整本书阅读教学的内涵、发展脉络与意义 ………… 37

二、整本书阅读教学的研究主题 ………………………… 46

第三章 教学改进的整体设计 ………………………………… 80

一、小学语文整本书阅读教学改进项目的实施目标 …… 80

二、小学语文整本书阅读教学改进项目的实施思路 …… 82

三、小学语文整本书阅读教学改进项目的实施方案 …… 82

四、小学语文整本书阅读教学改进项目的实施方式 …… 89

五、小学语文整本书阅读教学改进项目的评价方案 …… 92

中　篇　小学语文整本书阅读教学改进的实践流程 ················· **99**

　第四章　第一轮教学改进的情况 ··· 100

　　一、第一轮教学改进的实施过程 ··· 100

　　二、第一轮教学改进的主题 ··· 117

　　三、第一轮教学设计的呈现与分析 ······································· 129

　　四、第一轮教学改进的效果评估 ··· 171

　第五章　第二轮教学改进的情况 ··· 182

　　一、第二轮教学改进的实施过程 ··· 182

　　二、第二轮教学改进的主题 ··· 190

　　三、第二轮教学设计的呈现与分析 ······································· 198

　　四、第二轮教学改进的效果评估 ··· 235

　第六章　第三轮教学改进的情况 ··· 243

　　一、第三轮教学改进的实施过程 ··· 243

　　二、第三轮教学改进的主题 ··· 249

　　三、第三轮教学设计的呈现与分析 ······································· 258

　　四、第三轮教学改进的效果评估 ··· 282

下　篇　小学语文整本书阅读教学改进的成效 ····················· **289**

　第七章　整本书阅读教学改进的成果 ·· 290

　　一、基于U-S框架的整本书阅读教学改进推进模型 ··············· 290

　　二、基于活动理论的整本书阅读教师工作坊研修模型 ············ 303

上 篇

小学语文整本书阅读
教学改进的整体设计

随着《义务教育语文课程标准(2022年版)》颁布,整本书阅读正式被纳入语文课程内容。"整本书阅读"这个概念虽然并非首次提出,但在课程改革背景下其核心内涵理应发生变化,因此亟须结合教学实践探索经验,重新厘定。本次教学改进以特定地区教育质量监测结果为依据,因此与传统意义上的教学改进存在差异。在设计教学改进环节时,实施方案、实施方式和评价方式等维度都要观照被改进教师的个性化需求,兼顾样本地区的客观教育条件。

第一章　教学改进主题确定的依据

【本章提要】

在小学阶段开展以"整本书阅读教学"为主题的教学改进活动，改进主题的确定主要依据国际阅读素养培养的发展趋势、国内新课程发展的必然要求、大规模数据监测的现实呼唤几个方面。本章将具体结合相关研究成果、政策文件、教育教学实践探索经验、阅读能力表现与影响因素数据监测结果，阐释确定教学改进活动主题的依据。

一、国际阅读素养培养的发展趋势

阅读不只是个体识字的工具和获取信息的手段，更是个体发展的一部分。对学生阅读素养的培养是各国长久以来语文教学关注的重点。本节将具体结合各国阅读教学政策文件、实施手段和阅读评测经验等，阐释国际范围内阅读能力培养的发展趋势，为在小学阶段开展"整本书阅读"教学提供借鉴。

美国政府历来重视阅读教育。阅读教育一直是美国公共政策议程中的重点，并且贯穿个体出生至基础教育结束的整个阶段。自 1998 年颁布《阅读卓越法案》起，美国阅读教育进入法制化阶段。这一时期阅读研究的重点在于如何提高学生的阅读素养。随后，《不让一个孩子掉队法》的颁布，将研究重点从提高学生的阅读素养转向关注教师的阅读能力发展，这标志着美国阅读教育发展到了新阶段。但受社会发展差异性的影响，即便美国政府对学生阅读能力与教师阅读教学能力投入大量政策关注，各州或地区学生在阅读能力发展上仍旧形成了较大差异。同时，各地方政府为了避免因违背《不让一个孩子掉队法》而受到政策惩罚，有意降低本州或地区课程标准的难度，致使阅读能力的培养陷入困境。为应对区域教育质量差异，防止教育水平低下等问题，美国政府随之颁布了《州共同核心课程标准》。该标准是一项教育规划，旨在统一从幼儿园到十二年级学生的教育标准。该标准结束了课程标准以州为单位各自为政的局面，对美国基础教育和阅读教育产生了深远影响。《州共同核心课程标准》在语文教学方面着重强调培养学生的阅读理解能力，通过阅读经典诗歌、戏剧、小说和散文等，逐步实现对学生阅读能力和素养的进阶式培养。在长时间坚持不懈的努力下，美国学生的阅读能力表现优秀。除此之外，美国政府还重视对教师阅读教学能力的培养，鼓励学校聘请阅读专家，开展教师阅读指导，并以支持教师专业进修等方式，发展教师的阅读教学水平。综上所述，美国政府不仅在教育政策上关注阅读能力的培养，还通过提高教师阅读教学能力的方式，促进本国学生阅读能力和教师阅读教学水平的发展。

芬兰非常重视对学生阅读能力的培养。在阅读教学方面，芬兰始终将提高学生的阅读兴趣与阅读动机放在首要位置，强调学生的阅读行为投入。芬兰教师在组织阅读教学时善于创设多样化的阅读环境，采取灵活多样的阅读形式，鼓励小组合作与交流，提倡过程性评价与表现性评价。因此，芬兰学生的阅读能力也十分卓越。芬兰的阅读教学课堂重视学生阅读的自主性，尊重学生的阅读兴趣。在课程组织上，每天除了固定的语文课程外，还额外增设一小时左右的阅读课程，以提高学生的阅读时间投入。在阅读指导上，教师将更多的学习机会给予学生，通过学习共同体的组建，促进学生之间的阅读交流。在阅读内容上，学校并不指定阅读教材，而是给予学生充分的自主权，学生可以选择整本的文学作品、杂志，也可以选择音像制品。但综合来看，无论选取何种阅读内容，芬兰的阅读教学都提倡"整体性"而非"碎片化"的阅读。

21世纪初，澳大利亚进入语文课程改革的新阶段。澳大利亚重视学生阅读种类的多样化。澳大利亚课程标准中提出的阅读文本包括演讲稿、对话集、小说、故事书、报刊文章、信函、请柬、报道、海报、戏剧或电影表演、广告，还包括计算机或多媒体等其他技术手段制作或传播的信息。在众多种类的阅读材料中，值得关注的是澳大利亚课程标准特别提出了阅读"小说"和"故事书"这一类偏重整本书的阅读内容。正是因为对阅读整本书的关注，澳大利亚课程标准依据不同学段提出了符合学生阅读能力发展水平的阅读策略，更加重视将从整本书中获得的阅读经验迁移运用到写作和口语交流中。除此之外，澳大利亚课程标准对阅读能力的重视还体现在课外阅读指导上，它提倡通过课外阅读的方式拓展学生阅读的深度与广度，进而增加学生的阅读时间和阅读量。澳大利亚在阅读领域作出的努力能够更有效地帮助学生了解语言的发展历史、社会和文化环境，帮助学生更好地理解文本中作者所表达的关于事件、问题、人物的观点，帮助学生了解来自不同文化或历史时期的文本叙述方式，从而更好地理解文学与语境。基于课程标准，澳大利亚开展的阅读教学也具有鲜明特点。例如，教师会以整本书作为推荐的阅读内容，兼顾学生阅读能力的差异性，教师也会让学生自主选择阅读书目。在课堂上，教师充分参与学生的阅读活动，引导学生以阅读小组为单位分享阅读收获，这不仅培养了学生理解和使用阅读策略的能力，还提高了学生的阅读兴趣，培养了学生热爱阅读的自主学习习惯，促进了学生阅读能力与素养进阶式的自主发展。

除了美国、芬兰和澳大利亚关注学生阅读素养发展外，其他国家也将阅读教学视为语文教学的关键领域。在追求教—学—评一体化的教育教学模式的影响下，阅读评价对阅读教学的反拨效应也至关重要。近年来，经济合作与发展组织针对15岁学生阅读、数学、科学能力评价研究开展的国际学生评估项目（PISA）在全球形成了巨大影响力，并逐渐成为评估一个国家或地区基础教育质量的重要标准。美国"国家教育进步评价"（NAEP）主要针对四、八、十二年级的学生，开展包含阅读、数学、科学等九个科目知识与能力的持续监测，被教育研究者视为美国最可靠的教育质量数据来源。研究者基于NAEP数据分析发现，拥有长篇阅读和快乐阅读习惯的学生学业成就更为优秀，成绩提升更为明显。由国际教育成就评价协会组织开展的PIRLS将阅读素养视为学业成就的重要基础。在PIRLS 2016的阅读素养测试中，"叙事小说"被作为"为了获得文学体验而阅读"的重要阅读材料。PIRLS 2021的阅读素养测试中融入了"戏剧"文本。这种多元化的阅读材料组织形式，为阅读教学内容的选择提供了指引，也启示我们要以丰富多元的视角组织阅读教学资源。

综上所述，多个国家对于阅读素养培养的实践经验以及国际大型阅读能力测试的要素构建和监测结果，都验证了阅读之于语文教学的重要意义。同时，各个国家对阅读材料的选取、阅读策略的关注都指向在完整、真实的阅读情境下发展学生阅读素养的重要意义。国际大型阅读能力测试项目的监测结果也指出，增加学生的阅读行为投入、情感投入和认知投入是提升学生阅读能力的关键因素。基于此，整本书阅读教学以其独特的优势，将有关阅读的事实性知识、方法性知识有机融合。同时，也为学生在完整阅读情境下开展阅读活动、获得阅读经验、发展阅读素养、培养阅读情感提供了内容场域。基于国际阅读教学与阅读测评经验，项目组结合小学阅读教学发展需要，明确了以整本书阅读教学为主的改进主题。

二、国内新课程发展的必然要求

《义务教育语文课程标准（2022年版）》顺承《普通高中语文课程标准（2017年版2020年修订）》对课程内容的组织要求，在"拓展型学习任务群"中设计了"整本书阅读"模块。这一改变，从政策层面赋予了整本书阅读对提升学生阅读素养的重要作用。

（一）核心素养的培养与发展赋予了整本书阅读教学以必然性

20世纪70年代之后的很长一段时期，国家教育主管部门都强调"双基"教学，即基础知识和基本技能的教学①，直到《义务教育语文课程标准（2011年版）》将"双基"教学扩展到"三维目标"。这预示着教学从关注知识的学习开始向重视能力的发展转变。《义务教育语文课程标准（2022年版）》更是创造性地将课程目标重组为文化自信、语言运用、思维能力和审美创造四个方面。从教学层面来看，以核心素养建构课程目标，有效避免了"双基"教学余力对"三维目标"的冲击，进而影响基于核心素养的教学。这种组织方式引导教师以更具融合性的视角规划教学内容、设计教学活动、组织教学评价。课程目标的转变就要求课程内容发生相应的变化。因此，了解新课程目标的特征，对分析课程内容的组织发展方向具有重要的指导意义。

---

① 杨静．学科思想方法的内涵及教学途径[J]．教育科学论坛，2018(26)．

第一，语文课程核心素养具有持续性特征。教师对于学生核心素养的培养并不能一蹴而就，而是要在学生不同的发展阶段，持续性地促进其核心素养的发展。这就要求教师在组织课程内容时，为学生搭建足以引导其持续发展的平台。以思维能力的持续性发展为例，只有连续的、宏大的、可持续探索的学习内容才能满足学生思维能力的发展，而片段的、狭隘的学习内容只能发展学生思维能力的某一个方面。第二，语文课程核心素养具有融合性特征。《义务教育语文课程标准（2022年版）》明确指出："核心素养的四个方面是一个整体。语言是重要的交际工具和思维工具，语言发展的过程也是思维发展的过程，二者相互促进。语言文字及作品是重要的审美对象，语言学习与运用也是培养审美能力和提升审美品位的重要途径。语言文字既是文化的载体，又是文化的重要组成部分，学习语言文字的过程也是学生文化积淀与发展的过程。在语文课程中，学生的思维能力、审美创造、文化自信都以语言运用为基础，并在学生个体语言经验发展过程中得以实现。"由此可以看出，任何核心素养都不能实现单方面的发展，只是在发展的过程中各有侧重。因此，课程内容的表现形式也应具备基本的融合性特征，即实现对四个核心素养的全面观照。第三，语文课程核心素养具有真实性特征。语文课程核心素养提出的基础是面向学生言语实践活动的真实学习感受。这就要求语文课程核心素养的发展需要依托真实的学习问题。从作用的角度来看，语文课程核心素养的发展能够帮助学生面对和解决当下或未来可能遇到的问题。因此，需要在真实性层面设计课程内容。真实的课程内容，一方面能够启发学生解决问题的智慧，另一方面能够为问题解决的路径提供指引。综上所述，课程目标的变革呼唤课程内容的革新，而核心素养的基本特征又刻画了理想中课程内容的形态。整本书阅读以其独特的优势，充分满足了核心素养目标的需求，成为教学改进项目的主题。

（二）充分的阅读量要求是促进开展整本书阅读教学的前提保障

在"课程理念"部分，《义务教育语文课程标准（2022年版）》明确"倡导少做题、多读书、好读书、读好书、读整本书，注重阅读引导，培养读书兴趣，提高读书品位"。在课程目标的学段要求部分，《义务教育语文课程标准(2022年版)》明确规定了不同学段学生需要达到的课外阅读数量。第一学段，学生要完成的课外阅读总量不少于5万字；第二学段，学生要完成的课外阅读总量不少于40万字；第三学段，学生要完成的课外阅读总量不少于100万字；第四学段，学生要完成的课外阅读总量不少于260万字。在第四学段的学生每学年还要阅读两三部名著。从阅读投入的角度来看，对学生课外阅读量的规定实际上是对学生阅读行为投入的要求。既有研究证明，阅读行为投入与学生的阅读能力表现之间呈显著正相关。这说明，提高学生的阅读量是发展学生阅读能力与素养的重要手段。《义务教育语文课程标准(2022年版)》对阅读量的要求从某种程度上来说是对学生阅读行为"量"的刻画，对培养学生的阅读习惯至关重要。因此，从教育文件层面规定学生的课外阅读量是促进阅读素养培养的重要保障。

(三)宏大的阅读视野是激发学生阅读潜质的关键因素

《义务教育语文课程标准(2022年版)》在第四学段的"阅读与鉴赏"中提出，"能较熟练地运用略读和浏览的方法，扩大阅读范围"，这就直接提出了关于拓宽阅读视野的要求。实际上，前三个学段也蕴含着阅读多样性的要求。例如，在阅读种类上，第一学段要求学生阅读浅近的童话、寓言、故事，并尝试阅读整本书；第二学段加入了对叙事性作品的阅读，并对整本书阅读提出了更高要求；第三学段进一步提出了阅读说明性文章的要求，并深化了整本书阅读的学习要求。纵向来看，从第一学段到第四学段阅读种类的变化，不仅呈现出对不同认知发展阶段学生阅读内容的规划与要求，还表明我国义务教育阶段对拓宽学生阅读视野的重视。宏大的阅读视野不仅展现在多样的文学体裁中，还表现在丰富的阅读内容上。《义务教育语文课程标准(2022年版)》的"附录2　关于课内外读物的建议"中列举了多种整本书阅读内容。有以安徒生童话、格林童话、叶圣陶《稻草人》、张天翼《宝葫芦的秘密》等为代表的童话；有以中国古今寓言、《伊索寓言》等为代表的寓言；有以成语故事、神话故事、民间故事、中外历史故事等为代表的故事；有以鲁迅《朝花夕拾》、冰心《繁星·春水》、《艾青诗选》、方志敏《可爱的中国》、《革命烈士诗抄》、中外童谣、儿童诗歌等为代表的诗歌散文作品；有以吴承恩《西游记》，施耐庵《水浒传》，老舍《骆驼祥子》，罗广斌、杨益言《红岩》，埃德加·斯诺《红星照耀中国》，斯威夫特《格列佛游记》，夏洛蒂·勃朗特《简·爱》，高尔基《童年》，奥斯特洛夫斯基《钢铁是怎样炼成的》等为代表的长篇名著；还有以《十万个为什么》、儒勒·凡尔纳《海底两万里》等为代表的科普科幻作品。整合《义务教育语文课程标准（2022 年版）》的推荐阅读书目，可以发现其对学生阅读视野的要求规范在文学类整本书作品、科学类整本书作品和历史类整本书作品三个方面。不同的整本书内容领域对培养学生的阅读素养发挥着不同的作用。文学类整本书作品往往关涉学生的个人生活体验，具有更为真实、广袤的阅读情境，学生在览阅作者创设的"生活图景"的过程中，能够更为全面地关注与思考社会问题，进而产生更为丰富的人生体验。文学类整本书作品是学生思想发育的重要平台。科学类整本书作品展现了科技发展的历史与前沿，蕴藏着人类对客观世界执着探索的精神。科学类整本书作品能够帮助学生从感性认知走向理性思考，启发学生感受科学技术背后的力量与智慧，激发学生探索未知的兴趣，同时，对培养学生的思维能力具有特殊贡献。历史是一个民族、一个国家形成、发展及其盛衰兴亡的真实记录，是前人的"百科全书"，即前人各种知识、经验和智慧的总汇。① 历史类整本书作品能够引导学生学习古人的智慧，传承历史文化，了解历史的发展规律，形成历史观念，进而促使学生以历史的思维方式面对和处理问题。综上所述，《义务教育语文课程标准（2022 年版）》对学生课外整本书阅读的类型提出了建议，旨在敦促学生广泛阅读，进而形成宏大的阅读视野。学生在多元阅读内容的激发下，能够生成丰富且深刻的阅读体验，进而达到提升阅读素养的目标。

(四)明确的整本书阅读课程内容是开展相关教学活动的核心旨要

前文是从《义务教育语文课程标准（2022 年版）》关于整本书阅读的外延要求角度切入的，论述了开展整本书阅读教学的必要性。与之前课程标准相比，新版

---

① 习近平. 习近平：领导干部要读点历史[J]. 传承，2012(2).

课标明确了整本书阅读的课程内容地位。《义务教育语文课程标准(2022年版)》在"拓展型学习任务群"中设计了"整本书阅读"板块。整本书阅读学习任务群"旨在引导学生在语文实践活动中,根据阅读目的和兴趣选择合适的图书,制订阅读计划,综合运用多种方法阅读整本书;借助多种方式分享阅读心得,交流研讨阅读中的问题,积累整本书阅读经验,养成良好阅读习惯,提高整体认知能力,丰富精神世界"。从《义务教育语文课程标准(2022年版)》对整本书阅读任务群的概念界定来看,开展整本书阅读教学主要从提高阅读兴趣、培养阅读习惯、建构阅读方法、发展阅读素养等维度来观照课程目标,具有"以少带多、以点带面"的特点。在学习内容上,《义务教育语文课程标准(2022年版)》也依据学段特征作出了明确指示,如表1-1所示。

表 1-1　整本书阅读学段阅读内容与行为动词

学段	阅读内容	行为动词
第一学段 (1～2年级)	富有童趣的图画书等浅易的读物,优秀的儿歌集,喜欢的童话书	阅读、体会、朗诵、感受、想象、讲述
第二学段 (3～4年级)	表现英雄模范事迹的图书,如《小英雄雨来》《雷锋的故事》等;儿童文学名著,如《稻草人》《爱的教育》等;中国古今寓言、中国神话传说等	阅读、讲述、感受、分享
第三学段 (5～6年级)	反映革命传统的作品,如《可爱的中国》《小兵张嘎》《闪闪的红星》等;文学、科普、科幻等方面的优秀作品,如《寄小读者》《十万个为什么》《海底两万里》等	阅读、讲述、梳理、交流、反思、分享
第四学段 (7～9年级)	革命文学作品,如《革命烈士诗抄》《红岩》《红星照耀中国》等;古今中外诗歌集、中长篇小说、散文集等文学名著,如《朝花夕拾》《骆驼祥子》《艾青诗选》《西游记》《格列佛游记》《钢铁是怎样炼成的》等	阅读、体会、评析、研讨、讲述、推荐、改编、撰写

表1-1整理了《义务教育语文课程标准(2022年版)》整本书阅读学习任务群对不同学段学习内容的要求,并具体梳理了各学段中出现的行为动词。从"阅读内容"维度来看,不同学段由低到高主要呈现两种特征:一是阅读难度由简单到复

杂，二是阅读种类由单一到多元。这说明，整本书阅读内容要适配学生阅读能力水平的变化，符合前文所述的阅读量与阅读视野发展的基本特征。"行为动词"能够从行动的角度剖析学生完成整本书阅读任务的能力变化趋势。通过梳理分析可以发现，随着学段的升高，学生在整本书阅读时的行为变得越为复杂。第一学段重在想象与感受，是激发自主阅读动机、培养阅读兴趣的阶段；第二学段重在感受与讲述，是促进学生持续阅读、掌握阅读方法的前阶段；第三学段重在梳理与反思，是构建阅读策略，尤其是元认知策略，并从阅读中获得知识与情感体验的关键阶段；第四学段重在评析和撰写，能结合所学分析、评价、创造整本书作品，是学以致用的阶段。同时，行为动词的变化还揭示了阅读方法的差异，从重视读，到关注分享与交流，再到观照写，体现了梳理与探究、阅读与鉴赏、表达与交流三种语文实践活动的有机融合与进阶发展。综上所述，《义务教育语文课程标准(2022年版)》对整本书阅读的独特观照，促使我们在教育教学实践中开展以整本书阅读教学为主题的改进活动。

综合本节内容可以发现，开展以整本书阅读教学为主题的改进活动符合新课程的要求。从课程变革的理念趋势来看，核心素养目标的提出呼唤新的课程内容，而整本书阅读作为最符合新课程理念的课程内容之一，成为教学改进项目组关注的重点。从课程变革的外延角度来看，《义务教育语文课程标准(2022年版)》对阅读量和阅读视野的要求，侧面促使项目组确定整本书阅读的改进主题。从课程变革的核心角度来看，与旧版课程标准相比，新版课程标准明确了整本书阅读学习任务群，直接影响了项目组对教学改进主题的确定。因此，依据新课程改革的多方面要求，以整本书阅读为关键概念，构建教学改进活动主题与框架都具有深远的现实与前瞻性意义。

三、大规模数据监测的现实呼唤

教—学—评一体化理念引导教育教学与评价改革。研究项目组持续十余年收集我国多个地区四年级学生的阅读能力表现数据，积累了大量的实证证据。因此，本节将结合具体数据表现情况，分析我国四年级学生阅读能力发展水平与困境，进而明确教学改进项目的活动主题。

(一)大规模数据监测的整体规划

对小学四年级学生阅读能力的持续监测的前提是建构监测体系。体系的建构主要包含以下几个方面，一是基于项目目标，组建监测专家团队；二是细化工具检验流程，提高工具的信度与效度；三是多维度分析试卷与问卷，开展专题研究。下文将对数据监测的整体规划情况做详细阐释。

1. 基于项目目标，组建监测专家团队

明确监测项目的目标，组建监测专家团队，是开展教育质量监测工作的第一步。项目组开展小学语文学科教育质量监测的目标主要有两个。其一，通过分析学生参与阅读能力测试的结果，了解学生的阅读能力表现。对阅读能力表现的考查可从两个方面加以观照：一是了解学生阅读能力发展的水平，二是掌握学生阅读能力发展的困境。其二，采用问卷调查的形式，了解影响学生的阅读能力发展的因素和具体的作用机制，进而实现通过干预影响因素提升学生阅读能力与素养的目标。

两个监测目标，决定了监测项目开展前期人员的组织结构。

首先，测量学生的阅读能力表现，需要开发专业的阅读能力测试工具。这就要求项目组部分成员具备充分的一线教学经验，了解当前四年级学生学业的基本情况，对学段内的学科知识、教材要求、课程要求都有详尽的了解。因此，项目组以专家负责制的方式，组建了六个测试工具开发组，每个小组由不少于两位一线教师组成，测试工具开发组人员的职称结构要求为一级教师。所有成员均由测试工具开发组组长管理。组长要求是市（区）级教研员、特级教师，或正高级教师。组长对试题的具体质量负责，同时要组织多次磨题研讨活动，不断打磨、修改试题。

其次，评估影响学生阅读能力发展的因素与具体的作用机制，需要开发专业的调查问卷。这就要求项目组部分成员具备开发问卷工具的能力。问卷组成员需要具备跨学科整合能力，对教育心理学、教育社会学等学科领域有所了解。同时，他们还要清晰地掌握国际语文教育质量监测研究的学术前沿动态，具有丰富的问卷工具开发经验。根据问卷结构，组建问卷工具开发组。每个小组具体负责某一维度问题的开发。问卷工具开发组采用组长负责制的工作原则。组长负责整合、处理各组开发的问卷题项。同时，组长定时组织工具研磨会议，严格打磨问卷题项。

综上所述，本项目从操作层面有两个目标：一是开发测试工具，二是开发问卷工具。根据两个目标，分别组建了以一线特级教师为代表的测试工具开发组和以研究生为代表的问卷工具开发组。两组并行，保障工具开发的信度与效度。

2. 细化工具检验流程，提高工具的信度与效度

保障测试工具的信度与效度不仅要靠高质量的人员组织结构，还要靠对工具检验流程的严格把关。根据项目组要求，为保证命题质量和测试结果的准确性，项目组需要一次性命制六套测试工具。每套测试工具的命制，都要严格依照"工具开发细目表"的规划要求开展，以保证每套工具内部（测试内容、测试形式、测试结构和考查能力）的一致性。从工具的检验流程上看，测试工具开发组需要在多次检验过程中依据数据反馈，调整试题内容，并将六套试卷融合成四套试卷。其中，两套试卷为正测试工具，两套试卷为正测试备用工具。具体检验流程如下。

（1）三十人小规模测试与六人出声思维访谈

在六套试卷开发完成后，项目组会组织三十人进行小规模测试。在统计学中，三十人可被视为大规模样本，能够呈现出一定水平的平均性问题。为了保证学生样本的均衡性，每套试卷都要在六个不同班级中测试，即每个班级都要把学生分成六组，同时施测六套试卷。在小规模测试中，除了以纸笔方式组织试题检验外，还要以出声思维访谈的形式进一步检验试卷的信度与效度。在出声思维访谈中，每套试卷均需要六个学生作为访谈对象。遴选学生需要严格遵照个人能力差异性原则，在优、中、后进三个水平上各选取两名学生样本。在实施出声思维访谈时，学生要边做题边说出自己的解题思路。项目组成员要如实记录学生的反馈，并在关键时刻引导学生说出深层次想法。

三十人小规模测试和六人出声思维访谈结束后，项目组成员要组织阅卷工作。阅卷员皆为某师范大学汉语言文学专业本科或硕士研究生。在获取测试数据后，对每一道试题的难度和区分度展开系统、科学的检验。结合数据结果与访谈记录，将所有试题编码为四类：无须修改、小修、大修和删除。无须修改表明试题的难度和区分度都处于优质区间；删除则代表试题的难度和区分度水平过低，且访谈情况也不乐观。小修表明试题的难度和区分度有一方数据存在偏差，需要结合访谈记录对题干表述作出调整；大修则代表试题的难度和区分度均存在偏差，但处于容错区间内，需要调整题目的理念和方向。项目组成员根据数据结果，有针对性地修改题目，并将六套试题融合成四套试题。

（2）三百人大规模预测试，引入参数试题

在完成小规模测试后，为了进一步检验测试工具的科学性，项目组需要在其他地区组织三百人大规模预测试。大规模预测试的操作流程与原则同小规模一致。完成阅卷工作后，项目组成员会重新对试卷数据进行测算。此次测算不仅关注难度和区分度问题，还会引入问卷数据，考查试题与问卷的关联性。在掌握了大规模预测试数据后，测试工具开发组将进一步结合数据结果修改试题，最终挑选数据结果精良的试题重新组成正测试试卷和备用卷各两套。其中，需要特殊说明的是，为了保证历年试题测查能力的等值，需要引入参数试题。参数试题是指在历年测试中都反复参与测试的试题。引入此类试题能够在新试题与旧试题之间构建关联，进而在数据层面保证每年学生的得分水平是等值的。这也就大大提高了纵向数据收集的可信度，为开展基于证据的教学改进提供了更为科学的数据支持。

（3）编制阅卷手册，开展正测试评卷

阅卷手册是阅卷工作科学、系统开展的重要保证。在正测试结束后，项目组会根据试题特征，组建阅卷团队，编制阅卷手册。

阅卷手册包括标准答案、分数等级、作答样例、给分依据四个关键维度。其中分数等级由两个部分组成，一是学生在该试题下的实际得分情况，二是学生答错（记为 0 分）或没有作答（记为 99 分）。如表 1-2 所示，第一道题目满分为 2 分时，其作答等级实际上可分为四个水平。一是得 1 分的水平，二是得 2 分的水平，三是得 0 分的水平，四是没有作答的水平。当空答率超过临界水平时，则此卷作废；当空答率低于临界水平时，则 99 分转化为 0 分，此卷继续参与后续数据测算。

表 1-2　阅卷手册结构表

标准答案：		
分数等级	作答样例（学生作答图片）	给分依据
99 分		
0 分		
1 分		
2 分		

在阅卷现场，阅卷组组长要结合阅卷手册，对阅卷员进行阅卷培训。整个培训过程分为三个阶段：其一，解读阅卷手册，初步掌握阅卷规则；其二，试评培训卷，参照阅卷手册，进一步规范阅卷标准；其三，开展两轮试评，直到独立掌握阅卷标准。完成以上流程，方可开展正式评卷工作。

3. 多维度分析试卷与问卷，开展专题研究

在完成大规模测试并获得数据后，项目组成员将进一步对数据展开多维度分析，具体包括如下几个方面。第一，清理数据。清理数据是保证后续统计结果科学、严谨的重要环节。清理数据主要包括两个部分的内容。其一，去除无效试卷。因为大规模测试中的学生样本水平具有多样化特征，所以有一些学生没有能力作答或乱答试题。研究者要按照试题总量，合理估计空答率和乱答率，将超过标准的试卷判定为无效试卷并予以剔除。其二，去除无效试卷。在正测试中除了试卷外，还有学科问卷，学生同样存在乱答的现象，比如在李克特量表中，都选择同一个分数。研究者需要将不符合标准的被试样本挑选出来，并予以剔除。

第二，分析数据。在完成数据清理后，就得到了相对"整洁"的基础数据，接

下来的工作就是依据基础数据，结合测试目标，完成数据分析工作。在此过程中主要完成以下几方面工作。其一，计算试卷的 CTT 和 IRT 难度。[①] 这两种难度测算方法主要分析的是学生在各个维度上的水平表现。其二，引入参数作为年度等值。这一步骤主要是将当年测试结果与往年测试数据进行关联，以保证历年数据结果的等值。其三，分析问卷数据的描述性结果。这一步骤主要分析测试样本在学科问卷中不同维度下的具体表现。以上三个步骤主要从平均角度分析数据所表现出的基本结果。

第三，专题研究。在每一年度的监测工作中，学科专题研究是探究学生学业能力表现与影响因素的重要环节，是将试卷数据和问卷数据有机结合的过程。2013—2017 年，针对小学四年级语文学科主要设计了以下几个研究专题(见表1-3)。

表1-3 2013—2017 年小学四年级语文学科研究专题

年份	研究专题
2013 年	关注学生作业，促进减负提质目标的实现
2014 年	小学四年级语文阅读策略对阅读成绩的影响
2015 年	从教法到学法：阅读方法与阅读成绩的相关性研究
2016 年	阅读投入与阅读表现的关系研究：教师因素的调节作用
2017 年	小学四年级学生阅读投入与阅读能力的关系研究

从表1-3 呈现的结果来看，专题研究主要关注阅读策略、阅读投入等重要因素对学生阅读能力的影响，凸显了项目组对学生阅读能力培养的重视。

综上所述，从大规模教育质量监测的操作层面来看，可将工作分为三个步骤：其一，组建团队；其二，开发工具；其三，分析数据。严格的操作流程保障了监测结果的科学性，同时精细的数据分析结果和专题研究结论为开展基于整本书阅读的教学改进活动提供了依据与支撑。

(二)教育质量监测的关键维度

义务教育质量健康体检致力于教育技术的改进与教育水平的提升，是贯彻

---

① CTT，经典测验理论；IRT，项目反应理论。

《中华人民共和国义务教育法》、保障课程实施的重要环节，也是推进语文课程改革、提升语文教育质量的重要保障。义务教育质量健康体检可以帮助教师理解课程标准对学生学业能力的具体要求，诊断学生的学业能力发展状况，进而为教育技术的改进与教育水平的提升提供基础数据和重要线索。

小学语文学科学生学业质量测试是基于《义务教育语文课程标准（2022年版）》的学生学业能力测试。其总目标是，考查学生正确理解和运用祖国语言文字的能力，尽可能清晰地反映学生的语文课程核心素养水平；把握学生语文学业质量的实际状况，了解相关因素对学生语文学业质量的影响；为改进区域及学校语文教学，提高语文教育质量提供重要参照。

1. 小学语文学科学生学业质量测试框架

小学语文学科学生学业质量测试主要通过学生在积累与运用、阅读和习作三方面的表现来测试学生的语文素养，具体刻画学生在识字与写字能力、阅读能力、习作能力、积累及语文综合运用能力几方面的实际发展水平。具体测试框架见表1-4。

表1-4 小学语文学科学生学业质量测试框架

基本能力	一级指标	二级指标
积累与运用	字词积累	掌握已学过的常用汉字
		具有独立识字的能力
	语句积累	掌握课程标准中推荐学习的古代诗文
		积累常见成语、格言、谚语、名言警句等语言材料
	课外阅读	具有一定的课外阅读量
阅读	初步具备现代文阅读能力	能从文本中提取信息
		能形成对文本内容的整体感知
		能依据文本信息、联系个人经验对文本内容作出合理解释
		能依据一定的标准对文本的内容、观点及语言运用作出评价
	具备简单的综合运用能力	能利用文本信息解决生活中可能遇到的简单问题

续表

基本能力	一级指标	二级指标
习作	能根据习作要求选材立意	能根据习作目的及要求明确习作意图
		能根据习作意图选择适当的材料
	能根据表达的需要合理安排文章结构	能依据一定的逻辑关系组织材料、安排结构
		能根据表达的需要，调整文章的结构
	能文从字顺地表达自己的意思	能准确运用积累的字词等语言材料，文从字顺地表达自己的意思
		能根据表达的需要正确使用标点符号
	能正确、规范、端正地书写汉字	能正确、规范、端正地书写

表1-4呈现了小学语文学科学生学业质量测试工具关注的关键维度。积累与运用维度主要考查学生在字词、语句和课外阅读等方面的积累程度与运用水平，阅读维度主要考查学生在阅读文学类文本和实用类文本时所表现出的提取信息、整体感知、形成解释、作出评价、解决问题等的能力，习作维度主要考查学生在选材立意、组织结构、语言表达和写作规范等方面的能力。

2. 小学语文学科学生学业质量水平

项目组对学生在不同考查维度上的表现均分水平进行了描述，其中A水平最高，C水平最低。一般来说，在某一维度处于高水平的学生也能完成较低水平的任务。从学生能力的总体水平来看，A水平学生的主要表征为：

第一，较好地掌握了已学过的常用汉字，能借助工具书和其他材料的提示独立识字；常见成语、格言、谚语、名言警句、优秀诗文等语言材料的积累比较丰富，并且能够在简单的情境中较为恰当地运用所积累的语言材料；具有一定的课外阅读量。

第二，初步具有现代文阅读能力，能够比较完整地感知文本的主要内容并能初步概括；能尝试利用文本信息进行推论，或联系个人经验对问题进行解释；能基于对文章的整体理解对文中人物、内容、观点等作出自己的判断，并能简单说明理由；能利用文本信息完成实际生活中可能遇到的简单任务，具备简单的综合运用能力。

第三，能够根据给定的情境，清楚、完整地叙述故事或介绍一人一物，内容比较具体，语句通顺，标点符号运用正确，书写规范。

与 A 水平的学生相比，B 水平的学生在上述三个维度上的表现稍有逊色，但是也达到了《义务教育语文课程标准(2022 年版)》中的基本要求。B 水平学生的主要表征为：

第一，较好地掌握了已学过的大部分常用汉字，对于一些容易读错、写错的字，也能较牢固地掌握；能理解常用词语、成语的基本意思，并能尝试运用；在理解的基础上，积累了一定数量的常见成语、格言、谚语、名言警句、优秀诗文等语言材料；能进行课外阅读。

第二，能够阅读简单文章，能够在大体把握文本主要内容的基础上，根据要求从文本中提取出相关信息，并能进行简单的比较或概括；能通过对相关信息的简单加工对问题作出解释；能尝试利用文本信息完成实际生活中可能遇到的简单任务。

第三，能够根据给定的情境，比较清楚、完整地叙述故事或介绍一人一物；语句较为通顺，标点符号运用基本正确，有个别错别字，但不影响意思的表达。

C 水平则代表学生的学业能力未达到《义务教育语文课程标准(2022 年版)》中的基本要求。C 水平学生的主要表征为：

第一，掌握了一些简单的常用汉字，但识字量还没有达到《义务教育语文课程标准(2022 年版)》的相应要求，对一些易错字的音、形、义还没有掌握；不能正确理解古诗文或常见名言名句的内容，不能根据上下句的提示准确记忆学过的古诗文；不能有效进行课外阅读。

第二，阅读简单文章，只能从一个文段中提取直接陈述的信息，只能利用直接提取的信息进行解释，不能对所提取的信息进行加工或利用信息进行比较全面的解释。

第三，不能根据给定的情境作文，或能够根据给定的情境作文，但不能清楚、完整地表达自己的意思；错别字较多，标点符号使用不规范，影响了意思的表达。

监测项目主要考查学生在积累与运用、阅读、习作三个维度的能力，不同维度也依据《义务教育语文课程标准（2022 年版）》的相关要求划分成三个能力水平。分维度能力水平划分标准如表 1-5 所示。

表 1-5　分维度能力水平划分标准

考查能力	水平	水平描述
积累与运用	A	能够借助语感在较复杂的语境中比较恰当地运用词语、成语等； 能借助工具书和其他材料的提示独立识字； 能在简单的情境中比较恰当地运用所积累的古诗文及其他语言材料； 具有一定的课外阅读量。
	B	能够读准常用字中同年级学生易错字字音； 能够识记常用字中同年级学生易错字字形； 能够理解常用词语、成语的基本意思，并分辨词义间的差别； 能正确理解常用词语的基本意思，并在简单的语境中比较恰当地运用； 能大体理解古诗文的内容； 能进行课外阅读。
	C	不能正确分辨易错字字音，或只能利用汉语拼音读出所学过的部分常用字字音； 不能分辨易错字字形，或只能认清所学过的部分常用字字形； 不能在语境中恰当运用词语、成语，或只能理解所学过的部分常用词语、成语的基本意思； 不能正确理解古诗文的内容，不能根据上下句的提示准确记忆课程标准推荐的学过的古诗文； 不能有效进行课外阅读。

考查能力	水平	水平描述
阅读	A	能比较完整地感知文本的主要内容并初步概括； 能够利用文本的信息并联系个人经验从多个角度对问题作出解释； 能基于对文章的整体理解对文中人物、内容、观点等作出自己的判断，并简单说明理由； 能利用文本信息完成实际生活中可能遇到的简单任务，具备简单的综合运用能力。
	B	能够根据要求从文本中提取出相关信息并进行简单的比较或概括； 能够通过对相关信息的简单加工对问题作出解释； 能比较完整地感知文本的主要内容。
	C	不能对所提取的信息作出加工，或只能从一个文段中提取直接陈述的信息，利用直接提取的信息进行解释； 不能完整感知文本的主要内容。
习作	A	能够根据给定的情境叙述一件事情或介绍一人一物，想象较有新意； 能够比较合理地安排故事内容，内容比较具体； 语句通顺，描写比较生动，标点运用基本正确。
	B	能够根据给定的情境叙述一件事情或介绍一人一物； 能够基本完整地安排结构，能够尝试展开表达以呈现较为具体的内容； 能较清楚地表达自己的意思，语句基本通顺，个别错别字或标点运用错误不影响意思的表达。
	C	不能够根据给定的情境作文； 能够根据给定的情境作文，但结构不完整，或内容过于简单，不能形成文段； 不能清楚地表达自己的意思，错别字较多，标点符号使用不规范，影响了意思的表达。

3. 小学语文学科学生学业质量影响因素问卷

小学语文学科学生学业质量问卷包括两部分，一是学生问卷，二是教师问卷。学生问卷主要关注学生阅读动机、阅读策略和阅读投入三个维度。阅读动机维度主要考查学生阅读外部动机和阅读内部动机，阅读策略维度主要考查学生一般性阅读策略的使用情况和元认知阅读策略的使用情况，阅读投入维度主要考查学生的阅读行为投入。具体情况如表1-6所示。

表 1-6　学生问卷关注维度

一级维度	二级维度	具体表现
阅读动机	阅读外部动机	我喜欢读书，因为多读书能够得到老师的表扬
	阅读内部动机	我喜欢读一些能够引发我思考的书
阅读策略	一般性阅读策略	在阅读时，我会把喜欢的句子摘抄下来
	元认知阅读策略	阅读时，我会把阅读内容与自己的生活联系起来
阅读投入	阅读行为投入	我每天都会读书

除了上文论及的学生问卷外，项目组还针对相关语文教师开展了问卷调查。教师问卷主要包括"教师对语文教学的整体认知"和"教学指导方式"两个维度。"教师对语文教学的整体认知"维度主要考查教师对教材的认知、对考试的看法、对学生学习习惯与学习兴趣的观点、对语文学习时间的建议等，"教学指导方式"维度主要包括"鼓励学生大声朗读""让学生记住教师的讲解""鼓励学生写一些读后的感受或体会""给学生时间，让他们阅读自己选择的书""鼓励学生小组讨论他们阅读过的书""阅读时，鼓励学生猜测故事的进展或结局""让学生做阅读练习题""让学生背诵课文中的优美段落"八个题项。

综上所述，在教育质量监测项目中，项目组不仅关注对学生学业质量的考查，还关注学生学业质量的影响因素。全方位的考查不仅能够发现学生的学业困境，还能够透过困境发现制约学生发展的因素，为提升学生学业质量和教师教学水平提供更多依据。

(三)基于大规模监测数据的教学改进依据

项目组持续多年对郑州市小学四年级学生语文学业能力展开监测，积累了丰富的学业能力和影响因素数据。每年都围绕阅读能力表现与影响因素专题，深度探索学生阅读能力发展的影响因素及作用机制，为开展以整本书阅读为主旨的教学改进活动提供充实的依据。下面将对大规模数据监测中获得的结论作详细阐述，并深入探讨这些数据结果对开展整本书阅读教学改进活动的指引作用。

1. 学生阅读能力表现

小学语文学科学生学业质量测试中的"阅读"维度主要考查学生初步的现代文

阅读能力和简单的综合运用能力,具体是指"提取信息""整体感知""形成解释""作出评价""解决问题"的能力。其中"提取信息"包括"能从文本中提取单个信息"和"能从文本中提取多个信息并简单比较","整体感知"包括"能整体感知文本的主要内容"和"能整体感知文本表达的主要道理","形成解释"指的是"能依据文本信息、联系个人经验对文本内容作出合理的解释","作出评价"指的是能依据一定的标准对文本的内容、观点及语言运用作出评价,"解决问题"指的是"能利用文本信息解决生活中可能遇到的简单问题"。阅读部分通过文学类文本、实用类文本和非连续性文本三种形式,力求提供多样化的阅读材料,进而全面测查学生的阅读水平。2011—2017 年阅读维度的监测数据如图 1-1 所示。

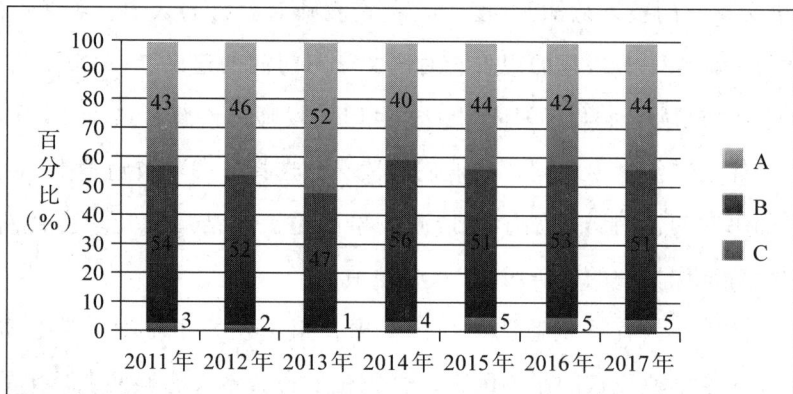

图 1-1 2011—2017 年阅读维度的监测数据

由图 1-1 可以看出,2011—2017 年四年级学生在"阅读"维度上的表现水平呈现较为稳定的发展状态。就 A 水平学生而言,2013 年 A 水平学生比例最高,占到 52%,在 2014 年,A 水平学生比例出现大幅度变化,虽然 2015—2017 年 A 水平学生比例有所恢复,但是恢复趋势较为缓慢。B 水平学生比例基本保持在 50%~60%;C 水平学生比例均在 5% 及以下。这说明每年至少有 95% 的学生达到了《义务教育语文课程标准(2022 年版)》的基本要求,但是多数学生的阅读能力仅处于合格水平。学生是否能够突破 B 水平达到 A 水平的关键在于其能否妥善解答"高层次能力"试题。"高层次能力"试题开放性较强,答案不拘泥于试题内容和情境，鼓励学生有创意地表达，充分发挥其自主性。根据学生在"高层次能力"试题上的综合得分表现，合成高层次能力指数，以百分制定义，指数越高，表示学生高层次能力发展水平越高，数据结果如图 1-2 所示。

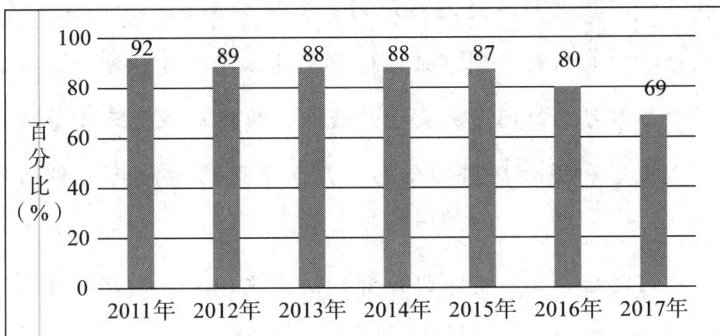

图 1-2　2011—2017 年学生的高层次能力表现

数据结果显示，2011—2017 年学生在"高层次能力"试题上的综合得分呈现稳定中略有下降的特征。这些"高层次能力"试题对应着不同的能力点，能够从不同角度揭示学生阅读的高层次能力发展水平。以下将结合例题对学生阅读的高层次能力发展水平作出具体说明。

【例题 1】解决问题·能利用文本信息解决生活中可能遇到的简单问题。

记忆力再好的人也避免不了遗忘。同学们，你们想过吗，遗忘是从什么时候开始的？怎样才能减少遗忘？要想知道这些问题的答案，就得了解遗忘的规律。遗忘的发展是不均衡的，其规律是先快后慢。如下表所示：

学习后的时间	记忆量
刚刚记忆完毕	100％
20 分钟之后	58.2％
1 小时之后	44.2％
8～9 小时之后	35.8％
1 天后	33.7％
2 天后	27.8％
3 天后	25.4％

在学习完某项内容后，要在"遗忘"来临前开始复习。这样只需要花费很少的时间，就能够很好地巩固所学内容。如果间隔时间长了再去复习，就等于重新学习一次，此时所花费的时间就比较多，学习的效率就比较低。

另外，复习的次数也并不是越多越好。心理学家认为，如果一个人学习 10 分钟，刚好能把所学的材料背诵下来，他要再继续学习 5 分钟，这时的记忆效果最好。如果再增加学习的时间，就会引起疲劳、厌倦，成为无效劳动。

【题设】根据文字和图表提供的信息，判断下面同学的英语学习方式是否合理，简述理由。

小红背熟单词之后，还一直不停地背，认为这样做记忆效果好。

判断：_____ 理由：_____

【答案】错；增加疲劳，无效劳动

此题通过举例的方式，把文本和生活真正联系了起来，学生需要根据问题从文本中获取有用信息，形成解释。同时，学生需要把理论和事例相结合，而并非仅仅从事例出发。这就对学生对文本的理解提出了更高的要求。这是一道典型的"高层次能力"试题。四年级学生在此题上的得分率仅为 33.9%，这说明学生在此能力上需要进一步提升。

【例题 2】形成解释·能依据文本信息、联系个人经验对文本内容作出合理的解释。

谁是热带雨林的"招牌树"

①热带雨林里举行了一次评选招牌树的活动，只要是雨林中的居民，都可以推荐自己心目中的招牌树。经过初选，有两种树进入最终评比环节。

> 推荐树木：四数木
>
> 推 荐 者：雨蛙
>
> 推荐理由：有巨大的板状根

②我觉得四数木才应该是热带雨林的招牌树，因为它有又高又长的板状根，人们来到雨林都会被它的这些板状根所吸引。

③想当初，我第一次离开家出来闯荡，就被它震撼了。那天我跳着跳着，前方忽然出现一面又高又直的木板墙，<u>足足有三米高</u>，我怎么也跳不过去。我只好想办法绕开它，结果绕了十多米。后来我才知道这面木板墙就是四数木的一条树根，这样的根它有三四条。

④为什么四数木会长板状根呢？原来，四数木身躯高大粗壮，十分沉重，而它是浅根植物，常常要经历热带雨林的暴风骤雨。为了解决"头重脚轻站不稳"的难题，它就特别"聪明"地生长出一些板状根来固定支撑自己。

> 推荐树木：木菠萝
>
> 推荐者：蝴蝶
>
> 推荐理由：_____

⑤我觉得木菠萝才应该是雨林中的招牌树。因为别的树都是在枝叶间开花结果，而它却与众不同。

⑥木菠萝个头不高，在雨林里算是中等偏下，它们的树冠往往接近中层乔木树冠的下面，那里行动不便，我们昆虫都不喜欢去。为了不影响花儿授粉，聪明的木菠萝便把花朵开在树干上，那里离地面的草本、灌木层有较大的距离，比较空旷，花朵容易被昆虫发现和光顾。有了昆虫为其授粉，它们才能结成种子、繁衍子嗣。

⑦木菠萝的花儿长在树干上，花儿凋谢后果实也自然挂在树干上。等到阳春三月，木菠萝开始结果，条条老枝和树干上挂满了大大小小的果实，让人惊喜不已。

【题设】四数木长出巨大的板状根的原因是（　　　）。

A. 吸引人们的注意力

B. 热带雨林常有暴风骤雨

C. 它是浅根植物且身躯高大沉重

D. 避免"头重脚轻"被大雨冲倒

【答案】BCD

这是一道基于 SOLO 分类理论①设置的题目，考虑到学生思维发展的层级性，四个选项中有三个正确答案，分别是代表单一水平的选项 B，代表多元水平的选项 C 与代表关联水平的选项 D。单一水平指学生能基于文本提取一个有效信息，多元水平指学生能基于文本提取两个及以上有效信息，关联水平指学生能将多个方面的有效信息组成一个整体。本题的选项均可以在原文中找到相关信息。选项 D 较选项 B、选项 C 是"四数木"长出板状根的根本原因，是更为恰当的选项。此题对单一、多元和关联的选项分别进行从低到高的分数赋值，以体现出学生在不同层次上的能力表现，其中能够达到关联层级的学生在一定程度上具备了形成解释的高层次能力。

综上所述，虽然大多数学生的阅读能力达到合格水平，但是多数学生停留在 B 水平层次，阅读能力有待提升。学生的高层次能力表现此前保持稳定，2016 年之后略有下降，应进一步在夯实基础的前提下关注高层次能力发展。基于以上数据结论，项目组尝试以整本书阅读为线索，发展学生的阅读能力与素养。

2. 学生阅读能力发展影响因素

对学生阅读能力发展影响因素的调查，主要包括阅读策略、阅读动机和阅读自信几个维度。以下将结合项目组的历年监测数据，从关键维度的基本表现和影响作用两个角度具体阐释学生阅读能力发展的影响因素。

(1)关键维度的基本表现

阅读策略是项目组针对小学语文学科开展的长期监测的维度。有研究表明，学生熟练掌握和运用阅读策略能够有效提高阅读能力。从 2013 年起，项目组就开始对学生掌握与运用阅读策略的情况做持续性问卷调查，每年的问卷内容稍有变动。在 2013 年的测试中，"阅读策略"维度共由 5 个题项组成；在 2014 年的测试中，"阅读策略"维度共由 12 个题项组成；在 2015 年的测试中，"阅读策略"维度共由 4 个题项组成；在 2016 年的测试中，"阅读策略"维度共由 8 个题项组成；

---

① SOLO，是英文"Structure of the Observed Learning Outcome"的缩写，意为"可观察的学习结果的结构"。SOLO 分类理论基于这样一种理念：任何学习结果的数量和质量都是由学习过程中的教学程序和学生的特点决定的。

在 2017 年的测试中，"阅读策略"维度共由 9 个题项组成。其中"阅读时，我能结合上下文理解重点词句"和"阅读时，我会将课文中读到的内容与自己的生活联系起来"两个题项在 2013—2015 年连续三年出现。图 1-3 呈现了小学四年级学生连续三年在上述 2 个题项上的人数占比变化情况。

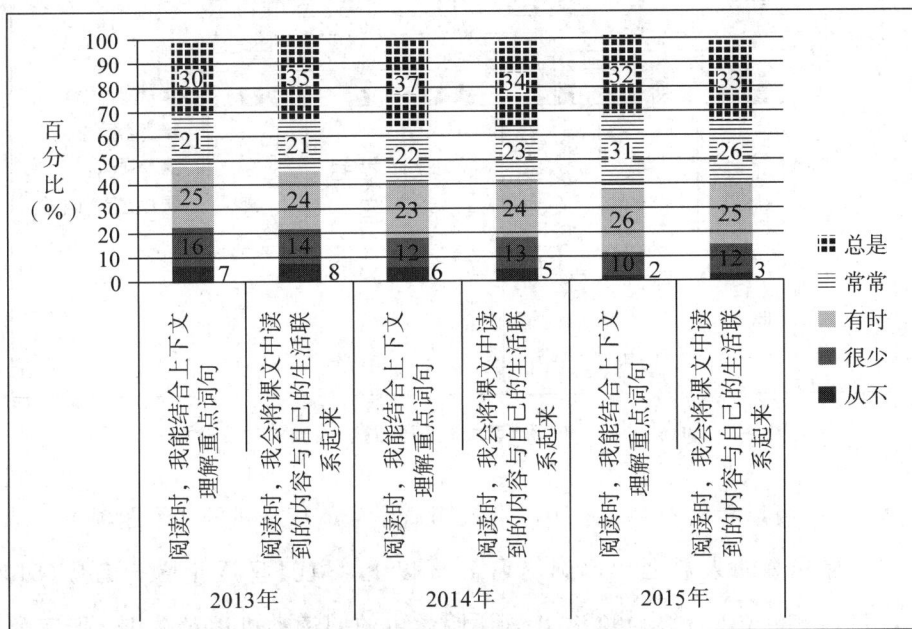

图 1-3 2013—2015 年"阅读策略"相同题项人数占比变化情况

图 1-3 表明，无论是"阅读时，我能结合上下文理解重点词句"这一策略还是"阅读时，我会将课文中读到的内容与自己的生活联系起来"这一策略，2013—2015 年，每年都有 50％以上的学生认为自己经常使用，且使用人数占比也在逐年增加(51％、59％、63％，56％、57％、59％)，这说明学生对阅读策略掌握与运用的情况逐年向好。

阅读动机也是项目组连续多年对小学四年级学生施测的关键维度。2015—2017 年，项目组分别通过 3 个题项、5 个题项和 4 个题项对学生的阅读动机水平进行了调查分析。其中，"我喜欢读一些能够引发我思考的书""为了拥有好的未来，我要认真阅读""我喜欢阅读，因为它能帮我打开新世界"3 个题项在 2016—

2017 年连续两年出现。图 1-4 呈现了小学四年级学生连续两年在上述 3 个题项上的人数占比变化情况。

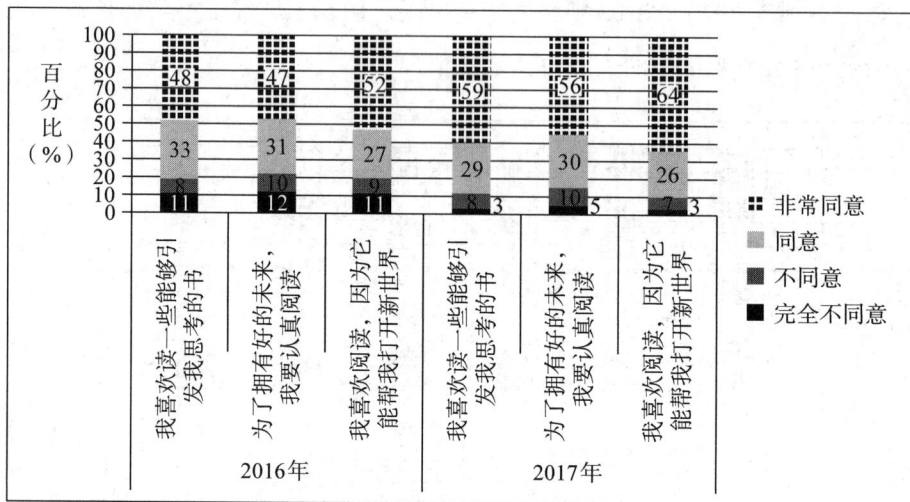

图 1-4 2016—2017 年"阅读动机"相同题项人数占比变化情况

从图 1-4 可以看出，2016—2017 年在考查学生阅读动机的 3 个题项上，选择同意和非常同意的人数之和比例均在 70% 以上，并且呈逐年增长趋势（81%、88%，78%、86%，79%、90%），这说明学生的阅读动机逐年端正。既有研究结果表明，内部阅读动机能够显著正向影响学生的阅读能力。内部阅读动机越强，其对学生阅读能力发展的促进作用就越强。外部动机在不同学生群体中则呈现更为复杂的作用机制：有时外部动机能够对学生阅读能力的发展产生正向影响，有时外部动机对学生阅读能力的发展产生负向影响。

项目组除了连续多年考查小学四年级学生对阅读策略的掌握情况和阅读动机的发展情况外，还着眼于学生阅读自信的发展。关于阅读自信的监测主要出现在 2016 年和 2017 年两个年份，主要由"我很会阅读""对我来说，阅读很容易""老师认为我很会阅读"3 个题项组成。图 1-5 呈现了小学四年级学生连续两年在上述 3 个题项上人数占比的变化情况。

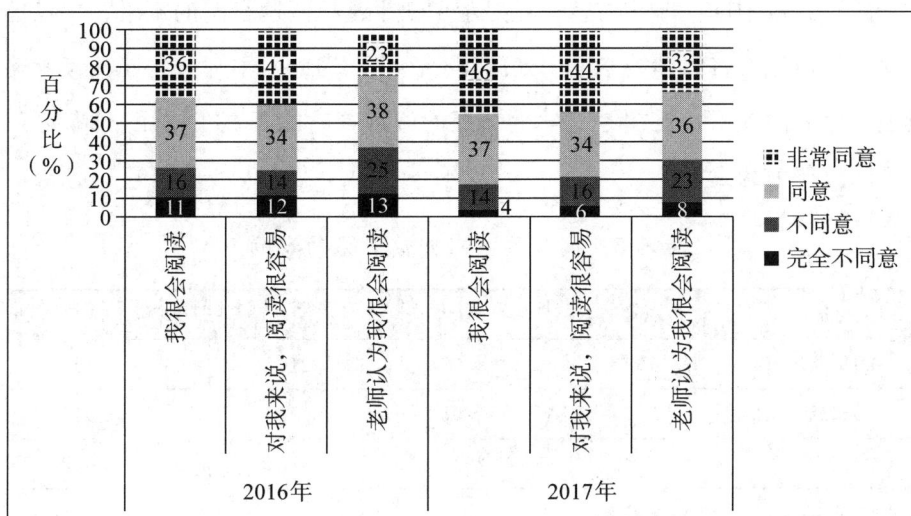

图 1-5 2016—2017 年"阅读自信"相同题项人数占比变化情况

从图 1-5 可以看出,2016—2017 年小学四年级学生在阅读自信方面有所提升。两年来,对阅读抱有自信的学生比例始终高于 60％。其中认为"我很会阅读"的人数占比上升幅度最大,高达 10 个百分点。阅读自信也可以理解为学生的阅读自我效能。研究结果表明,当学生具有较高水平的阅读自我效能时,他们的阅读能力也会随之得到发展;反之,则会抑制阅读能力的发展。

综合来看,项目组通过连续多年对阅读策略、阅读动机、阅读自信等维度的监测,积累了影响学生阅读能力发展因素的基本表现数据。通过对历年数据进行比较分析,项目组发现,学生在阅读策略、阅读动机、阅读自信等方面的表现较好,且呈现逐年向好的趋势。

(2)关键维度的影响作用

前述内容主要考查了学生在阅读策略、阅读动机、阅读自信等影响其阅读能力发展的关键变量上的表现,却没有揭示出这些关键变量能否以及如何影响学生的阅读能力发展。因此,以下聚焦关键变量对阅读能力的影响作用,考查关键变量能否对学生阅读能力发展产生正向预测作用,进而为开展有针对性的教学改进活动提供依据。

在阅读策略维度，前述内容只是揭示了学生掌握阅读策略的水平，却没能进一步揭示学生能否将阅读策略运用到阅读行为中。因此，本部分构建阅读策略与阅读能力之间的关系，旨在考查学生掌握的阅读策略能否真正作用于阅读行为，并实现阅读能力的发展。

表 1-7　阅读策略对阅读能力的影响

年份	M	SD	Sig	R²
2013 年	7.33	2.20	0.210**	0.150
2014 年	7.54	1.95	0.177**	0.044
2015 年	7.12	2.28	0.123**	0.022

注：** 表示在 0.01 水平上显著。

表 1-7 分别标明了 2013—2015 年小学四年级学生阅读策略与阅读能力之间的关系。从数据结果来看，2013—2015 年阅读策略与阅读能力之间均呈现显著的相关关系（$P<0.01$），但是阅读策略对阅读能力的解释率由 2013 年的 15%下降至 2015 年的 2.2%。从一定意义上可以说，阅读策略的使用虽然与学生的阅读能力之间存在显著的相关关系，但是其对阅读能力的影响程度在逐年降低。结合图 1-3 可知，虽然学生使用阅读策略的频率在逐年增加，但是其阅读能力并未因此有更为明显的提升，所以阅读策略应用于实际阅读中的成效并不突出。

在阅读动机维度，以同样的方式考查学生的阅读动机表现能否显著影响学生的阅读能力发展，数据分析结果如表 1-8 所示。

表 1-8　阅读动机对阅读能力的影响

年份	M	SD	Sig	R²
2016 年	9.52	2.75	0.133**	0.018
2017 年	10.30	2.12	0.214**	0.046

注：** 表示在 0.01 水平上显著。

表 1-8 分别标明了 2016 年和 2017 年小学四年级学生阅读动机与阅读能力之间的关系。2016 年和 2017 年学生的阅读动机与阅读能力之间存在显著的相关关系($P < 0.01$)。同时，阅读动机对阅读能力的解释率由 1.8% 上升到 4.6%。结合图 1-4 可知，学生的阅读动机对学生的阅读能力的影响越来越强。

在阅读自信维度，项目组也采用相同的方式考查学生阅读自信与阅读能力之间的关系。与以上方式不同的是，对于阅读自信的考查下沉到了具体题项对学生阅读能力发展的影响，因此数据结果更具针对性。

表 1-9　阅读自信对阅读能力的影响

题项	2016 年				2017 年			
	M	SD	Sig	R^2	M	SD	Sig	R^2
题项 1	2.98	0.98	0.119**	0.014	3.24	0.84	0.159**	0.025
题项 2	3.03	1.00	0.139**	0.019	3.15	0.91	0.143**	0.020
题项 3	2.71	0.97	0.097**	0.005	2.93	0.94	0.084**	0.007

注：** 表示在 0.01 水平上显著。

从表 1-9 可以看出，两年间学生阅读自信与阅读能力之间存在显著的相关关系($P < 0.01$)。其中 3 个题项对学生阅读能力的解释率均有所提升，"我很会阅读"和"对我来说，阅读很容易"的解释率两年来均处于较高水平。由此可以看出，阅读自信对阅读能力的影响十分重大。虽然"老师认为我很会阅读"这个题项对学生阅读能力的解释率较低，但是其对学生的影响不容忽视。综合图 1-5 的分析结果可知，教师应及时鼓励学生阅读，培养学生的阅读自信。

综上所述，通过数据统计分析可以发现学生在阅读策略、阅读动机、阅读自信三个维度上的表现逐年向好。同时，这三个维度对学生阅读能力的发展具有不同程度的影响。因此，在提高学生的阅读能力时，不能只关注学生是否读了，还要关注学生是怎么读的、以什么状态读的，以及是否真正读懂了。这也给开展基于整本书阅读的教学改进活动提供了新的思路，即在改进教学时，从提高学生运用阅读策略的能力、帮助其形成良性的阅读动机、培养其良好的阅读自信入手，进而达到提高学生阅读能力的目的。

3. 教师对阅读教学的理解

项目组不仅对学生的阅读能力以及影响学生阅读能力发展的因素展开了调研，还调查了教师群体对阅读教学、学生阅读需求的理解。教师阅读教学能力的提高对学生阅读能力的提高有积极的作用，教师的阅读指导对学生阅读能力发展的影响显著。此外，教师自身的素养、阅读量与学生的阅读能力有一定的关系：教师个人的阅读特点会对学生的阅读产生影响，热爱阅读的教师更能够培养学生在阅读上的积极性，若教师本身并不是一个热爱阅读的人，也会对学生产生一定的影响。

对教师的调研主要包括两个维度：其一，"教师对语文教学的整体认识"；其二，"教学指导方式"。其中，"教师对语文教学的整体认识"又进一步分为四个维度。

其一，"影响学生语文学习最主要的因素"。这一维度包含了教材内容、考试压力、学习习惯、学习兴趣和学习时间五个方面。从数据结果来看，教师普遍认为没有形成良好的学习习惯是学生学业能力表现低下的主要原因，其次是缺乏语文学习兴趣和缺少课后学习时间两项，而极少有教师认为教材内容和考试压力能够影响学生的学业能力。这表明，教师通常认为语文能力的提升更多受到学生自身因素的影响，而外部因素对学生学业能力的提升并不具有决定性作用。

其二，"学生最需要加强的语文能力"。这个维度包含了识字与写字、整体感知、理解重点句段、提取信息、鉴赏评价、问题解决、口语交际、书面表达、语言积累九个方面。从历年数据来看，教师普遍认为书面表达能力是目前学生最需要加强的能力，同时鉴赏评价、理解重点句段也是教师普遍关注的能力。此外，教师对识字与写字能力的关注程度并不高。这说明，在日常教学中，写作和阅读是教师关注的重难点，在教学改进活动中教师需要着重提高在写作和阅读两方面的教学能力。

其三，"学生最欠缺的书面表达能力"。这一题项的提出源于上述维度的数据结果。这一维度进一步将书面表达能力解构为明确主题、确定材料、组织结构、语言表达和写作规范五个方面的能力。通过调研发现，教师普遍认为语言表达能力欠缺是学生书面表达能力低下的主要原因。除此之外，组织结构、确定材料等方面能力的欠缺也在不同程度上影响了学生的书面表达能力。提高阅读能力是发展学生语言文字运用能力的有效路径，在语文教学中经常倡导的"读写结合"是对这一路径的有效探索。因此，在教学改进活动中，教师也应该尝试将阅读活动与写作活动相联系，探索实现"读写结合"的教学方式。

其四，"阅读教学最重要的目标"。这一题项的设计也呼应了"学生最需要加强的语文能力"的调研结果，即阅读能力的发展也是学生语文能力发展的重难点问题。这一维度将阅读能力进一步分为理解课文内容、掌握阅读方法、领悟表达方法、拓展阅读、有情感地朗读、背诵和积累六个方面。通过调研发现，教师普遍认为掌握阅读方法是阅读教学中最重要的目标，同时领悟表达方法和拓展阅读等方面也是语文教师在阅读教学中着重关注的目标。上述调研结果与学生问卷中阅读策略部分的调研结果一致。阅读策略是教师和学生在组织阅读教学、参与阅读学习活动时普遍关注的领域，对学生阅读能力的发展具有正向促进作用。因此，在教学改进活动中培养教师教授阅读教学策略的能力和发展学生运用阅读策略的能力也是关键点。

"教学指导方式"主要包括"鼓励学生大声朗读""让学生记住老师的讲解""鼓励学生写一些读后的感受或体会""给学生时间，让他们阅读自己选择的书""鼓励学生小组讨论他们阅读过的书""阅读时，鼓励学生猜测故事进展或结局""让学生做阅读练习题""让学生背诵课文中的优美段落"8个题项。项目组分别在2015—2017年连续三年调研了教师在这一维度上的表现，统计结果如图1-6所示。

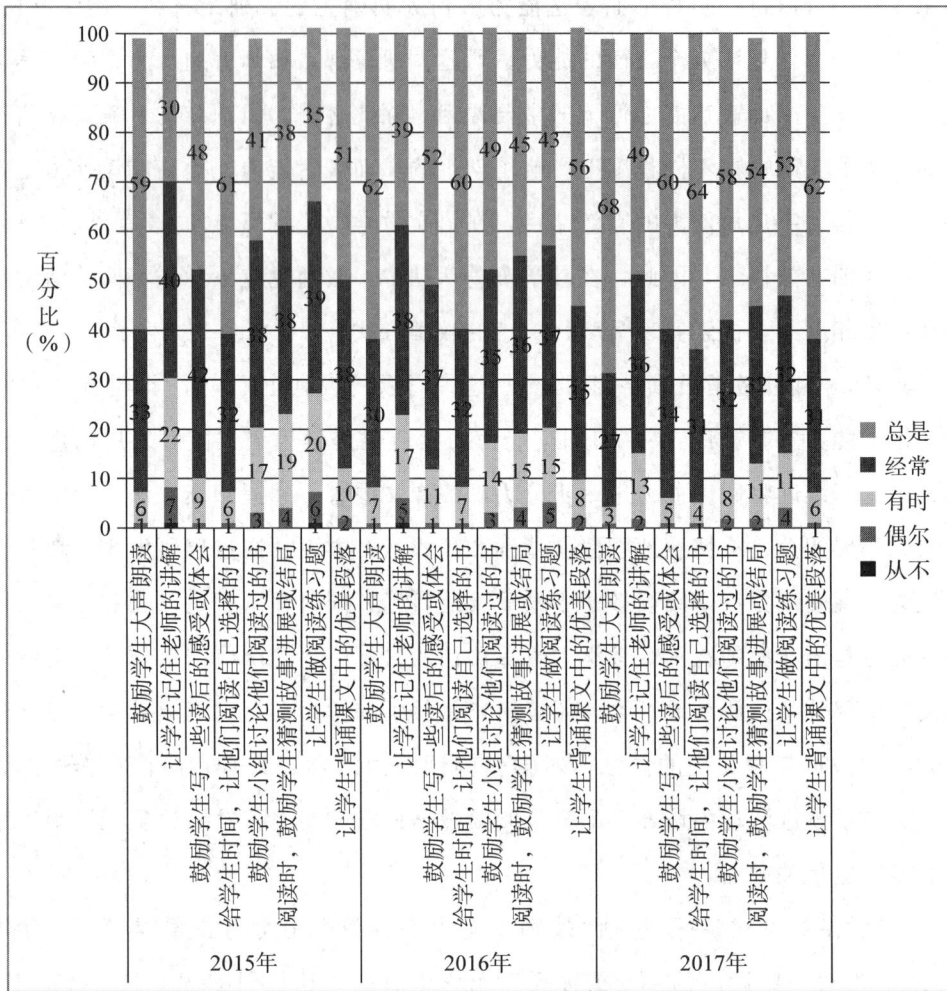

图 1-6 2015—2017 年教师"教学指导方式"表现

从图 1-6 可以看出，语文教师在教学指导方式上更加关注学生大声朗读、写读后感、提供个性化阅读时间和阅读内容等，对小组讨论、情节预测和做习题等的关注则较少。从数据结果可以看出，教师在阅读指导上更倾向于加大学生的阅读行为投入，而对阅读认知尤其是元认知层面的指导较少。根据阅读能力研究的相关结论可知，就学生阅读能力发展而言，不仅要关注阅读行为的投入，还要加大阅读认知的投入，尤其是元认知阅读策略的使用。

本章主要围绕"确定教学改进主题的依据"这一核心问题展开。首先，国际阅读研究的经验告诉我们，学生阅读能力的培养是发展学生核心素养的关键，对培养学生面向未来的能力具有重要作用。阅读研究的结果也启示我们，虽然我国学生在阅读测评中表现突出，但仍旧存在发展不均衡的问题。国际阅读测试除了关注学生阅读能力的发展水平，还关注对影响阅读能力发展的因素的测量。测量结果显示，当控制了家庭经济、父母受教育水平等客观因素后，学生阅读的行为投入、认知投入和情感投入对其阅读能力的发展有至关重要的作用。这也为开展教学改进活动提供了另一条通路，即通过干预学生的阅读投入水平达到提高其阅读能力的效果。

其次，随着课程改革进程的深入，学生阅读能力的发展也越来越受到关注。阅读一直是语文学科重要的学习领域，在构建素养型目标的背景下，阅读在语文学科中的育人作用也越来越凸显。《义务教育语文课程标准（2022年版）》更是直接提出了"整本书阅读"学习任务群，并贯穿义务教育的全学段，体现了国家层面对阅读的重视，以及对整本书阅读对于培养学生核心素养积极作用的肯定。同时，在相关情境中开展教学也成为课程改革关注的重点。整本书阅读作为一个特殊的完整情境，能够天然地满足情境教学的要求。学生阅读整本书的过程就是参与情境学习的过程。因此，在小学阶段开展整本书阅读教学不仅能够满足学生学习的需要，也能够满足课程改革的要求。

最后，多年的教育监测结果显示开展基于发展阅读能力的教学改进活动迫在眉睫。项目组连续多年对我国小学四年级学生的阅读能力及影响因素开展测评监控。监测结果显示学生的阅读能力虽然趋于稳定，但是在不同亚群体中，阅读能力仍旧有显著的差异。因此，亟须探索出一条合适的教学路径，以弥补阅读水平的差异。在影响因素上，多年的监测结果也显示阅读投入对阅读能力发展的重要影响。但是，从阅读投入的分布水平来看，学生群体之间、学生群体与教师群体之间仍旧存在较大差异。要想实现阅读能力的均衡发展，就要最大限度地弥合群体间的认识差异。这也为开展教学改进活动提供了主要着力点。

【本章小结】

本章梳理了国内外关于阅读素养发展的政策文件和相关测试，发现整本书阅读是提升学生阅读素养的有效方式。长达数年的阅读能力监测数据结果显示，小学四年级学生在高阶阅读能力的表现上存在明显不足，其阅读能力受到阅读策略、阅读动机和阅读自信等多方面因素的影响。整本书阅读作为一种能够提供宏大阅读视野的阅读方式，在提升学生阅读能力上发挥着重要作用。综上所述，我们将小学语文教学改进的主题最终确定为整本书阅读。

第二章　改进主题的内涵及研究进展

【本章提要】

本章主要从整本书阅读在不同视域下的表征、概念的历史演变等角度，针对整本书阅读教学的内涵、发展脉络与意义，以及整本书阅读教学的研究主题，展开详细阐释与讨论。

一、整本书阅读教学的内涵、发展脉络与意义

本节包括三部分内容，第一部分着重阐述整本书阅读教学的内涵，第二部分着重阐述整本书阅读教学的发展脉络，第三部分从完善语文课程内容结构、发展学生阅读素养和提升教师阅读教学能力三个方面阐述了整本书阅读教学的意义。

(一)整本书阅读教学的内涵

整本书阅读这一概念虽在语文学科发展的历史中早有论及，但是从 21 世纪语文课程改革发展的历程来看，《普通高中语文课程标准(2017 年版 2020 年修订)》首先将整本书阅读纳入正式的语文课程，随之颁布的《义务教育语文课程标准(2022 年版)》也将"整本书阅读"纳入正式的语文课程。

1. 语文课程视域下的整本书阅读教学

对整本书阅读内涵的理解可以从语文课程的视域入手，整本书是教学文本的类型之一。① 传统的阅读教学文本多以单篇为主，整本书阅读则更突出"整体性"特征。这种"整体性"主要体现在三个方面：第一，情境的整体性。首先，整本书为学生构建了一个宏大的、完整的、饱满的阅读情境。其次，整本书为学生创设了一个复杂的、连续的、多元的情感体验情境。在整本书中，作者将情感以文字的方式注入内容中，宏大的表达场域让整本书能够承载更丰富、深厚、完整的情

---

① 吴欣歆．语文课程视域下的整本书解读[J]．中学语文教学，2023(1)．

感。第二，学习习惯的整体性。《义务教育语文课程标准（2022 年版）》明确指出，整本书阅读旨在引导学生"养成良好的阅读习惯"。如第一章所论及的，学生阅读的行为投入和情感投入都是构成阅读习惯的重要维度。整本书阅读能够保证学生的阅读时间和阅读量，持续的阅读行为还能够深化学生的阅读兴趣，强化学生的阅读动机。第三，认知能力的整体性。《义务教育语文课程标准（2022 年版）》明确指出，整本书阅读能够"提高整体认知能力"。阅读的认知投入是发展阅读认知能力的重要维度。学生在阅读过程中频繁使用一般性阅读策略和元认知阅读策略都能够发展阅读能力。传统的单篇阅读因篇章结构短小，很难重复训练学生的阅读策略使用能力。同样因为篇幅限制，像自我监控等元认知阅读策略被使用的机会也相对较少。因此，单篇文本带来的多是碎片化的认知能力，而整本书则能够赋予学生完整的认知体验。

综上所述，整本书阅读教学是指以整本书为教学文本的教学，与传统的单篇文本教学相对，强调在统整的内容情境下培养学生的阅读习惯、提升其阅读认知能力。

2. 课程内容视域下的整本书阅读教学

在教学改进的背景下，不仅要了解整本书阅读教学的基本概念，还要厘清特定情境下整本书阅读教学的表征形式，即整本书阅读教学的外延。在语文课程的视角下，整本书是一种特殊的教学文本，整本书阅读也就是通常意义上的教学内容。《义务教育语文课程标准（2022 年版）》以学段为单位，规定了学生整本书阅读的学习内容。

第一学段整本书阅读的学习内容为："（1）阅读富有童趣的图画书等浅易的读物，体会读书的快乐。（2）阅读、朗读优秀的儿歌集，感受儿歌的韵味和童趣。（3）阅读自己喜欢的童话书，想象故事中的画面，学习讲述书中的故事。"可见，第一学段整本书阅读的内容为图画书、儿歌集和童话书，重在发展学生的阅读兴趣，培养学生的阅读习惯，同时在认知能力的培养上鼓励学生使用阅读、朗诵和讲述等简单的阅读策略。

第二学段整本书阅读的学习内容更具规范性，体现了丰厚的文化意蕴。例如，"阅读表现英雄模范事迹的图书""阅读儿童文学名著""阅读中国古今寓言、中国神话传说等"。与第一学段相比，第二学段的阅读内容具有更高的文化和审美品位，并列举了具体的阅读书目，如《小英雄雨来》《雷锋的故事》《稻草人》《爱的教育》。在阅读策略上，第二学段着重培养学生的讲述能力，同时对阅读策略的运用具有显著的进阶要求。例如，从能够讲述到能用自己喜欢的方式讲述，再到能够口头或书面分享自己获得的启示。

在第三学段中，整本书阅读的学习内容在兼顾审美性和文化性的基础上，难度明显提高。难度的提高主要表现在书目主题的抽象性上。比如，同样是革命题材的书目，第二学段阅读的内容是"表现英雄模范事迹的图书"，而第三学段要阅读"反映革命传统的作品"。相较之下，第三学段比第二学段在阅读内容的主题上更抽象也更广泛。第三学段推荐的具体书目也呈现显著的难度进阶，如《可爱的中国》《小兵张嘎》《闪闪的红星》《寄小读者》《十万个为什么》《海底两万里》等。在阅读策略上，第三学段更注重现实与整本书内容主题的联系，让学生将整本书的内容、思想与自己的现实生活相联系，赋予整本书阅读现实意蕴。

第四学段整本书阅读学习内容的难度又有提高。首先体现在文体类型上，学生要读如《艾青诗选》等古今中外诗歌集，要读如《朝花夕拾》等散文集，还要读如《骆驼祥子》《西游记》等中长篇小说。其次体现在作品长度上，第四学段中推荐的作品文字量较大，多为中长篇文学作品。最后体现在语言风格上，不同体裁类型的作品语言表达风格具有明显差异；古代文学作品、现代文学作品与当代文学作品时间跨度较大，在语言表达上也有质的变化。在阅读策略上，第四学段强调通过研讨、尝试改编名著中的精彩片段、尝试撰写文学鉴赏文章等方式培养学生的鉴赏评价能力；同时，与之前三个学段相比更强调读写结合。读写结合不仅能够达到回顾作品内容的目的，还能够将文本照进现实，发展联系整合的能力，进而达到创造的水平。

综上所述，从学习内容的角度来看，整本书阅读的外延在不同学段有不同的表征。总体上，随着学段的晋升，整本书阅读学习内容的难度随之提高，学生参与整本书阅读时使用的阅读策略、认知能力也得到相应发展。

3. 课程实施视域下的整本书阅读教学

整本书阅读不仅要从语文课程和课程内容层面来理解，还要从教与学的方式的视角切入，以观照课程实施过程中整本书阅读教学的内涵。《义务教育语文课程标准(2022年版)》对整本书阅读任务群的教学有明确提示，这些教学提示限定了整本书阅读教学在操作层面的外延。

在教师教学层面，整本书阅读教学将教师角色定位为学生阅读过程的辅助者。教师的辅助作用体现在以下几个方面：第一，辅助学生明确阅读兴趣，选取合适的读物；第二，辅助学生规划整本书阅读学习进程，帮助学生设计个性化的阅读计划，保证阅读时间和阅读量；第三，辅助学生掌握整本书阅读学习策略，引导学生了解阅读的多种策略，运用浏览、略读、精读等不同阅读方法；第四，设计基于整本书阅读的语文实践活动。学生的整本书阅读学习需要依托恰当的语文实践活动，教师的职责是根据自己对书目内容的理解设计合理的、可参与的、有助于阅读能力发展的语文实践活动。

在学生学习层面，整本书阅读教学充分体现了学生的主体地位。学生不仅是语文实践活动的参与者、建构者，还是阅读能力发展的受益者。整本书阅读凸显了学生的主体地位。第一，学生完整参与整本书阅读学习的全过程。整本书阅读学习需要经历遴选书目、规划阅读方案、初步阅读、深入阅读、分享阅读、形成阅读学习产品等过程，学生在整本书阅读学习的各个环节都要发挥主体作用，以个体的参与形成个性化的学习路径。第二，整本书阅读学习关注学生认知能力发展的同时关注学生非认知能力的发展。发挥学生的学习主体性主要体现为对学生能力的全方面观照。在传统的语文学习中，学生的主体作用多浮于表面，最终落实在认知能力的发展上；而整本书阅读学习还着重培养学生的阅读态度、阅读习惯等非认知能力。

综上所述，对整本书阅读教学概念的理解要从如下三个方面来看：第一，在语文课程的中观层面，整本书是区别于传统篇章教学的特殊教学文本；第二，在语文课程的内容层面，整本书阅读在不同学段具有显著的难度进阶；第三，在语文课程的实施层面，整本书阅读教学更强调学生的主体地位和教师的辅助作用。因此，在本研究中整本书阅读教学是针对不同学段特征，选取特定教学文本，凸显学生主体地位的语文教学模式。

(二)整本书阅读教学的发展脉络

整本书阅读教学并非一个新概念，叶圣陶先生就以"读整本书"的概念提出了整本书阅读教学在语文课程中的重要作用。本节从整本书阅读教学概念的历史发展角度出发，以相关研究和课程文件、课程标准等为材料，梳理整本书阅读教学的发展脉络，以更好地理解整本书阅读教学的概念内涵。

新中国成立以前的整本书阅读教学理论体系可初步分为清末和民国两个阶段。清末时期以《钦定学堂章程》和《奏定学堂章程》为代表；民国时期以1912年至1948年间颁布的课程文件为代表。

20世纪初，清政府实行"新政"，提出"废科举，兴学校"，于1902年颁布《钦定学堂章程》。《钦定学堂章程》对语文学科教学目的、教学内容、教学方法等都作出了明确规定，其中就有对整本书阅读教学的要求(见表2-1、表2-2、表2-3)。

表2-1　《钦定蒙学堂章程》整本书阅读书目

年级	书目
第一年	《孝经》《论语》
第二年	《论语》《孟子》
第三年	《孟子》
第四年	《大学》《中庸》

表2-2　《钦定小学堂章程》整本书阅读书目

年级	书目
第一年	《诗经》
第二年	《诗经》《礼记》
第三年	《礼记》
第四年	《尔雅》《春秋·左传》
第五年	《春秋·左传》
第六年	《春秋·左转》《公羊传》《穀梁传》

表 2-3 《钦定中等学堂章程》整本书阅读书目

年级	书目
第一年	《书经》
第二年	《周礼》
第三年	《仪礼》
第四年	《周易》

虽然《钦定学堂章程》并未得到真正落实，但是它在中国教育历史上具有变革性意义。1904 年，清政府颁布《奏定学堂章程》。《奏定学堂章程》，又称"癸卯学制"，是中国近代第一个以教育法令公布并在全国实行的学制。《奏定学堂章程》也以"经"为整本阅读学习的主要内容："中小学堂，宜注重读经，以存圣教。"在初等小学阶段，规定《孝经》《四书》《礼记》为必读之经；同时，针对学生的学习能力差异，《奏定学堂章程》提出："天资聪颖学生可读《礼记约编》，其或资性平常，或以谋生为急，将来仅志于农工商各项实业，无仕宦科名之望者宜就《礼记约编》择初学易解而人道所必应知者，节存四万字以内……"在高等小学阶段，《奏定学堂章程》规定《诗经》《书经》《易经》《仪礼》为必读之经。在中学阶段，《奏定学堂章程》提出"学生年岁已长，故讲读《春秋·左传》《周礼》两经"。

在阅读方法上，《钦定学堂章程》强调，要"尽其循循善诱之法""以讲解最为重要，诵读次之"。《奏定学堂章程》指出，讲经要"先明章旨，次释文义，务须平正明显，切于实用，勿令学童苦其繁难"。可以看出，《钦定学堂章程》和《奏定学堂章程》都有培养学生阅读习惯、提高学生阅读兴趣的方法。除此之外，对"经"的学习更强调让学生了解意义，而非单纯记忆，重视整本书的育人价值。

民国时期整本书阅读教学得到进一步发展，其中，叶圣陶先生的观点为主要代表。叶圣陶先生认为整本书阅读是学生获得发展的重要途径："现在有许多学生，除了教本以外，不再接触什么书，这是不对的。为养成阅读的习惯，非多读不可；同时为充实自己的生活，也非多读不可。"[1]可以看出，在叶圣陶先生看

---

① 叶圣陶. 叶圣陶教育文集：第十三卷[M]. 北京：人民教育出版社，1994：90.

来，整本书阅读不仅具有语文课程属性，还具有社会属性。叶圣陶先生对整本书阅读教学的思考集中体现在《新学制初级中学国语课程纲要（草案）》中。该纲要指出，语文课程的目的包括"使学生有自由发表思想的能力"，"使学生能看平易的古书"和"引起学生研究中国文学的兴趣"。该纲要进一步将"读书"列为语文课程的主要内容并分为"精读"内容和"略读"内容两部分。"精读"内容主要指教材中涉及的内容，包括"传记，小说，诗歌，兼及杂文……取材偏重近代名著"，"略读"内容在纲要中有所列举（见表 2-4）。

表 2-4 《新学制初级中学国语课程纲要（草案）》中略读推荐

文体	内容
小说	《西游记》、《三国志演义》、《上下古今谈》、《侠隐记》、《续侠隐记》、《天方夜谭》、《点滴》、《欧美小说译丛》、《域外小说集》、《短篇小说》、《小说集》、《阿丽思梦游奇境记》、林纾译的小说若干种。
戏剧	1. 于元明清词曲内酌选其文词程度为初中学生所能了解，而其意义无背于教育者，如《汉宫秋》《牧羊记》《铁冠图》之类。 2. 于近译西洋剧本内酌选如《易卜生集》第一册之类。
散文	1. 以著作人分类：梁启超文选，章士钊文选，胡适文选之类。 2. 以文体分类：议论文选本，传记文选本，描写文选本之类。 3. 以问题分类：文学革命问题讨论集，社会问题讨论集等。

由表 2-4 列举的整本书阅读推荐书目来看，叶圣陶先生认为，"整本书"是指古今中外的文学名著以及其他堪称典范的作品。

在阅读方法上，该时期强调"精读"和"略读"两种方法。采用"精读"还是"略读"需要根据教学的目标和任务来确定。"课程标准所以把阅读分作精读略读两项，原来着眼在读物的分量方面。短篇分量少，自成一个单位，解说剖析都容易完事，所以凭它来训练学生精读。成本的书分量多，不便在教室里精细讨论，所以教学生根据着精读的经验，自己去读。"①根据以上叶圣陶先生对"精读"与"略读"关系的表述可以得出以下三点结论：第一，"精读"和"略读"的划分依据是"分

---

① 叶圣陶. 叶圣陶教育文集：第三卷［M］. 北京：人民教育出版社，1994：76-77.

量"的大小，分量小的适合作"精读"，分量大的适合作"略读"；第二，"精读"的实施场所通常在课堂上，在教师的指导下开展，"略读"的实施场所通常在课外，由学生自主开展；第三，"精读"为"略读"提供策略参考，在"精读"时，教师会教授学生阅读策略，学生在课后开展整本书阅读活动时要将习得的阅读策略有效迁移到"略读"学习活动中。

综上所述，新中国成立前的整本书阅读以读"经"为主要内容，同时兼顾古今中外的文学名著。在阅读方法上重视对整本书文化内涵的解析与传授，在以"精读"和"略读"的方式为主的同时兼顾学生的个性特征以及未来步入社会的现实需要。

1949 年前的课程标准对"读整本书"是比较关注的。1949 年后的语文课程标准或教学大纲对"读整本书"较少提及，直到 2001 年《全日制义务教育语文课程标准》(实验稿)出台，"读整本书"才重新回到语文教育视野中。① 纵观新中国成立后的语文课程标准或教学大纲，虽然没有"读整本书"的完整表述，但是多多少少还是能够看到"读整本书"的影子。例如，1956 年的《初级中学汉语教学大纲(草案)》规定："能够阅读程度适合的书籍、报刊和文件，了解读物的内容，领会读物的基本思想，并且能够用普通话朗读，能够扼要复述。"

进入 21 世纪，整本书阅读越来越受到重视。《全日制义务教育语文课程标准》(实验稿)首次提到"培养学生广泛的阅读兴趣，扩大阅读面，增加阅读量，提倡少做题，多读书，好读书，读好书，读整本的书。鼓励学生自主选择阅读材料"。这是在课程标准中，首次直接提及关于整本书阅读的内容。除此之外，该课程标准还在如下内容中间接提及整本书阅读：

总目标部分：

具有独立阅读的能力，注重情感体验，有较丰富的积累，形成良好的语感。学会运用多种阅读方法。能初步理解、鉴赏文学作品，受到高尚情操与趣味熏陶，发展个性，丰富自己的精神世界。能借助工具书阅读浅易文言文。九年课外阅读总量应在 400 万字以上。

---

① 李怀源．叶圣陶"读整本书"思想研究[D]．北京：首都师范大学，2009.

第四学段(7～9 年级)的阅读目标部分：

学会制订自己的阅读计划，广泛阅读各种类型的读物，课外阅读总量不少于
260 万字，每学年阅读两三部名著。

"教材编写建议"部分：

教材选文要具有典范性，文质兼美，富有文化内涵和时代气息，题材、体
裁、风格丰富多样，难易适度，适合学生学习。教材要有开放性和弹性。在合理
安排基本课程内容的基础上，给地方、学校和教师留有开发、选择的空间，也为
学生留出选择和拓展的空间，以满足不同学生学习和发展的需要。

"评价建议"部分：

精读的评价。重点评价学生对读物的综合理解能力，要重视评价学生的情感
体验和创造性的理解。根据各学段的目标，具体考察学生在词句理解、文意把
握、要点概括、内容探究、作品感受等方面的表现。略读、浏览的评价。评价略
读，重在考察能否把握阅读材料的大意；评价浏览能力，重在考察能否从阅读材
料中捕捉重要信息。

上述课程标准出台后，整本书阅读作为课程内容逐渐回到语文课程视野中。
《义务教育语文课程标准(2022 年版)》更是直接将整本书阅读作为重要的课程内
容呈现，其对于语文课程的重要性不言而喻。

(三)整本书阅读教学的意义

整本书阅读作为语文课程内容的一个新领域，它的出现对语文课程内容结构
的完善、学生阅读素养的发展、教师阅读教学能力的提升具有重要意义。

1. 完善语文课程内容结构

从语文课程的角度来看，整本书阅读是对语文课程内容结构的完善。我国语文
课程内容长期受篇章教学的影响，对整本书阅读的关注度不够。但是，整本书作为
中国语言文学最常见的载体之一，对提高学生语言文字运用能力具有不可替代的作
用。将整本书阅读纳入正式的语文课程，有利于打破传统篇章教学在发展学生阅读
素养方面的困境，从学生阅读能力发展需求的角度重构课程内容组织形式。

2. 发展学生阅读素养

学生的阅读能力需要在大量的、高质量的阅读体验中发展。已有研究表明，阅读时间和阅读量是影响学生阅读能力发展的重要因素。整本书阅读能够延长学生的阅读时间，增加学生的阅读量，发展学生的阅读素养。将整本书阅读纳入正式课程，教师可以对学生的阅读内容作出规范，提高学生的阅读品质。

3. 提升教师阅读教学能力

整本书阅读有助于提升教师的阅读教学能力。首先，如果教师缺少必要的阅读体验，在组织阅读教学时就做不到有的放矢。当整本书阅读被纳入正式的语文课程后，阅读整本书就成为语文教师备课时的必要环节，由此教师的阅读量得以增加，阅读教学能力随之提升。其次，在篇章教学的长期影响下，教师对课程资源的组织与使用也趋于碎片化。这显然阻碍了教师教学能力的提升。整本书阅读的特征之一是"整体性"，反映在对教师教学能力的要求上则是"整体设计"，"实施整本书阅读教学"。这一要求虽然对教师的教学能力提出了挑战，但是也有助于教师突破当前教学壁垒，实现教学能力的进阶。

二、整本书阅读教学的研究主题

本节通过对现有研究的梳理，探索整本书阅读的研究进展，明确整本书阅读教学的主题。

(一)语文整本书阅读教学研究的进展

语文整本书阅读教学研究的进展包括整本书阅读教学的发展、整本书阅读教学的挑战，以及整本书阅读教学的策略研究三个方面。

1. 整本书阅读教学的发展

学界对于整本书阅读的界定目前还没有统一。关于整本书阅读的定义可以从三个方面进行阐述。首先是整本书阅读的思想基础。整本书阅读强调以整本书为单位进行阅读，而不是片段阅读。其背后的思想基础源于对整体性阅读的深入理解和重视。通过对整本书的阅读，学生可以全面把握作品的结构、主题和情节发展等，进而提高对文学作品的理解和欣赏能力。[①] 其次是整本书阅读的自身特点。与单篇文章或片段阅读相比，整本书阅读具有更加系统和连贯的特点。整本书的结构、情节、人物形象等元素都相互关联和影响，需要学生通过连续的阅读才能全面理解和把握作品的内涵。[②] 此外，整本书阅读还注重对学生在阅读过程中的思考、分析和推理能力的培养，以及作品与学生之间的互动和共鸣。最后是整本书阅读的价值意蕴。整本书阅读旨在培养学生的阅读兴趣、阅读习惯和阅读能力。通过对整本书的阅读，学生可以丰富自己的阅读经验，提升对文学作品的理解和感知能力，拓展思维和想象力，培养批判性思维和审美情趣，以及提升语言表达和写作能力。[③] 总之，整本书阅读在思想基础、自身特点和价值意蕴等方面都具有独特性和重要性。它强调整体性阅读、深入理解和广泛阅读的理念，为学生全面发展和提升阅读能力提供了重要途径。

整本书阅读的思想源于中国传统的语文教育，强调通过全面阅读和理解一本完整的书籍来传承文化。胡适、叶圣陶等学者倡导并完善了这一思想。如今，《义务教育语文课程标准（2022 年版）》明确要求学生进行整本书阅读，以引导学生养成良好阅读习惯，提高整体认知能力，丰富精神世界。整本书阅读具有动态性、综合性和开放性的特点，能够提供相对完整的文化信息。[④] 它不仅能帮助学生扩大知识面、提高阅读水平，还能培养学生选择适合自己的阅读材料并创造良好的阅读环境的能力。同时，整本书阅读符合新课程改革的目标，将学生置于阅读学习的核心地位，注重内在生成。

2. 整本书阅读教学的挑战

近年来，国内对于阅读整本书的重视程度显著提升，许多专家和学者也发表了不少观点和见解，并探讨了教学中涉及整本书阅读的挑战和困难，具体包括教材、实践、评价以及教师自身素质等方面的问题。在教材方面，赵志伟指出整本

---

① 李功连. 叶圣陶"整本书阅读"教育思想概述[J]. 语文建设，2017(25).
② 李怀源. 叶圣陶"读整本书"思想研究[D]. 北京：首都师范大学，2009.
③ 徐鹏. 整本书阅读：内涵、价值与挑战[J]. 中学语文教学，2017(1).
④ 吴欣歆. 阅读整本书，整体提升语文学科核心素养[J]. 中学语文教学，2017(1).

书阅读教学面临的挑战在于如何与教材相协调。尽管小学语文统编教材中设置了"快乐读书吧"栏目，旨在根据学生心理发展水平推荐适合阶段阅读的书籍，但教师面临的重大难题是如何进行教学、安排课时，并妥善处理整本书阅读与单篇阅读之间的关系。① 在实践和评价方面，蔡伟等人提出整本书阅读教学的三个困境，分别是时间问题、考试评价问题和公平性问题。小学语文课程内容繁多，语文教学任务繁重，教师和学生很少有时间和精力去进行整本书阅读。此外，关于整本书阅读的评价内容和标准也不明确，城市和农村之间的学习资源差异较大，这些都制约了整本书阅读教学。② 管然荣等人提出，对于教师而言，他们需要具备较高的语文素养，能够根据学生的特点选择适宜的阅读书目，并能因材施教。同时，教师还需要具备较高的文学素养，能够鉴赏各种类型的书籍。最重要的是教师要根据阅读书目的内容确定阅读教学方法和策略。③ 总的来说，如何有效地融合教材与整本书，如何实施整本书阅读的评价，以及如何处理单篇阅读与整本书阅读的关系，都是目前整本书阅读教学所面临的问题。

3. 整本书阅读教学的策略研究

学术界认为可以借鉴其他教育理念和方法，为整本书阅读教学提供思路和有效工具，以促进学生对整本书的全面理解和深入思考。从借鉴其他教育理念的角度，可以利用它们之间的共通性，来促进整本书阅读教学的实施。朱雨时等人在研究中运用维果茨基的"最近发展区"理论，提出支架式教学和阅读空间的概念，以促使整本书阅读更具层次性与结构化，从而提高教学效果。支架式教学是指教师根据学生的能力水平，为其提供适当的支持和引导，以帮助他们逐步理解和掌握整本书的内容。教师可以通过前置知识的激活、提供关键思考问题、引导讨论和提供背景知识等方式，为学生构建一个有序的学习框架，使学生能够在逐步拓展的学习区域内发展出自己的理解和分析能力。阅读空间是指创造一个富有阅读

---

① 赵志伟. 整本书阅读面临的挑战和对策[J]. 语文建设，2021(3).
② 蔡伟，赵丹，李莉. 整本书阅读的实施困境及其突破策略[J]. 课程·教材·教法，2019(12).
③ 管然荣，陈金华. 整本书阅读教学的"冷"思考[J]. 语文建设，2017(10).

氛围和资源的环境，为学生展开整本书阅读提供支持。教师可以通过设置阅读角落、提供各种图书和阅读材料、鼓励学生进行阅读分享与合作等方式，营造一个积极主动的阅读环境。同时，教师还可以利用技术工具或在线平台，提供多样化的阅读资源和互动机会，以满足不同学生的学习需求。支架式教学和阅读空间的应用使得整本书阅读教学更具针对性。学生在支架的引导下，逐步拓展自己的认知和理解能力，从而更好地理解整本书的主题、情节和人物。同时，创造良好的阅读环境、提供丰富的阅读资源，可以激发学生的阅读兴趣、培养学生的阅读习惯，并促进学生间的交流与合作。[①]

在借鉴其他方法方面，杨志明、徐柳提出在整本书阅读教学过程中引入思维工具，旨在帮助学生更好地获得知识，并提升他们的思维水平。在整本书阅读过程中，思维工具充当强大的辅助工具，其以图形化形式展示思维和连接思想，并通过将关键概念、主题和关系以有机的结构图示呈现，帮助学生更好地厘清知识结构，并将知识点之间的关联关系可视化。思维工具还可以帮助学生更好地组织和总结阅读材料。通过将书籍中的重要观点、论据和例证等元素整理成思维导图的节点，学生可以更清晰地把握文章的逻辑结构和核心要点。此外，思维导图还为学生提供了展示个人思维过程和分享想法的平台。学生可以通过绘制自己的思维导图来表达对书籍内容的理解，与同学进行交流和讨论，从而加深对知识的理解。[②]

在整本书阅读教学中，张爱萍、何晶晶以钱梦龙老师提出的"三主"教学理念为核心，推崇使用钱式导读法。这种教学方法旨在帮助学生全面、深入地理解整本书的内容，培养他们的思维能力。钱式导读法强调如下三种教学方法：提出问题、挖掘内涵和拓展思维。首先，教师通过引导学生提出自己的问题，激发他们对整本书的好奇心和思考欲。这样的提问过程可以帮助学生更深入地思考和理解

---

① 朱雨时，王子鹏，张期梦. 支架与空间：整本书阅读的层次性与结构化——以《雷雨》教学实践为例[J]. 语文建设，2021(5).

② 杨志明，徐柳. 思维导图在整本书阅读及其形成性评价中的应用——以《围城》的形成性评价为例[J]. 教育测量与评价，2018(8).

整本书的内容，促使他们主动去探索知识的盲点和疑惑。其次，挖掘整本书的深层内涵。教师通过引导学生深入剖析整本书中的细节和背后的意义，帮助他们把握作者的观点和思想。这种挖掘内涵的过程有助于学生更全面地理解整本书，并有助于培养他们的分析能力。最后，强调拓展思维的重要性。教师通过启发式的问题，帮助学生超越整本书的表层内容，从多个角度去思考和探索深层内涵。这种拓展思维的过程有助于培养学生的创新意识和批判性思维，促使他们成为更具独立思考能力和鉴赏力的读者。在整本书阅读教学的过程中，教师将钱式导读法作为指导方法，引导学生深入思考和分析整本书内容，并通过提问、讨论和思考来推动他们的学习。教师是引导者和促进者，通过激发学生的思维活动，引导他们主动探索知识，从而达到全面理解整本书的目的。①

(二)项目式学习视角下的小学语文整本书阅读教学

1. 项目式学习的发展

项目式学习起源于欧洲的建筑工程领域，旨在培养工程师的实践能力和解决实际问题的能力，经历探索、形成、发展、成熟四个关键阶段。随着时间的推移，项目式学习逐渐在教育领域得到广泛认可与发展。19世纪，项目式学习传播到全球各地，学术界提出广泛使用项目式学习的观点，并开始探索如何将理论与实践相结合，为学生提供更具实践性的学习机会。加之受杜威教育思想的影响，人们对项目式学习有了更深入的认识，开始逐步关注项目式学习的形式与内容。学术界开始思考如何通过项目式学习培养学生的批判性思维、解决问题的能力及团队合作精神。进入21世纪，随着教育理念的不断演变，学术界开始将重点放在项目式学习的教学目标、评价方式上，并认为项目式学习打破了传统课堂教学的局限，成为培养学生创新思维、实践能力的有效方法。同时，项目式学习倡导多元化的评价方式，强调对学生学习过程的评价，注重学生的自主性和主动

---

① 张爱萍，何晶晶. 钱氏导读法在整本书阅读教学中的运用——以《骆驼祥子》为例[J]. 语文建设，2019(11).

性参与。①

关于项目式学习的价值探讨包括宏观、微观两个层面。在宏观层面，郭华认为项目式学习具有突破传统学科壁垒的特点，通过项目式学习，学生能够打破学科界限，进行知识整合，形成跨学科学习能力。② 杨明全则从国家、学校、学生层面研究项目式学习的价值。在国家层面，项目式学习作为新型教学模式，可以为国家教育教学提供新思路和新路径。同时，项目式学习注重学生的主体性和实践能力，能够帮助学生形成系统性的知识结构，这就为国家培养创造性人才提供了良好的基础。在学校层面，项目式学习有助于落实五育融合，实现对学生的劳动教育。在学生层面，项目式学习注重学生的实践操作和合作交流，可以培养学生的团队合作能力、问题解决能力和创造能力，进而促进学生全面发展。③ 夏正江认为项目式学习能够帮助教师实现因材施教的教育理想，学生则可以根据自身的兴趣和特长参与项目实践，以获取学科知识和技能，提升综合能力。④ 在微观层面，胡红杏认为项目式学习的学科教学能够培养学生的学科核心素养，并促进他们的综合能力的提升。通过参与项目活动，学生将学科知识应用于实践中，加深了对知识的理解，并且参与项目活动需要进行合作、沟通和交流，学生的团队合作能力得以培养。⑤ 此外，李丽君指出项目式学习有助于提升学生的思维能力。通过构建真实的项目活动，学生在项目中进行探索和发现，通过与同学的沟通和交流，激发思维的火花，从而提升思维水平。⑥

综上所述，项目式学习历经不断发展和完善，从最初的建筑工程领域扩展到各个学科领域，其重要性和应用范围逐步得到认可和拓展。项目式学习不仅注重

---

① 刘育东.国外项目学习的历史沿革及发展趋势[J].教育理论与实践，2019(19).
② 郭华.项目学习的教育学意义[J].教育科学研究，2018(1).
③ 杨明全.核心素养时代的项目式学习：内涵重塑与价值重建[J].课程·教材·教法，2021(2).
④ 夏正江.试论隐性化的因材施教[J].课程·教材·教法，2008(11).
⑤ 胡红杏.项目式学习：培养学生核心素养的课堂教学活动[J].兰州大学学报（社会科学版），2017(6).
⑥ 李丽君.论项目学习模式中的创造性思维培养[J].现代教育技术，2010(S1).

学生的知识获取，更强调培养学生的实践能力、解决问题的能力以及团队合作精神。随着教育理念的现代化，项目式学习将继续在教育实践中发挥重要作用。同时，项目式学习在宏观层面和微观层面都具有重要的价值：在宏观层面，项目式学习能够突破传统学科壁垒，培养出全面发展的人才；在微观层面，项目式学习能够培养学生的学科核心素养、综合能力和思维能力。这些价值使得项目式学习成为当今教育领域的重要教学方法。

2. 基于项目式学习的整本书阅读教学研究

基于项目式学习的整本书阅读教学研究相对较少，目前的研究更多地集中在项目式学习的内涵解读、教学策略、教学应用等方面。在内涵解读方面，学术界主要关注如何理解、定义项目式学习在整本书阅读教学中的具体意义，试图理解项目式学习如何与整本书阅读的目标和内容相结合，以及如何通过项目式学习促进学生的阅读能力发展。在教学策略方面，学术界致力于探索适用于项目式学习的各种教学策略，包括如何设计和组织项目、如何引导学生进行深入的思考和讨论，以及如何评估学生的学习成果等。在教学应用方面，学术界试图将项目式学习应用于实际的整本书阅读教学中，并关注项目式学习对学生阅读理解能力、语言运用能力和学习动机的影响，以及教师的实施情况和学生的反馈等。

(1)基于项目式学习的整本书阅读教学策略

基于项目式学习的整本书阅读教学策略涉及教学内涵、教学特点、教学方法等方面。在教学内涵方面，郑萍等人认为基于项目式学习的整本书阅读教学以一本书为项目主题，以阅读的真实性、深入性和产品化为特征，培养学生的阅读能力，进而推动学生高阶思维的发展，促进整本书阅读向更高层次发展。[①] 首先，基于项目式学习的整本书阅读教学强调以一本完整的书为项目主题，以帮助学生建立对整部作品的理解。该方法可以有效地消除传统碎片化阅读的弊端，使学生能够真正感受到作品的完整性和内在联系。其次，项目式学习注重阅读的真实

---

① 郑萍，于利建. 项目式学习在整本书阅读中的实施策略探究——以《骆驼祥子》和《海底两万里》的教学为例[J]. 教学月刊(中学版)，2019(12).

性。通过选择作品作为项目主题，学生可以接触丰富的思想、情感和社会现象，其阅读素养和批判性思维得以培养。通过真实性阅读，学生能够更好地理解和评价作品中的人物形象、故事情节和主题思想，其文学鉴赏能力和批判性思维能力得以提升。再次，项目式学习强调阅读的深入性。通过对整本书的阅读和分析，学生可以深入思考作品的主题、文化背景和价值观念等。在深入挖掘并理解了作品中的细节、象征和隐喻后，学生能够领悟作品更深层次的含义和作者的意图，其批判性思维能力和问题解决能力得以提升。最后，项目式学习注重阅读的产品化特点。学生在整本书阅读完成后需要展示他们对书籍的理解和思考，实现将阅读转化为创造性输出的目标。这有助于培养学生的表达能力和创造力，并且有助于他们对阅读内容进行更深层次的思考。

关于教学特点，徐燕提出，基于项目式学习的整本书阅读教学是充满活力和能量的，其以集中指向性、真实性、挑战性、建构性和探究性的特点，为学生提供全方位的学习体验。这意味着项目式学习与整本书阅读教学的结合能够为后者带来新的方向和途径，赋予基于项目式学习的整本书阅读教学以新的发展。[①] 首先，项目式学习具有指向性，在整本书阅读教学中，学生通过参与项目来实现对整本书内容的理解和应用。项目的设计能够明确学习目标，使学生在阅读过程中具有明确的方向性，即知道他们需要达到什么样的目标。其次，项目式学习具有真实性。通过与实际问题或情境相结合，学生能够在真实的背景中进行学习。在整本书阅读教学中，学生可以通过参与项目来探究书中的主题、情节和角色，将所读内容与现实世界联系起来，增强学习的实用性。再次，项目式学习具有挑战性。项目式学习要求学生进行自主学习和合作学习，解决真实的问题或完成具有一定难度的任务。在整本书阅读教学中，学生需要运用各种技能和知识，去分析、解读和评价书籍内容，培养批判性思维和解决问题的能力。复次，项目式学习具有建构性。学生通过自主探究和合作学习构建知识结构。在整本书阅读教学

---

① 徐燕．基于项目式学习的整本书阅读教学探究——以《红楼梦》为例［D］．青岛：青岛大学，2021．

中，学生可以通过参与项目来深入理解书籍的主题和概念，将自己的思考和观点与他人进行交流和分享，建立起自己的知识网络。最后，项目式学习具有探究性。学生在项目式学习中需要提出问题、探索答案，并通过实践来验证和巩固所学知识。在整本书阅读教学中，学生可以通过参与项目来展开对书籍内容的深入研究和探讨，培养自主学习和探究的能力。

目前，关于项目式学习的教学方法的研究较为丰富，可以为整本书阅读教学提供多种可行的策略和指导。学术界主要关注学生的个性化需求、兴趣驱动、师生互动以及形成性评价等方面的内容，以有效推动学生的阅读能力和思维发展。首先，李凌云强调教师教学工作应综合考虑学生特点以及阅读内容、方式，进而实现教学上的因材施教。李凌云还强调将任务驱动作为核心，通过设计具体任务，促使学生由被动学习变为主动学习，进而推动学生思维深度发展。① 其次，张劲从激趣、驱动和交流三方面入手，研究基于项目式学习的整本书阅读教学方法，旨在通过激发学生的兴趣和动机，引导他们积极主动地参与学习。由此，教师在教学过程中增加一些有趣的元素，并加强师生之间的交流与互动，有助于增强学习效果。② 吴庆霞的研究则侧重于设置驱动性问题，以核心知识为中心，推动多样化的阅读体验。吴庆霞建议教师在教学过程中设置一些引导性问题，激发学生思考，并通过各种活动形式来促进多样化的阅读体验。吴庆霞还强调以阅读成果为导向，采用形成性评价的教学方法。③ 而杨哲总结了高中语文整本书阅读教学应用项目式学习的策略，将教学过程分为项目准备、实施和终结三个阶段，并提出了系统化的教学模式，包括确定学习目标、设计项目任务、组织学习活动、评价学习成果等。④

---

① 李凌云. 项目化学习：整本书阅读策略探寻——以《北上》为例[J]. 中学语文教学，2020(5).

② 张劲. 用项目化学习推动名著导读——以《西游记》为例[J]. 中学语文教学，2020(8).

③ 吴庆霞. 项目化学习在整本书阅读教学中的应用研究——以《西游记》教学为例[J]. 教育导刊，2021(6).

④ 杨哲. 项目式学习在高中整本书阅读中的应用策略研究——以《论语》为例[D]. 兰州：西北师范大学，2021.

综合而言，尽管项目式学习研究涉及面较广，但多以基本教学工作为研究基础，对于其他维度的相关方法的研究需要进一步深入。

（2）基于项目式学习的整本书阅读教学应用

项目式学习与"整本书阅读"教学可以相互联动，以解决当前整本书阅读教学所面临的问题。李华平等人提出基于项目式学习的整本书阅读教学机制，通过结合项目的驱动作用、核心任务和情境学习，以应对学生在整本书阅读过程中出现的疲劳感、无力感和颓废感。[①] 陈珩筠指出在教学过程中，可以通过联动读前、读中和读后的三个阶段，构建基于项目式学习的教学机制。在读前阶段，引入情境设定来激发学生的兴趣和好奇心；在读中阶段，鼓励学生进行团队合作，并及时给予指导和支持；在读后阶段，通过展示学生的作品和多元化评价方式，来强调整个教学过程的深度学习。[②] 此外，饶瑛认为教师在设计教学机制时应注重对核心知识的提炼和总结，设立多样化的教学目标、任务和驱动性问题，同时引入真实的阅读活动，开展全过程评价，以期推进整本书的真实阅读和深度阅读。[③] 综上所述，将项目式学习与整本书阅读教学相结合，并探索二者的联动机制，有助于提升学生的学习兴趣，改善其学习体验，并促使学生在整本书阅读过程中实现更为深入的学习，进而满足其学习需求。

在基于项目式学习的整本书阅读教学中，学者通过实践和探索提出了一些实际应用路径。许利英认为，可以按照以下步骤进行整本书阅读教学：划分小组，让学生形成合作学习的氛围；创设情境，通过创设相关的背景和场景，让学生更好地理解书中的内容；自主阅读，让学生以个人的节奏和方式进行阅读，培养他们独立思考的能力，在阅读过程中，引导学生提出问题，进而引发其思考和深入理解；确立项目，即选择有挑战性且可行的任务，让学生在阅读的基础上展开深

① 李华平，汤敏. 构建"双核驱动"的整本书阅读机制——以《海底两万里》整本书阅读指导为例[J]. 语文建设，2021（21）.

② 陈珩筠. 项目学习在高中整本书阅读教学中的应用探究[D]. 武汉：华中师范大学，2021.

③ 饶瑛. 以项目化学习促进整本书真实阅读和深度阅读——以《朝花夕拾》为例[J]. 中学语文，2021（35）.

入研究；制订计划，帮助学生安排时间和资源，以有效地完成项目；再次研读，加深对书本内容的理解和把握。解决问题是项目式学习的核心，学生需要通过合作和探究找到解决问题的方法；小组合作是促进学生交流、分享和互动的方式；完成作品后，学生可以展示他们的成果，进而检验和巩固学习成果；教学评价是对学生个人和小组整体的综合评价，能够帮助学生发现不足并改进。①

此外，褚晓泓倡导将项目化学习应用于语文单元学习、整本书阅读以及习作三个方面，以实现更深入的学习效果。通过项目化学习的运用，教师可以设计多样化的阅读情境和任务，激发学生的阅读兴趣，培养他们的阅读能力。在语文单元学习中，教师可以将一个主题或一个单元作为项目，引导学生进行深入的探索和研究。例如，选择一个单元作为学习素材，学生通过分析情节、角色、主题等来理解和解读文本，进而提升他们的阅读理解和批判思维能力。在整本书阅读方面，教师可以将整本书作为一个项目，让学生全面地了解和体验其中的内容。学生可以参与到角色扮演、小组讨论等多种活动中，与书中的情节和人物进行互动，从而提高阅读理解和情感共鸣能力。在习作方面，项目化学习可以激发学生的写作热情和创造力。项目化教学更关注学生的写作过程，它将学生的习作视为一种生命实践活动，往往先让学生进行项目化活动实践，然后催生学生的习作表达。②

董慧以《论语》为例，提出基于项目式学习的整本书阅读教学的实践方法。具体步骤包括确定项目化学习的主题、明确学习的目标、设定相应的任务、明确项目评价的内容与方式，以及通过多平台展示阅读成果等。首先，在《论语》教学中，主题可以是道德与人性、孝敬与友爱等，通过选择合适的主题，学生可以更好地理解和探究《论语》。其次，教师需要清楚地告诉学生他们应该达到的学习目标，如理解孔子的思想、学会运用《论语》中的经典语录等，帮助学生明确学习方向。再次，教师可以设计一系列与主题相关的任务，如分析《论语》中的案例、撰

---

① 许利英.PBL教学模式在初中整本书阅读教学中的应用研究[D].济南：山东师范大学，2021.

② 褚晓泓.项目化教学：常态化的语文教学范式实践[J].语文教学通讯，2021(6).

写关于某个经典语录的短文等，帮助学生深入地研究和思考《论语》的内容。然后，明确项目评价的内容与方式是重要内容。教师通过明确评价内容和方式，激发学生的学习动力，并及时了解他们的学习进展。最后，通过多平台展示学生的阅读成果。学生可以选择口头演讲、写作、制作 PPT 来展示他们的学习成果，从而提高自身表达能力，增强对所学知识的理解。①

基于项目式学习的整本书阅读教学已经在教育领域得到了广泛的研究与应用。然而，这些研究主要集中在初高中阶段，对于小学阶段的研究相对较少。这是由于小学生在认知、语言和阅读能力等方面与初高中学生存在差异，需要针对其特点进行相应的教学设计和研究。因此，有必要深入探究小学阶段基于项目式学习的整本书阅读教学的应用策略，进而为小学教师提供更有针对性的教育方案，帮助小学生在阅读过程中更好地理解和探索整本书的内涵。

经过对文献的梳理和总结，我们发现目前对于基于项目式学习的整本书阅读教学模式方面的研究较为有限。现有研究主要集中在对教学、课程开发以及相应策略的探讨上，而对于将项目式学习与整本书阅读相结合的教学方式的研究则相对较少。尽管关于整本书阅读的实践探究较多，但缺乏相应理论的支持和指导，导致其缺乏一定的科学性。

此外，对于整本书阅读教学的研究还存在研究视角和研究学段两个方面的不足。在研究视角方面，现有研究大多聚焦于整本书阅读教学自身、课程等方面，较少从新的视角出发，利用其他教学模式或方法来探究整本书阅读的教学方式。因此，将项目式学习作为新视角，对整本书阅读教学研究的开展具有积极意义。在研究学段方面，目前的研究主要关注初高中学段的整本书阅读教学，而对小学阶段的整本书阅读教学研究相对较少，缺乏系统性和深入性的探究。因此，研究小学阶段的整本书阅读教学，可以了解小学阶段整本书阅读教学的特点、需求和策略，为教育实践提供有力支持。

---

① 董慧 . 项目化学习在高中语文整本书阅读教学中的应用——以《论语》整本书阅读为例[J]. 课程教材教学研究（教育研究），2021(Z4).

(三)基于任务驱动型学习的小学语文整本书阅读教学

1.任务驱动型学习的发展

任务驱动型学习是以任务为导向的学习方式,通过设置具体的任务来促进学生的主动学习。在小学语文整本书阅读教学中,任务驱动型学习鼓励学生在阅读过程中参与探究分析和解决问题,培养学生的思维能力。

任务驱动教学法起源于20世纪80年代,强调学生在学习过程中通过完成具体任务来获取语言能力,并通过模拟真实语境鼓励学生主动参与和交流。任务驱动教学法关注学生的实际需求和兴趣,通过设置有意义的任务提供学习机会,促使学生在实践中积极运用语言、思考和解决问题。通过任务驱动的学习,学生能够增强语言技能、扩展词汇量、提高语言流利度,并培养文化交际的能力。① 通过在真实场景中使用语言,学生能够更好地理解和应用所学知识,增强自主学习的意识,并建立起自信。此外,任务驱动教学法还能够培养学生的合作精神、解决问题的能力和跨文化交际的技巧,为他们的综合素养提供全面发展的机会。②

2.任务驱动型学习与语文整本书阅读教学

(1)任务驱动型学习的意义

任务驱动型学习注重培养学生的主动性和自主探索精神。教师通过提供具体的任务,如阅读一篇文章并回答相关问题、进行小组讨论并表达想法,激励学生主动思考、与他人交流、寻找答案,从而激发学生的好奇心和求知欲,培养他们的问题解决能力和批判性思维。③ 在这种学习模式下,学生不再被动地接受教师传授的知识,而是成为学习的主体。他们通过任务的完成,掌握知识、提升技能,并将其应用于实际情境中。这种实践性的学习方式能够将课堂所学与现实生活联系起来,增强学生对知识的理解和应用能力。因此,任务驱动型学习在小学语文整本书阅读教学中具有重要的意义。教师通过设定有挑战性的任务,如理解

---

① 刘勇.整本书阅读后期整合的策略[J].语文教学通讯,2018(26).

② 李怀源.小学语文:单元整体教学构建艺术[M].重庆:西南大学出版社,2009.

③ 管贤强.创新学习任务单:整本书阅读教学的关键[J].语文建设,2018(3).

文章的主旨、分析人物形象、推测情节发展等，培养学生的合作能力和团队精神。①

（2）任务驱动型学习与语文写作教学

随着任务驱动教学实践的增多，其影响力也逐渐扩大。在这一趋势下，教师在作文教学领域积极采用任务驱动教学法，即通过设置具体的写作任务，激发学生对写作的兴趣和动力，帮助学生提高写作能力，培养其思维和表达能力。例如，蔡萍在书信写作教学中采用任务驱动法，将整个写作过程分解为几个简单而具体的小任务，学生按顺序完成这些任务，就能够成功地完成整篇作文。蔡萍指出，该学习方式使得传统的再现式教学转变为探究式学习，其最大的价值在于让学生处于主动、积极的学习状态，并且确保他们在学习中扮演主体的角色。因而，任务驱动教学法的核心思想是通过为学生提供明确的任务和目标，激发他们的学习动机和兴趣，引导他们主动地探索。②

（3）任务驱动型学习与语文整本书阅读

2013 年，任务驱动教学法在阅读教学领域被关注，此后逐渐成为教育研究的热点。其中，庄美芬对如何运用任务驱动教学法进行阅读课程设计的研究作出了重要贡献。庄美芬提倡采用问题引导和小组合作的方式，鼓励学生在阅读中主动参与，并通过互动、交流去发掘、理解和解决问题。这种教学方式的核心思想是尊重学生的主体地位，激发他们的学习兴趣和自主思考能力。相较传统的教学方法，这种转变意味着教育观念和教学方式上的重大突破。在任务驱动型学习中，教师更多地充当引导者和促进者的角色，注重启发学生的思维，培养他们的批判性思维和问题解决能力。这种教学方式还强调学生之间的合作。小组合作可以促进学生之间的交流与互动，从而开阔他们的视野，激发他们的创造力和团队精神。在这一过程中，学生通过讨论、分享和合作解决问题，不仅提高了语言表

---

① 蔡玲. 学习单在小学语文整本书阅读教学中的应用研究[D]. 杭州：杭州师范大学，2018.

② 蔡萍. 任务驱动教学法在职高作文教学中的几点尝试[J]. 职业，2010(20).

达能力和交流能力，也培养了协作能力与领导才能。任务驱动教学法的引入和应用为教育教学带来了全新的视角和方法。它不仅注重学科知识的传授，而且注重学生的自主学习和全面发展，注重培养学生的创新思维和问题解决能力。①

马畅详细解释了任务驱动教学法的设计、执行、结束和评价这四个步骤，并通过一个案例设计示范了如何将任务驱动教学法应用于整本书的阅读教学中，为教师提供了一个实用的教学模式。在设计阶段，马畅强调了任务选择和设计的重要性。教师需要根据学生的需求和教学目标，制定符合课程要求的任务，旨在激发学生的学习兴趣和动力。设定的任务应具有挑战性和可行性，以便培养学生的解决问题的能力。执行阶段是任务驱动式阅读教学的核心环节。在这个阶段，教师需要引导学生进行自主阅读，同时提供必要的指导和支持。教师可以组织小组合作活动，促进学生之间的互动和交流，并注重引导学生思考和解决问题。结束阶段是对任务驱动式阅读教学的总结和归纳阶段。教师应引导学生回顾整个阅读过程，总结所学知识和技能，并帮助学生将所学内容与实际生活联系起来，以提升他们的综合应用能力。评价阶段是对学生学习成果的评估阶段。教师可以运用多种形式的评价，如学生自评、学生间互评和教师评价等，了解学生的学习进展和问题，并及时调整和改进教学策略。②

刘畅探索了将"任务驱动"与节选型文本教学相结合的方式，并总结出一系列任务设计的策略、推进不同类型任务的方式和评价方案，形成了一个完整的教学流程。在研究中，刘畅提出了一系列任务设计的策略。这些策略包括目标明确、内容合理、情境引入、形式多样等。通过确立明确的学习目标，合理选择教学内容，为学生提供具有情境引入的任务，以及采用多样化的任务形式，创造性地激发学生的学习兴趣和动力。在教学流程中，刘畅详细阐述了不同类型任务的推进方式。根据任务的性质和学生的需求，刘畅提出了启发任务、探究任务和实践任务等不同类型的任务，通过启发学生思考，引导他们自主探究，促使他们进行实

---

① 庄美芬. 学习任务驱动下的阅读教学案例研究[J]. 教师，2013(34).
② 马畅. 任务驱动式阅读教学法初探[D]. 长沙：湖南师范大学，2018.

际应用，旨在培养学生的思辨能力、独立解决问题的能力和实践操作的能力。此外，刘畅还提供了一套评价方案，帮助教师对学生的任务完成情况进行评估。刘畅强调了评价的多样性和针对性，建议采用学生自评、学生间互评和教师评价相结合的方式，并提供了相应的评价工具和指标，以全面了解学生的学习表现和成果。通过将"任务驱动"与节选型文本教学相结合，刘畅构建了一套完整的教学流程。这一流程注重任务设计的策略性和任务类型的多样性，同时也为教师提供了一套科学有效的评价方案，以帮助他们对学生的学习情况进行评估，进而调整和改进教学策略。[①]

向琴在研究中探讨了任务驱动教学法在整本书阅读中的应用模式，介绍了如何将任务驱动教学法运用于粗略浅读、深入探究和展示交流这三个环节，并以《骆驼祥子》为例详细说明了任务驱动教学法在整本书阅读中的实施方式，旨在探索统编版教材中整本书阅读的模式和方法。在粗略浅读环节，向琴提倡通过设置任务来引导学生进行整本书的初步阅读。教师可以设计一些问题或任务，要求学生对整本书的内容、结构和人物等进行概括了解，以帮助他们建立起整体认识，提高他们的阅读兴趣和整体把握能力。在深入探究环节，向琴提出了一系列深入理解和分析书籍的任务。教师可以设计一些问题或任务，要求学生对整本书的主题、情节发展、人物形象等进行深入思考和分析。通过这些任务，学生可以深入挖掘书籍的内涵，发展批判性思维和文学鉴赏能力。在展示交流环节，向琴强调了学生间的合作与互动。教师可以组织学生进行小组或全班讨论，引导他们展示对书籍的理解和观点，并与他人进行分享和交流。这样不仅能够培养学生的表达能力、团队合作精神，还能够促进他们对整本书的深入理解与思考。[②]

刘丹主要探讨了任务驱动教学法在整本书阅读中的实际应用步骤。第一步是任务设定。教师根据学习目标和学生需求设计具有挑战性的任务，以激发学生的阅读兴趣和动机。第二步是任务实施。教师引导学生进行整本书阅读，并通过完

① 刘畅. 基于任务驱动的初中节选型文本教学研究[D]. 喀什：喀什大学，2020.
② 向琴. 任务驱动教学法在初中语文整本书阅读中的模式与方法探索[D]. 武汉：华中师范大学，2020.

成任务来提升学生的理解能力与思考能力。第三步是任务反馈。教师对学生的任务完成情况进行评价和反馈，以帮助学生提高阅读能力和深入理解书籍。在任务驱动教学法运用策略方面，刘丹强调了几个重要的教学要点。首先是培养学生的阅读目标意识，教师可以帮助学生明确阅读目标，并将任务与目标紧密联系起来，促使学生更加有目的地进行阅读。其次是激发学生的主动性和合作性，通过设计启发性的任务，鼓励学生在阅读过程中展开思考、互相讨论和合作探究，以培养其批判性思维和团队精神。此外，刘丹还强调了教师的角色转变——教师从传统的知识传授者转变为学生学习的指导者和促进者。教师通过灵活的教学策略引导学生主动参与整本书的阅读。[①]

谢玉琴探讨了任务驱动教学在整本书阅读中的应用策略，并提出了三个独特而有效的策略，即让学生动手"画"书、让学生动手"写"书，以及让学生动口"说"书。首先，让学生动手"画"书是指让学生通过绘制插图、漫画或思维导图等方式来呈现对整本书内容的理解。这种视觉化的表达方式可以帮助学生更加直观地理解和记忆书中的情节和人物，同时培养他们的艺术创造力。其次，让学生动手"写"书是指让学生通过撰写书评、角色对话或改编故事等创作活动，展示对整本书的理解。通过这种方式，学生不仅可以提升写作能力，还能深入思考书中的主题和价值观，发展批判性思维和创造性思维。最后，让学生动口"说"书是指让学生通过口头演讲、小组讨论或读后感分享等形式的交流活动，表达自己的观点、理解和感受，同时倾听他人的见解，进而扩大对整本书的认知。这三个策略能够有效激发学生的兴趣，培养他们的多元智能和综合能力，同时也为教师提供了丰富的教学工具和评价方式，能够促进其整本书阅读教学能力的提升。[②]

卢卉探索了如何在整本书阅读中通过多维任务驱动来促进学生的自主学习和合作学习，并提出了三大策略：巧选任务载体、巧设任务清单和巧学方法技能。首先，巧选任务载体是指为学生提供一个清晰明确的任务框架，以问题为引导，

---

① 刘丹. 任务驱动法提升初中生整本书阅读能力的策略探析［D］. 上海：上海师范大学，2020.

② 谢玉琴. 小学高学段整本书阅读教学研究［D］. 开封：河南大学，2019.

让学生围绕共同任务进行阅读实践。这样的任务框架可以激发学生的主动性，帮助他们更好地理解整本书的内容，并将所学知识应用于实际情境中。其次，巧设任务清单是指为学生提供一个详细的任务列表，列出需要完成的具体活动和目标。这样的任务清单可以帮助学生有条不紊地进行整本书的阅读，让他们知道应该做什么、怎么做以及期望达到的结果。通过这种方式，学生可以更好地规划阅读时间和阅读量，并有针对性地提升阅读技能和理解能力。最后，巧学方法技能是指教师设计适合任务要求的学习方法和技能，指导学生在阅读实践中运用这些方法和技能，具体包括跳读法、精读法，以及精读批注法等。通过这种方式，学生能够学会有效地获取信息、分析文本并形成个性阅读体悟和阅读经验。①

3. 任务驱动型学习设计

设计学习任务单是教学过程中提高效率的重要策略。宋璐在这方面提出了一些设计原则，包括明确定位目标、因课程特点而异、构建良好的学习支架和适度保留空白。这些原则为教师设计学习任务单提供了有力的指导，引导他们精准确定学习目标，根据不同课程的特点和学生的需求进行差异化设计，提供有组织且有针对性的学习结构，并留出一定的探究和创造的空间。② 李健琼聚焦学习任务单设计的基本流程：教师需要明确目标并明确教学中的重难点，将目标与具体的学习任务相匹配；教师应该提供有效的学习方法，指导学生完成任务；教师还应该制定具有发展性的学习评价，以促进学生的学习进步。③ 金陵提出了学习任务单设计的一些关键要素，包括学习指南、学习任务、问题设计、建构性学习资源、学习测试、学习档案和学习反思等。④ 柳桂媛则提出了学习任务单设计的依据：第一，教师应该明确设计教学目标，并根据认知类、态度类和心智运动技能

① 卢卉. 多维任务驱动推进整本书阅读基础阶段的实践——以小学中段《西游记》（青少版）教学为例[J]. 广西教育，2020(29).

② 宋璐. 初中语文"学习任务单"的设计与使用研究[D]. 乌鲁木齐：新疆师范大学，2019.

③ 李健琼. 小学语文单元阅读教学的学习任务单设计研究——以统编本教材为例[D]. 重庆：西南大学，2021.

④ 金陵. 用"学习任务单"翻转课堂教学[J]. 中国信息技术教育，2013(3).

类等不同类型的知识进行分析和制定。第二，教师需要根据目标找到相匹配的任务，并选择适合的学习方式，如导学案、微视频等。第三，教师还需要根据任务的需要选择恰当的学习材料，以帮助学生更好地完成任务和学习。① 综上所述，设计学习任务单并不能凭空想象，而是需要遵循一定的原则和流程。教师可以根据这些理论支持、设计原则和设计流程来制定适合自己教学环境和学生需求的学习任务单。

将设计好的学习任务单付诸实践才是关键。学者从不同角度对学习任务单的使用策略、使用流程和使用注意事项进行了深入研究。宋璐对学习任务单的使用策略进行了分析，具体包括以下几个方面：首先是提前发布，即在学习任务开始之前向学生明确目标和要求，以激发他们的学习动力和兴趣；其次是激发内部动因，通过创造积极的学习氛围和情境，引发学生内在的学习动机；再次是将自主学习与合作学习相结合，让学生既能独立完成任务，又能与同伴合作交流，增强协作学习效果；最后是对学习效果进行评价，以便及时调整和改进教学。② 江军军指出运用教学"任务单"应把握四个观察点：三维目标是否准确、任务单是否合理使用、教师是否一讲到底、任务单的可操作性。这意味着学习任务单应明确准确地表达学习目标，采用合理的方式激发学生的学习兴趣，为教师提供多样化的教学策略，并确保学生能够清晰地理解和执行。③ 王晓芳提出了学习任务单的实施应包括定目标、定表述方式、自主学习与小组合作、拓展学习等几个方面。定目标是指清晰地陈述学习任务的目标和预期结果，以帮助学生明确学习方向；定表述方式则是选择适当的语言和方式来表达任务要求，以便学生更好地理解和完成任务；自主学习与小组合作可以促使学生在独立学习和合作交流中更好地完成任务；拓展学习则是引导学生进一步深入学习和探索相关内容，以促进知识的扩

---

① 柳桂媛.翻转课堂课前学习任务单设计研究[J].内蒙古财经大学学报，2016(3).

② 宋璐.初中语文"学习任务单"的设计与使用研究[D].乌鲁木齐：新疆师范大学，2019.

③ 江军军.语文课堂教学"任务单"的运用[J].中华活页文选(教师版)，2013(9).

展和应用。①　综上所述，为了保证学习任务单在学习中的有效性，教师需要使用适当的策略，并按照一定的流程实施。

目前的相关研究主要侧重对教学策略和方案的探索，但多数建立在教师实践经验的基础之上，对于理论研究的深度还不够。任务驱动型学习是一种以任务为导向的学习方式，通过设置具体的学习任务和挑战，引导学生积极参与整本书阅读过程中的理解、分析和推理等认知活动。这种学习模式对于培养学生的自主学习能力、提高其阅读理解水平具有重要意义。

(四)基于思维工具的小学语文整本书阅读教学

1. 思维工具的发展

思维工具作为一种教学工具在近年来受到越来越多教育者的重视。它可以帮助学生整理和加工复杂的思维结构和思维过程，并以图式化的形式呈现出来，从而提供给学生清晰和可视化的认知框架。思维工具强调，不仅要让学生学会基础知识和基本技能，还要培养他们的思维能力和发展他们的思维方式。通过使用思维工具，学生可以更好地分析问题、组织思维、推理和解决问题。思维工具可以帮助学生对复杂的概念进行分类、关联，以及构建逻辑性强和抽象的思维模型。常见的思维工具包括思维导图、流程图等。同时，思维工具以图形化的方式呈现知识结构，帮助学生整理和理解学习内容，促使学生可以更好地表达想法，关联和应用所学的知识。当然，思维工具不仅可以在课堂上使用，也可以在自主学习和解决问题的过程中应用。它们可以帮助学生更好地制订学习计划、整理思路、发展创造性思维等。②　因此，思维工具作为一种教学工具，强调学生的思维发展和认知整合。通过使用思维工具，学生能够形成良好的思维习惯和解决问题的能力，提高学习效果和思维品质。

思维工具在中国的发展与应用可以追溯到 20 世纪 60 年代，当时英国学者东

---

① 　王晓芳. 任务单在小学阅读教学中运用的研究[D]. 济南：山东师范大学，2016.

② 　祝莹莹. 思维导图在初中语文阅读教学中的实践探究[D]. 上海：上海师范大学，2018.

尼·博赞（Tony Buzan）等人提出了思维导图的概念①。随后，中国的教育学者开始研究和推广思维工具。王功玲首次系统阐述了思维工具的理论基础和制作过程，并将其与课堂教学相结合，进而将思维工具应用于教师的教案编写中，为思维工具在国内推广奠定了基础。② 赵国庆、陆志坚进一步明确了思维工具的概念以及其在教育中的意义，这标志着国内对思维工具的研究正式开始，同时也为思维工具在国内教育领域的发展提供了指导。③ 自此以后，思维工具在国内教育实践中得到了广泛应用。教师将思维工具作为一种有效的教学工具，用于辅助学生整理和组织知识，促进其思维和创造力发展。思维工具逐渐成为重要的教学辅助手段，在课堂教学、学习笔记记录、知识整理等方面发挥着越来越重要的作用。

2. 思维工具与整本书阅读教学

思维工具在整本书阅读中有着多种类型的运用方式。袁云介绍了四种常见的思维导图类型及其应用。首先是环形图，它可以培养学生的发散思维能力。环形图由两个圆组成，小圆表示需要深入探讨的主题，大圆则是围绕主题进行外延理解的内容。学生可以通过环形图来积累已有的知识，或者进行与主题相关的资料拓展。其次是树形图，它有助于厘清事物的分类关系。树形图类似一棵树，主题是树干，而分类则是树枝。此外，树形图还可以引申为由一讨论点引发的各种思考，形式也不局限于传统的"树形"结构，只要是发散思维都可以采用。再次是流程图，它能够清晰地描述事物的过程。通过流程图，学生可以很明确地把握事物发展的各个环节。最后是桥形图，它用来类比不同事物之间的关系。桥形图可以描绘事物之间的相似和类比关系，能够帮助学生更好地理解和比较不同的概念。④ 在整本书阅读中应用不同类型的思维导图，有助于学生厘清作品的逻辑，把握作品的核心。教师可以借助思维工具，在教学过程中帮助学生更好地掌握文

---

① 东尼·博赞，巴利·博赞. 思维导图［M］. 卜煜婷，译. 北京：化学工程出版社，2015.

② 王功玲. 浅析思维导图教学法［J］. 黑龙江科技信息，2000(4).

③ 赵国庆，陆志坚. "概念图"与"思维导图"辨析［J］. 中国电化教育，2004(8).

④ 袁云. 谈如何用思维导图梳理阅读思路［J］. 才智，2020(4).

章的脉络，增强其阅读体验。

石素芝介绍了如何借助思维工具来推动对整本书的深度阅读，并提出了三种不同类型的思维工具。首先是情节导图，它可以还原写作的思路，同时激发学生的阅读兴趣。通过情节导图，学生可以将整个故事的情节线索清晰地呈现出来，厘清故事的结构和发展脉络，进而加深对作品的理解。其次是形象导图，它通过图像化的方式再现立体鲜活的人物形象，从而提升学生的阅读质量。通过形象导图，学生可以更加具象地感受文中人物的特点、性格和形象。最后是话题导图，它聚焦于作品的核心话题，将思维引向更深入的层面。通过话题导图，学生可以将作品中的重要主题和议题分类整理，进而更好地理解作品的主旨和深层含义。① 这些思维工具的应用有助于学生更全面地理解整本书的内容，提升其阅读的质量。同时，思维工具也能够激发学生的思维能力和创造力，使阅读过程更加有趣和富有成效。

黄平提出运用概念图、情节梯、维恩图等思维工具，帮助学生更好地理解和阅读整本书。首先是概念图，它通过串联已有的认知来展示事物之间的关系。概念图能够帮助学生将不同概念联系起来，形成完整的知识体系。通过概念图，学生可以更清楚地了解作品中各个概念的含义和相互关系。其次是情节梯，它是把握整本书脉络的工具。情节梯能够帮助学生将作品的情节按照时间顺序或者逻辑顺序组织起来，形成清晰的故事线索。通过情节梯，学生可以更好地理解故事的发展脉络，抓住作品的主线，更有效地进行阅读。最后是维恩图，它在引导策略方面起到重要作用，可以帮助学生对比不同的事物，找出它们之间的异同。通过维恩图，学生可以更好地理解作品中不同人物、事件或者概念之间的联系，提高阅读的准确度。因此，教师在教学过程中可以利用这些思维工具引导学生把握文章的脉络，提高他们的理解能力。通过应用思维工具，学生可以更有条理地阅读，并能更深入地认识作品的本质。②

---

① 石素芝. 借助思维导图，向整本书阅读更深处漫溯[J]. 华夏教师，2019(26).

② 黄平. 借助思维导图，指导小学高年级学生阅读整本书[J]. 全国优秀作文选（教师教育），2018(3).

3. 基于思维工具的整本书阅读教学研究

目前，对于思维工具在整本书阅读教学中的应用的研究主要集中在中学学段。学术界主要在初中和高中语文学科中进行了实践和探索，直接针对思维工具在小学语文整本书阅读教学中的应用的研究相对较少。当然，中学学段丰富的研究成果也为思维工具在小学语文整本书阅读教学中的应用提供了一些参考。

(1)基于思维工具的语文整本书阅读教学策略

祝莹莹在研究中提出了使用思维工具来辅助初中语文阅读教学的具体方法。祝莹莹研究了不同类型的课文，并探讨了如何通过思维工具帮助学生进行深入理解和分析。这对于初中语文教师的实际教学具有重要的启示作用，也为小学语文教师提供了借鉴，引导他们在小学语文整本书阅读方面开展思维工具的应用探索。[①] 李静也在阅读、写作、识字等多个方面进行了思维工具的实践探索。通过探索，李静提出了可操作性的建议，以帮助教师和学生更好地理解和运用思维工具。这些实践经验不仅扩展了思维工具在语文教学中的应用范围，还为教师提供了有价值的指导。[②]

刘红娟详细探讨了思维导图在小学生整本书阅读中的应用，并提出观点：思维导图能激发学生的整本书阅读兴趣；思维导图能降低学生的整本书阅读难度；思维导图能提高学生的整本书阅读速度；思维导图能优化学生的整本书阅读效益。[③] 与此同时，崔利君进一步验证了思维工具在小学生整本书阅读能力培养方面的有效性，通过实证研究设计实验班、对照班，实验班采用思维工具辅助教学，对照班采用传统的阅读教学方法。研究结果显示，实验班的学生在整本书阅读方面取得显著的进步，他们不仅阅读速度提高，还能够更好地理解和分析文本。这表明思维工具对于小学生整本书阅读能力的培养具有积极的意义。[④]

---

① 祝莹莹. 思维导图在初中语文阅读教学中的实践探究[D]. 上海：上海师范大学，2018.

② 李静. 小学整本书阅读教学设计与应用：以贺兰山农牧场小学为例[D]. 银川：宁夏大学，2013.

③ 刘红娟. 以思维导图辅助小学生的整本书阅读[J]. 读写算，2018(24).

④ 崔利君. 论思维导图对小学生整本书阅读能力培养的影响[J]. 读写算，2018(24).

梁文敏详细介绍了思维工具在小学语文整本书阅读中的应用策略和路径，并通过实例分析阐述了思维导图的有效性。① 赵贵芳、杨梁分别从不同角度深入研究了思维工具的基本概念、在整本书阅读中的应用意义以及有效策略。他们的研究不仅拓宽了思维工具在教育领域的应用范围，还为教师提供了更多关于思维工具在整本书阅读教学中的操作指导。② 许小玲、汪秀玲、潘晓芬以具体的书目作为案例，深入探究了思维导图在小学中高学段语文整本书阅读中的实践应用。他们通过详细分析思维工具在不同作品中的运用方式和对其效果进行评估，为教师提供了更具体的实施策略和方法。③ 此外，邱彬则强调了思维工具在整本书阅读中引导学生阅读的有效性，并提供了相关的研究成果和有效策略。④ 甘海玲、高菊萍、黄滢也深入讨论了思维工具对小学语文整本书阅读教学的实效性，并提出了一些实践层面的建议。⑤ 总体而言，这些研究成果对教师更好地理解和应用思维导图，提升学生在整本书阅读中的理解能力和思维能力具有重要指导意义，也为进一步探索教育领域中思维工具的应用奠定了坚实基础。

李悦在研究中提出使用整本书导读单来引导学生进行阅读。这种导读单的设计主要包括四个方面：预测激趣，引燃憧憬；方法渗透，深入品鉴；设置问题，引发思辨；图导思维，促进探究。首先，通过预测激趣和引燃憧憬，导读单能够在学生开始阅读之前激发他们的兴趣。这可以通过揭示一些令人好奇的内容、提

① 梁文敏. 思维导图在小学语文整本书阅读中的应用[J]. 小学生（中旬刊），2020(5).
② 赵贵芳. 思维导图应用于小学语文整本书阅读的实践研究[J]. 小学时代，2020(16). 杨梁. 思维导图在小学语文整本书课外阅读中的应用分析[J]. 新课程，2020(40).
③ 许小玲. 思维导图在小学语文三年级整本书阅读中的应用微探[J]. 读写算，2021(33). 汪秀玲. 思维导图在小学中年段语文整本书阅读中的应用——以《海底两万里》为例[J]. 科幻画报，2021(5). 潘晓芬. 思维导图在小学语文"整本书阅读"教学中的应用研究——以《童年》为例[J]. 科幻画报，2021(4).
④ 邱彬. 浅析引领学生阅读整本书中借助思维导图之力的有效研究[J]. 考试周刊，2021(45).
⑤ 甘海玲. 思维导图在小学语文整本书阅读教学中的应用[J]. 基础教育研究，2021(16). 高菊萍. 思维导图在小学整本书阅读教学中的应用策略研究[J]. 考试周刊，2021(91). 黄滢. 开一扇窗，使"阅读"变"悦读"——数字环境中运用思维导图助力整本书阅读教学初探[J]. 作文成功之路（中），2018(4).

出有吸引力的问题或者创造一种期待感的方式来实现。其次，方法渗透和深入品鉴的设计可以帮助学生更好地理解和分析整本书的内容。导读单中融入了一些阅读策略和技巧，如注重细节观察、结合问题思考、进行推理和解释等，引导学生深入思考和理解书中的重要信息。再次，设置问题和引发思辨部分旨在培养学生的批判性思维和思辨能力。导读单中会针对书中的关键问题或争议点设置一些引导性的问题，鼓励学生进行思考、讨论和辩论，从而加深对书中主题和观点的理解。最后，图导思维和促进探究部分旨在通过思维导图辅助学生梳理整本书的内容。思维导图可以帮助学生将书中的关键词和相关的信息组织成一张图表，从而清晰地展现书中的脉络和结构。① 袁云的研究强调思维工具在小学语文整本书阅读中的作用。思维工具可以减轻学生的记忆负担，培养他们的发散性思维，使他们更好地厘清整本书的逻辑结构和发展脉络。在思维工具的交流环节，学生之间可以相互补充和借鉴，增强团队合作意识，同时提升阅读品质。思维工具运用图文并重的技巧，能够直观地展现各级标题之间的关系，帮助学生更好地梳理整本书的人物关系以及事件之间的关联。② 综上所述，将整本书导读单以及思维工具运用到整本书阅读教学中，能够培养学生的阅读理解能力、批判性思维和合作意识，同时也能激发他们的阅读兴趣。

白雪指出了思维导图在高中语文整本书阅读中的积极作用。通过使用思维工具，学生能够更好地构建知识体系，养成良好的阅读习惯，提升思维能力。这项研究侧重探讨思维工具在名著类型整本书阅读中的作用。③ 石素芝认为在推动名著阅读的过程中，思维工具具有多种功能：不仅能够帮助学生梳理信息、构建整体，还能够恢复画面、再现形象。思维工具具有高度的概括性，利用其可视化的特点，学生能够方便地进行展示和交流。借助思维导图，学生能够有效提升整本

---

① 李悦. "整本书导读单"在阅读教学中的应用研究[J]. 新作文(语文教学研究)，2020(9).

② 袁云. 谈如何用思维导图梳理阅读思路[J]. 才智，2020(4).

③ 白雪. 刍议思维导图在高中语文整本书阅读教学中的应用[J]. 中国多媒体与网络教学学报(下旬刊)，2021(1).

书阅读的质量，并提高思维品质。①

（2）基于思维工具的语文整本书阅读教学运用

在国内，关于思维工具在整本书阅读教学中运用的研究主要集中在以下几个方面：提高兴趣、掌握方法、推进阅读和进行评价。这些研究旨在通过思维工具来改变小学生的阅读方式和体验。赵贵芳从展示思维导图、引导小学生自主完成思维导图和"内容重构"的实践应用三个方面进行应用分析。首先，展示思维导图。思维导图可以帮助学生对小学语文整本书的阅读有更深的理解，更好地辅助学生完成相应的阅读任务。其次，引导小学生自主完成思维导图。教师应以自主学习和小组合作作为小学生完成思维导图的重要方式，发挥小学生各方面的能力来提高其阅读能力。最后，探讨了"内容重构"的实践应用。在小学语文整本书阅读教学中，思维导图可以高效实现"内容重构"，让学生运用已经学过的知识，搜索新知识并巩固以往所学知识。②

白雪在研究中讨论了思维工具在整本书阅读教学中的应用要点和注意事项。首先，在整本书阅读中，思维工具的主要作用是辅助学生进行思考。通过构建思维导图，学生可以将抽象的思维内容转化为形象化的图形。其次，学生需要逐步掌握构建思维导图的规则和技巧。教师可以从简单的章节或段落开始应用思维导图，逐步引导学生构建思维导图。随着熟练度的提高，逐渐应用到整本书的阅读中。同时，思维导图应用的目的是将学生的思考过程形象化，这就意味着在构建思维导图时，不应过于关注图形的丰富和色彩的应用，而应注重思维导图对学生思维过程的呈现和辅助。③ 此外，韩璐强调在整本书阅读教学中要注重阅读本身，思维导图作为辅助工具，应该帮助学生提高阅读理解能力和思辨能力，而构建思维导图本身不应成为目标。因此，在使用思维导图时要避免"为图而图"，以

---

① 石素芝. 借助思维导图，向整本书阅读更深处漫溯[J]. 华夏教师，2019(26).
② 赵贵芳. 思维导图应用于小学语文整本书阅读的实践研究[J]. 小学时代，2020(16).
③ 白雪. 刍议思维导图在高中语文整本书阅读教学中的应用[J]. 中国多媒体与网络教学学报（下旬刊），2021(1).

确保思维导图的构建符合教学目标和实际需求。①

综合上述分析可以得知，学术界对思维工具在小学语文整本书阅读中的应用进行了多元递进研究，涉及的研究维度丰富多样，可以为小学语文整本书阅读教学提供多维度的理论依据和实践路径。然而，有效的研究仍然相对较少，特别是思维工具在小学语文整本书阅读教学中运用的方面缺乏有针对性的研究。另外，一线教师的研究以策略构思为主，缺乏深入实践，导致理论与实践的融合程度不够理想。

其实，在整本书阅读教学中引入思维工具是被普遍认可的有效方式。这种方式为一线教师提供了新的教学思路，可以帮助学生更系统地理解和掌握整本书的内容，提升其阅读质量。近年来，国外已经取得许多关于整本书阅读实践的研究成果，国内对于整本书阅读教学的理论研究包括整本书阅读的意义、课程设置和教学策略等内容。在实践层面，越来越多的中学教师开始运用思维工具进行阅读教学，并通过反思和交流分享实践中的问题和解决策略。然而，关于思维工具在小学语文整本书阅读教学中的应用的研究相对较少，还需要深入探索适合该年龄段学生的实施方案和策略。目前，在整本书阅读教学中，思维导图的实施仍面临挑战。一方面，尚未形成与学生阅读状态结合的实践模式，如何将思维工具与学生个体化的阅读需求和习惯相结合，需要进一步探索和研究；另一方面，思维工具在教师群体中的使用还没有普及，这是由于对思维工具不熟悉或者缺乏相关培训。因此，推进思维工具在整本书阅读教学中的应用，还需要加强教师的专业发展，提高他们运用思维工具进行整本书阅读教学的能力和自信心。同时，学校应鼓励教师之间交流合作，分享经验和实践成果，以共同解决实施过程中的困难。

(五)基于支架式教学的小学语文整本书阅读教学

1. 支架式教学发展

支架式教学，最早由美国教育心理学家布鲁纳(J. S. Bruner)于1976年提出，

---

① 韩璐. 思维导图在高中语文"整本书阅读"教学中的应用研究[D]. 淮北：淮北师范大学，2019.

旨在将学生置于教育过程的中心，通过提供适当的支持和引导，帮助学生逐步构建起自己的知识和技能。支架式教学理论提出以来，国内外的许多学者对其进行了深入的研究和探索，试图理解支架式教学的基本原理，并针对不同学科和年龄段的学生进行研究，以发展和改进支架式教学的理论与实践。[①] 支架式教学的主要特点是将学生视为积极主体，注重个体的发展和自主学习能力的培养。教师在教学中扮演着引导者的角色，根据学习者的需求和能力提供适当的指导和支持。这种教学方法注重培养学生的问题解决能力、批判性思维和自主学习能力，使他们能够在掌握基本概念和技能的基础上逐渐独立学习。国外学者在支架式教学方面进行了广泛的研究。其中西蒙斯（Simmons）等人提出支架式教学模式，该模式将零散的教学要素进行系统化的整理和归类，使得教学过程更有条理和成体系。[②] 在这一模式中，师生之间的互动变得更加有序，学习目标和内容得以更好地组织，从而助力学生构建新的知识体系。通过这种改进，学生的学习质量和效率得到了显著提高。支架式教学模式以学生为主体，促使他们积极参与和探索知识。在教学过程中，教师为学生提供恰当的提示、示范和解释，激发学生思考和解决问题的能力，并鼓励学生自主学习和探索，以培养学生的语文思维与核心素养。支架式教学得到广泛应用，还可以根据学生的不同需求和能力进行调整和个性化设计，教师通过合理搭建和调整教学支架，可以有效地引导学生的学习，提高他们的学习质量。

在支架式教学的有效性方面，有研究者基于 CSE-UCLA 测量标准，对新加拉惹地区的小学生开展了一项关于支架式教学模型在数学教学中有效性的研究。他们从学习活动、学习成绩和学生对教学的反应等多个角度考察该教学模式的效果。通过采用观察、测试和问卷调查等方式收集数据，并进行描述性分析，他们

---

① 游晓岚．整本书支架式阅读教学研究［D］．重庆：西南大学，2019.
② 叶宜宜．支架式教学策略在整本书阅读指导中的应用研究［D］．南京：南京师范大学，2020.

得出结论：支架式教学模型是一种适用于数学教学的有效模型。① 在支架式教学的实施步骤方面，布朗(Brown)等人提出支架式教学包括预热、探索和独立探索三个步骤。何克抗对支架式教学进行分解，将其划分为五个环节：搭建脚手架、进入情境、独立探索、协作学习以及效果评价。② 匡雅辉对以上五个环节进行了更为详细的研究：第一是搭建脚手架，教师根据"最近发展区"理论，对教学内容进行分析和梳理，并建立整体的知识目标。通过了解学生的先前知识和能力水平，教师能够确定适当的教学策略和支持方式。第二是进入情境，教师引导学生进入与教学内容相关的问题情境中，激发学生的兴趣和好奇心。第三是独立探索，在这个阶段学生被鼓励以自主的方式进行学习。他们有机会通过解决问题和完成任务来构建新的知识和技能。教师在背后提供支持和指导，确保学生能够在给定的支架下进行有效的学习。第四是协作学习，学生被组织成小组，通过互相协商、讨论和合作解决学习问题。通过与他人的合作，学生可以分享想法、交流观点，并从彼此的经验中获得启发和帮助，从而加深对学习内容的理解和应用。第五是效果评价，教师对学生的学习效果进行评估，并提供及时的反馈。评估结果可以帮助学生了解自己的学习进展，并为教师提供改进教学策略的依据。③ 通过以上五个环节的有机组合，支架式教学提供了一个系统化、循序渐进的教学过程，其注重学生的主动参与和自主学习，为学生提供个性化的支持和指导，培养学生的深入学习和终身学习能力。

2. 支架式教学与语文整本书阅读

随着教育理念的不断发展，传统的教师中心教学已经逐渐被弃用，取而代之的是以学生为中心的教学方式。支架式教学正是一种以学生为主体，通过提供支持和指导帮助学生积极参与学习的教学方法。胡萍探讨了如何在小学语文阅读教学中运用支架式教学的对策和样例。在这些设计中，教师需要综合考虑学生情

---

① 王小雪. 小学语文整本书阅读教学现状、问题及对策研究——以厦门市三所小学为例[D]. 厦门：集美大学，2018.

② 何克抗. 建构主义——革新传统教学的理论基础[J]. 电化教育研究，1997(3).

③ 匡雅辉. 建构主义教育理论与教学设计策略[D]. 武汉：华中师范大学，2007.

况、教学内容、环境条件和教师自身素养等多个因素。首先，在了解学生情况方面，教师需要对学生的先前知识和能力水平进行了解，并根据学生的差异性来设置适当的学习目标和任务。通过给予学生适当的挑战，激发他们的学习兴趣和动机。其次，在教学内容方面，教师应该选择与学生年龄和发展水平相适应的文本或材料，并结合具体的阅读目标进行教学设计。教师可以通过预热活动，如讨论问题、观察图像等，激发学生的思维和注意力，为后续的阅读作铺垫。再次，在环境条件方面，教师可以利用多媒体技术、互联网资源等丰富教学手段，创设良好的学习环境。例如，使用PPT、视频等多媒体形式展示阅读材料，以提高学生的阅读兴趣和理解能力。最后，在教师自身素养方面，教师需要具备良好的语文知识和教学技能，能够准确把握教学节奏和引导学生的思维发展。教师还应具备丰富的教学经验和关心学生的情感，以更好地实施支架式教学。通过以上对策和样例，支架式教学可以更好地应用于小学语文阅读教学中，促进学生的语文素养和阅读能力的全面发展。在支架式教学中，教师的角色由传统的知识传授者转变为学生学习的引导者和促进者，激发了学生主动探究和积极参与的学习态度，培养了他们的思维能力和创新精神。这些都有助于学生形成良好的阅读习惯和自主学习的能力，为他们未来的学习奠定坚实的基础。[①]

李林提出三点教学策略，旨在将概念图与语文支架式教学相结合，进一步提升语文教学质量。首先，强化课程设计，明确教学目标。教师应该清晰地设定教学目标，包括知识、能力和情感态度等方面，并将其转化为具体的任务和要求。通过明确的教学目标，教师能够更好地规划教学内容和学习路径，学生能够清晰地认识到学习的重点和目标，在学习过程中更加有目的性和针对性。其次，创设教学情境，构建教学支架。在语文教学中创设具有教学意义的情境，能够使学生将所学的知识和技能应用到实际生活中去。教师可以通过设计情境故事、角色扮演等方式，让学生在真实的情境中进行语文学习，从而增强他们的学习动机和兴趣。此外，教师还应该通过构建教学支架，提供学习的框架和结构，帮助学生更

---

① 胡萍．小学语文支架式教学设计研究［D］．上海：上海师范大学，2018.

好地理解知识、发展思维能力。教学支架包括概念图、思维导图、问题导向等工具和方法，通过清晰的结构和逻辑关系，引导学生有序地学习和探索。最后，引导学生积极探索，激发学习活力。学生应该成为学习的主体，通过自主探索和实践，积极地构建知识和意义。教师应该采用启发式和探究式的教学方法，引导学生提出问题、寻找答案、进行合作交流，并激发他们的思维能力和创造力。教师还可以设计开放性的任务和项目，引导学生在解决问题的过程中深入理解和运用知识。①

游晓岚提出整本书阅读教学支架包括四个维度：阅读兴趣、阅读探究、阅读方法以及阅读过程。这一理论框架为指导整本书阅读教学提供了有力的支持。首先是阅读兴趣，在教学中，教师应该激发学生对阅读的兴趣和好奇心，让他们乐于参与到整本书的阅读当中。教师可以通过引导学生选择自己感兴趣的书籍、设计有趣的阅读活动等方式，培养学生的阅读兴趣，使他们愿意全身心投入阅读。其次是阅读探究，即学生在阅读过程中积极探索、思考和提问。教师可以通过提出启发性问题、小组合作讨论等方式，引导学生深入思考和探究整本书的内容、主题和思想，培养他们的阅读思维和批判性思维。再次是阅读方法，教师应该帮助学生掌握有效的阅读方法，比如预测、推理、总结等，以提高他们的阅读效果和理解能力。教师可以通过示范、解释和实践等方式，引导学生灵活运用不同的阅读方法，逐步提升他们的整本书阅读能力。最后是阅读过程，学生需要经历完整的阅读过程，包括前期的预习、中期的阅读和后期的总结与反思。教师可以通过组织学生制订阅读计划、撰写阅读笔记和进行阅读分享活动等，引导学生规划自己的阅读过程，增加阅读的深度和广度。②

金戈、洪东萍探讨了整本书阅读教学的重要性和有效性。他们认为，在整本书阅读教学中，应该强调整体性，即将整本书作为一个完整的文本来进行学习和理解，而不是仅仅关注其中的片段或章节。他们提出了概括化和专题式阅读形

---

① 李林. 基于概念图的语文支架式教学策略浅析[J]. 小学教学参考，2017(18).

② 游晓岚. 整本书支架式阅读教学研究[D]. 重庆：西南大学，2019.

式，以促进学生对整本书的整体把握。在概括化阅读中，学生通过了解整本书的结构、主题、情节和人物等方面的内容，把握整本书的大致框架。而在专题式阅读中，学生可以选择特定的主题或问题进行深入研究，即通过专题的方式来探索整本书中相关的章节或段落，从而提升针对性思考能力和批判性思维能力。① 叶宜宜在整本书阅读教学中采用了支架式教学策略，并提出了一套具体的教学模式。这一模式以学情为基础，通过设置支架来引导学生了解教学内容。教师通过创设情境，让学生能够更好地融入整本书的世界中，进而培养他们的阅读兴趣。同时，教师还通过设置问题来引导学生进行深入探索，促使他们思考和分析整本书的主题和内涵。合作学习是该教学模式中的另一个核心部分，通过讨论和合作，同学之间可以相互交流，互相启发，共同提高阅读理解能力。最后，展示成果并进行全面评价这一环节，可以激发学生的学习动力以及增强他们的自信心。整本书阅读教学是一种综合性的教学方法，需要教师在教学过程中有意识地引导学生理解整本书的结构、主题和背景，培养他们的批判性思维和综合分析能力。②

支架式教学作为一种教学模式，普遍应用于初高中的阅读教学之中，但在小学低段整本书阅读教学方面应用研究相对较少。支架式教学通过提供学习框架引导学生思考，促进学生自主学习和知识建构。在初高中阶段，阅读教学注重培养学生的阅读理解能力和批判性思维，支架式教学则能够提供有效的教学策略和工具，帮助学生掌握阅读技巧和深入理解文本。然而，在小学低段整本书阅读教学中，由于学生的阅读能力和认知水平的限制，教师需要更加细致地引导学生进行阅读和思考。此时，支架式教学可以提供更具体和系统的指导，帮助学生逐步掌握整本书阅读的技巧和方法。尽管目前针对小学低段整本书阅读的支架式教学研究相对较少，但可以借鉴初高中阶段的研究成果，并根据小学低段学生的特点进

---

① 金戈，洪东萍.“支架式”名著阅读教学初探——统编初中语文教材名著课程实践[J].语文教学通讯，2019(26).

② 叶宜宜.支架式教学策略在整本书阅读指导中的应用研究[D].南京：南京师范大学，2020.

行合理调整。例如，在教学设计上，可以通过简化教学目标、采用更具体的教学支架工具、设置适宜的学习任务等方式，帮助学生顺利进行整本书阅读。总的来说，支架式教学的理论和实践已经相对完备，并且在其他学科和年级的教学中取得了一定的成功。因此，可以探索将支架式教学应用于小学低段整本书阅读教学中，以期提高学生的阅读能力和理解水平。

当前，小学语文整本书阅读教学还处于探索阶段，需要经过长期的学习和积累才能逐渐成熟起来，而支架式教学基于建构主义理论，且已在多个语言学科中展现出一定的适应性和成效，这对于支持小学语文整本书阅读教学发展具备积极意义。目前，国内外关于小学语文整本书阅读的实际教学、理论研究比较零散，大多数研究关注特定的课型或教学目标，缺乏将整本书阅读教学中的各个环节进行系统联系的研究。这种碎片化的教学方式无法达到横向学习的效果，也难以帮助学生形成全面的阅读能力。因此，教师可以利用支架式教学理论为小学语文整本书阅读设计有效、可行的教学活动，通过建立全新的视角，打破小学语文整本书阅读教学碎片化的困境。

其实，将支架式教学理论与小学语文整本书阅读实践相结合，可以在不同环节为教师提供有针对性的指导，从目标设定、导读、自主阅读到推进阅读、成果评价等方面，构建起完整的教学框架。当然，这也有助于培养教师在教学设计中搭建支架的意识。通过设计科学有效的活动，教师能够更好地引导学生进行整本书阅读，提高课堂效率。同时，开展支架式教学还可以发展教师的专业能力，促使教师在实践中不断探索和改进教学方法，提高自身的教学水平。因此，将支架式教学理论应用于小学语文整本书阅读教学领域，将为整本书阅读教学带来新的启示和创新，推动整本书阅读教学从碎片化向系统化、深入化的转变。这不仅有助于提高学生的阅读能力和整体理解水平，还将为教师的专业发展和教学创新提供重要参考和指导。

【本章小结】

本章明确了整本书阅读的内涵和外延。从语文课程的视域、课程内容的视阈、课程实施的视域阐释了小学语文整本书阅读教学的内涵特征。从整本书阅读的历史发展脉络明确了整本书阅读教学的趋势。通过梳理既有研究，总结了整本书阅读教学改进的核心价值与面临的关键挑战。同时，阐释了当前整本书阅读教学的主流实施模式：项目式学习视角下的小学语文整本书阅读教学、基于任务驱动型学习的小学语文整本书阅读教学、基于思维工具的小学语文整本书阅读教学、基于支架式教学的小学语文整本书阅读教学。

第三章　教学改进的整体设计

【本章提要】

　　整本书阅读教学是新一轮义务教育阶段语文课程改革的新内容，对教师的教学能力、区域的教研能力提出了新的挑战。为了应对语文课程改革过程中教师、学校、区域教学质量发展的困境，项目组结合整本书阅读教学发展的历史趋势、课程变革要求以及区域教育发展特征，设计了科学、系统的教学改进方案。本章聚焦以整本书阅读教学为主题的改进项目，从教学改进活动的实施角度入手，从宏观层面讨论整本书阅读教学改进方案的整体设计思路。

一、小学语文整本书阅读教学改进项目的实施目标

　　小学语文整本书阅读教学改进项目的实施目标要参考样本地区学生在阅读维度上的发展水平与存在的现实问题，即明确学生阅读能力发展的症结所在，实施有助于学生阅读能力发展的教学改进。除了要关注学生的发展需求，还要从教师专业发展的角度观照教师的教学需要，即发现教师阅读教学的问题所在，进而有针对性地改进教师的教学行为，提升教师的教学能力。因此，本项目在充分考量学生的发展需求、教师的教学需要、区域教育教学发展需要和国家基础教育课程改革前进方向的基础上规划了以下四个教学改进目标：

　　①阅读国内外经典名著，提升语文课程核心素养；

　　②掌握和运用科学、系统、适宜的阅读策略，提高阅读能力；

　　③掌握系统的整本书阅读教学策略，提高整本书阅读教学能力；

　　④提炼整本书阅读教学改进模式，提高区域整体阅读教学水平。

　　以上四个教学改进目标分别从学生层面、教师层面和学校区域层面提出。

　　学生层面包括两个关键改进目标。《义务教育语文课程标准（2022 年版）》在

课程目标中明确指出："语文课程围绕核心素养，体现课程性质，反映课程理念，确立课程目标。"核心素养包括文化自信、语言运用、思维能力和审美创造四个维度。教学改进目标 1 就是围绕"提升语文课程核心素养"这一关键议题展开的。因此，在落实教学改进目标时，要充分观照核心素养四个维度的要求，并将其与小学四年级学生阅读能力发展的客观情况相联系，进而明确每个阶段、每个课时具体的学习目标。目标 2 更贴近学生学业能力发展的要求。阅读能力是学生学业能力评价的关键维度，也是衡量学生学业能力的关键。如果说核心素养的提升指向的是学生阅读非认知变量的提升，那么阅读能力就指向学生认知变量的提升。大量研究证实，提升阅读能力的有效路径是掌握和运用科学、系统、适宜的阅读策略。因此，教学改进项目在学生层面设定的第二个目标是掌握阅读策略，提高阅读能力。

教师层面包括一个关键改进目标。教师的教学能力是教师专业发展的重要组成部分。整本书阅读作为重要课程内容被提出，就对教师的教学能力提出了新的挑战和要求。《义务教育语文课程标准（2022 年版）》"整本书阅读"中指出："引导学生了解阅读的多种策略，运用浏览、略读、精读等不同阅读方法；通读整本书，了解主要内容，关注整体与局部、局部与局部之间的关系；重视序言、目录等在整本书阅读中的作用。"因此，目标 3 就从整本书阅读教学策略入手，引导教师掌握更多、更实用的整本书阅读方法，并在反复教学实践中调整、内化、修正、创造教学策略，以达到提高整本书阅读教学能力的目标。

学校区域层面包括一个关键改进目标。项目组与实验区内多所学校展开合作，通过多轮改进，提炼出符合该区域小学开展整本书阅读教学的一般模型，以达到提高区域整体阅读教学水平的目的。之所以要设置学校区域层面的改进目标，是因为如果教学改进项目成果只能惠及几位教师、一所学校，那教学改进的投入和产出就不成正比，就失去了教学改进的实际意义——促进教育公平。为了实现目标 4，需要团队和样本教师能够从更为宏观的角度提取抽象的教学组织模式，控制学校与区域间的差异性变量，让教学模式适配更多学校和地区。因此，从特殊的教学现场到一般的教学经验是整本书阅读教学改进的关键目标。

二、小学语文整本书阅读教学改进项目的实施思路

小学语文整本书阅读教学改进项目尊重样本教师的自主设计，提倡在研究整本书阅读教学的过程中发展教学能力。受学校性质、教学经验等客观因素影响，不同教师对整本书阅读教学的理解也不相同。因此，教学改进项目以教师最熟悉的校本研修环境为基础，并以教师工作坊的形式互融互通，打破校际壁垒。教师丰富的教学经验需要理论的加持，所以教学改进专家以辅助者的身份参与到教学改进活动中，帮助教师调整教学节奏、总结教学规律、提炼教学模式，在反复修正的过程中形成具有校本特色的整本书阅读教学思路。

整个实施思路分为四个环节。第一个环节是"原始教学设计环节"。教师在自主阅读书目、研读文献、梳理课程标准要求的基础上，结合本班学生的实际情况开展整本书阅读教学设计。整个教学改进活动围绕样本教师的原始教学设计展开，经过一系列的调整、修正，形成最终的教学设计。第二个环节是"集体备课环节"。这一环节需要教学改进专家的干预。教学改进专家根据原始教学设计，提出修改建议；样本教师根据修改建议对教学设计做多轮修改。第三个环节是"专家指导环节"。专家指导的方式包括开展专题讲座、进行案例研讨、开设专家示范课等。在多轮的专家指导中，教师要习得整本书阅读教学各个维度的理论知识，并尝试在自己的整本书阅读教学中践行理论知识。第四个环节是"形成阶段性成果环节"。成果的表现形式有很多，如经过多轮研修打造的精品课例、具有普遍适用性的整本书阅读教学备课模式等。

这里需要说明的是，以上呈现的是小学语文整本书阅读教学改进项目的实施思路，而具体环节、具体流程和阶段性成果，会根据实施的过程作出相应调整。

三、小学语文整本书阅读教学改进项目的实施方案

在明确了整本书阅读教学改进目标后，就要围绕教学改进目标设计一套合理的、有助于目标实现的实施方案。确定实施方案包括如下三个步骤：第一，根据教学改进目标遴选实验学校和样本教师；第二，根据样本的基本情况，规划教学

改进项目开展的流程；第三，根据教学改进项目开展的流程制定具体的实施
方案。

(一)遴选实验学校和样本教师

小学语文整本书阅读教学改进项目确定了区域内 4 所小学作为实验学校，再
从每所实验小学中遴选 2 位样本教师。遴选实验学校的标准是该学校在长期教育
质量监测中的表现，以及自身性质。首先，为了兼顾教育公平，以学校性质为第
一遴选标准，区分出城镇学校和农村学校。其次，为了保证教学改进项目结果的
信度与效度，以多年教育质量监测语文学科的总体表现为二次遴选标准。其中城
镇性质的学校筛选两所——1 所教育质量监测水平长期处于中等偏上的，1 所教
育质量监测水平长期处于中等偏下的；农村性质的学校也筛选两所——1 所教育
质量监测水平长期处于中等偏上的，1 所教育质量监测水平长期处于中等偏下
的。为了保证实验学校筛选的合理性，项目组还特别邀请了该区教研员对 4 所实
验学校的资质进行了审核。

实验学校遴选完成后，便要在 4 所实验校中选取样本教师。为了满足不同教
学经验教师的需求，在遴选样本教师时，首要标准是教学经验的丰富与否，即选
取教龄在 10 年以上的教师 1 名，选取新入职的教师 1 名。在遴选样本教师时，
项目组还要充分考虑样本教师的能动性和自我效能感。因此，先对候选教师做能
动性和自我效能感的问卷调查，再根据调查结果，选择参与意愿高、自我效能感
强的教师为样本教师。初步拟定样本教师后，项目组进一步咨询该校其他教师的
建议，以确保遴选样本教师的适宜性。

经过层层筛选，最终确定了 4 所实验学校(城镇性质学校 2 所、农村性质学
校 2 所)，8 位样本教师(4 位教龄在 10 年以上的教学经验丰富的教师、4 位教学
经验薄弱的新手教师)作为小学语文整本书阅读教学改进项目的主要研究对象。

(二)规划教学改进项目开展的流程

小学语文整本书阅读教学改进项目开展的基本流程遵循"调研—改进—修
正—检验"四个步骤，囊括了改进前、改进中、改进后三个阶段。

1. 调研

调研的目标是了解学情、教情、校情。

（1）了解学情

学情调研的目的在于了解小学生对整本书阅读的想法，了解其阅读能力发展的困境，掌握其在阅读动机、阅读投入、阅读自信等显著影响阅读能力发展要素上的现实表现。针对学情调研目标，拟采用整本书阅读能力测试、阅读能力影响因素问卷、半结构化访谈等质与量相结合的方法。

整本书阅读能力测试考查学生整本书阅读能力的基本表现。测试由两套题本组成（题本 A、题本 B）。每套题本由 4 道试题组成，考查内容包括对整本书内容的感知与理解、对整本书阅读方法的掌握与运用、对整本书的艺术手法的鉴赏与评价、对整本书思想内容的迁移与创造。测试题目列举如下：

①《西游记》是我国四大名著之一，里面有许多生动的人物形象给我们留下了深刻的印象。请你回忆自己的阅读经历，选取一个人物，结合具体事件，向同学介绍这个人物吧！

②在我们的生活中也有许多像孙悟空一样足智多谋的人，请你以笔代口向大家介绍一下你身边的这位足智多谋的人吧！

③以上是一名同学对《西游记》目录的批注，其中有几处错误，你能发现并进行修正吗？

以上三道试题粗略考查了学生对《西游记》的阅读与理解情况。第一道题目考查的是对《西游记》内容的感知与理解，学生需要调用阅读经验选取一个人物、一件事情并加以整合介绍。第二道题目考查的是对整本书思想内容的迁移与创造。《西游记》中有许多具有优秀品质的人物，学生需要从生活中找到原型并与书中人物品质构建关联。第三道题目考查的是对整本书阅读方法的掌握与运用。"批注"是阅读整本书的重要策略，对"批注"进行批注，考查的是学生对阅读元认知策略的掌握与运用情况。

阅读能力影响因素问卷旨在考查外延变量对整本书阅读能力发展的影响。考查的维度包括阅读的行为投入，如阅读时间、阅读量、阅读种类等；阅读的认知投入，如阅读一般策略的掌握与使用情况、阅读元认知策略的掌握与使用情况；阅读的情感投入，如阅读的内部动机、阅读的外部动机等；阅读的自我期待，如希望学到什么、希望提高什么、希望改变什么等。

半结构化访谈的主题取自整本书阅读能力测试和阅读能力影响因素问卷调研的结果。访谈的维度包括对某类试题的困惑及想法、对自己阅读投入情况的感知、对教师阅读教学策略的感知、对自己阅读能力发展的评判与期待等。半结构化访谈的对象遴选遵循多元性原则，以实验学校为单位，每套题本选取 2 名学生，共选取 6 名学生。其中，遵照个人能力差异性原则，在优、中、后进三个水平上各选取一名男生和一名女生。

（2）了解教情

教情调研的目的在于掌握教师整本书阅读教学的现实水平、了解教师开展整本书阅读教学面临的困境、知晓教师在整本书阅读教学中的实际需要。项目组拟采用听课、问卷调研、访谈等方式达到掌握教情的目的。

听课的目的在于了解教师在整本书阅读教学实践中的现实表现。听课的对象是小学语文整本书阅读教学改进项目确定的 8 位样本教师。每位样本教师提供一节整本书阅读教学课堂实录。项目组专家根据课堂实录分析教师在开展整本书阅读教学时存在的问题。观察的维度如下：教学目标是否合理、内容解读是否科学、教学策略是否系统、教学评价方式是否适宜和准确等。

问卷调研的目的在于掌握影响教师开展整本书阅读教学关键变量的情况、了解教师对整本书阅读教学改进项目的期待。影响教师开展整本书阅读教学的关键变量如下：阅读策略的理解与使用、对整本书内容的解读能力、开展教学研究的精力投入、整本书阅读教学的自我效能感等。对整本书阅读教学改进项目的期待指向教师对自我的剖析，即一方面表达自己在开展整本书阅读教学时存在的困惑，另一方面表达自己期待在项目中获得哪些方面的指导。

访谈仍旧采用半结构化访谈的方式。访谈的主题来自对课堂的观察以及对问卷调研结果的分析。访谈的主题包括如下几个方面：学习目标确定的依据、教学方式的设计思路、教学评价的使用方法、对整本书阅读教学的思考、对整本书内容的解读方法等。

（3）了解校情

校情调研的目的是从更宏观的角度了解学校、区域的教育教学质量。从生态系统理论的角度来看，影响教学能力提升、学生阅读能力发展的不仅包括教师和学生自身，还包括教师和学生所处的环境。校情调研的维度主要包括学校的教研环境、教学基础设施、校长等领导的支持力度、教师接受新课程培训的机会、学校的阅读环境等维度。

2. 改进

小学语文整本书阅读教学改进的过程如下：

首先，组建小学语文整本书阅读教学教师工作坊。确定整本书阅读书目后，专家带领样本教师研读整本书。研读的目的在于增加教师的阅读行为投入、传授整本书阅读策略，以教师的阅读带动学生的阅读。教师工作坊除了研读整本书外，还会根据教师教学的实际需要定制专题讲座和专家示范课，从理论和实践两个角度全方位提高教师的整本书阅读教学能力，培养研究型教师。

其次，根据讲座主题，样本教师进行整本书阅读教学设计。每一轮的教学设计都要紧密围绕该轮教学改进的主题。专家开展线上授课，一对一指导样本教师修改教学设计。确定设计后，开展线下听评课。改进专家根据现场教学效果进一步提出修改建议。

最后，撰写反思日志。反思能力对教师专业发展影响显著。因此，在每个教学改进周期结束后，样本教师都要根据讲座、教学设计、备课、听评课等环节，撰写反思日志。反思日志主要包括两方面的内容：一是对活动的回顾与总结，旨在巩固培训成果；二是对活动提出改进建议，为下一轮教学改进活动的开展提供参考。

根据实际情况，第一轮的教学改进包括三个环节，分别是备课、试讲、正式讲，每一环节都包括上述三个完整的过程。

3. 修正

教学改进活动的开展不仅要修正教师的教学行为，还要修正教学改进本身，因为教学改进自身也将构成一套完整的教研体系，以指导学校、区域后续的自我改进。教学改进的自我修正动力源于参与项目各主体的现实要求。一方面，专家在每一轮的改进中，都会不断细化对实验学校、样本教师的了解，对现行改进流程进行个性化调整；另一方面，教师、学校和区域负责人在长期参与教学改进项目的过程中，都会对自身能力发展、项目的调整方向有新的需求。这种需求可以通过与专家沟通、撰写反思日志等方式表达。以下是一位样本教师在参与第一轮教学改进活动后撰写的反思日志的节选：

> 今天的教师工作坊活动使我感到既充实又难忘。听了语文教育界专家关于整本书阅读的讲座，我受益匪浅……但仍旧有三个问题：第一个问题，从阅读素养是什么到为什么关注阅读素养，在国际视野下应该培养什么样的阅读者，结合生活事例来解释难懂的概念，让我感慨全民阅读时代、终身阅读时代已经到来，但在繁重的学业压力下，学生如何争取更多的时间来阅读？第二个问题，相对于传统的篇章教学，整本书阅读教学策略有哪些？具体是什么意思？怎么运用？第三个问题，虽说整本书阅读不管实施于哪种课型，都要从学情出发，符合学生年龄的特点，才能有的放矢，学生也才会有收获；但是如何精准地把握学情？如何满足学生的个性化需求？我想这些都是我们需要学习的知识，期待在以后的教师工作坊活动中能够有所涉及。

以上反思日志在总结讲座内容、巩固所学的基础上，结合自己的教学实际提出了一些问题。例如，如何增加学生阅读的行为投入，如何掌握和运用整本书阅读策略，如何满足学生的个性化需求……这些反思让我们更加了解教师的切实需要，为调整教学改进活动的程序和内容提供了现实依据。

4. 检验

检验的目的有两个：其一，检验教学改进的计划、实施流程、改进内容是否有效；其二，检验教师的教学能力、学生的学业水平、学校的教研组织能力是否得到发展。对于第一个目的，可以通过教师每次参与活动的表现、反馈的情况等来判断；第二个目的可以通过对教师、学生前后两次调研数据结果的对比来研判。

(三)制定具体的实施方案

以上从宏观角度设计了小学语文整本书阅读教学改进项目的开展流程，在每轮教学改进实施中还要有更为详细、具体的实施方案。系统来看，教学改进每一轮都包括如下几部分内容。

1. 专题讲座

教学改进项目旨在从实践和理论两个层面建构教师对整本书阅读教学的认识。在日常教学中，教师往往已经具备了丰富的整本书阅读教学实践经验，然而对整本书阅读教学的学理依据并不十分清晰。例如，教师在上课时经常使用"观察目录"的整本书阅读策略，但是为什么要观察目录，观察目录能够提升学生哪些方面的能力，教师在认知上往往是模糊的。因此，通过专题讲座，教师能够在学理上明确整本书阅读策略的意义和价值，从而更好地在实践中运用。

2. 案例研讨/专家示范课

每个专题讲座都会配备相应的案例研讨或专家示范课，目的是让教师更直观地感受整本书阅读教学理论如何转化为日常的整本书阅读教学实践。在以往的教学改进实践中，理论与实践往往是脱节的，即教师掌握了许多理论知识，却不知道如何在教学实践中运用。项目组围绕每一轮教学改进的重点，遴选优秀的整本书阅读教学案例。通过对优秀案例的深度研讨，引导教师汲取整本书阅读教学的优秀经验。当没有合适的教学案例时，项目组专家会亲身示范，现场教学，让教师更为直观地领会整本书阅读究竟该如何教。

3. 听评课

在每轮教学改进活动开始前，教师会结合上一轮专家的指导意见调整教学设计，在新一轮的教学改进活动过程中现场授课。授课结束后，改进组专家根据修改后的教学设计、教学现场表现进行评课。之所以在教学设计外还要组织听课活动，是因为单纯以教学设计评估教师的整本书阅读教学能力存在片面性。教学的价值在于其生成性，学生在具有生成性的课堂中会迸发出无限可能，而教师的教学能力也在具有生成性的课堂中得到滋养，其整本书阅读教学的经验也在动态的环境中逐渐丰富。

4. 教师工作坊活动

简单的听评课虽然能够在一定程度上指出样本教师授课的优点与不足，但缺少微观环境下的指导，教师很难真正将专家的指导建议内化吸收。因此，在每次听评课结束后，专家会以小组为单位组织整本书阅读教师工作坊活动。教师工作坊的组织遵循异质性原则，即同一个组包含4所样本校的各个类型的教师。这样不仅能够实现校际互动，弥补教育地缘差异，还能够引导样本教师各抒己见，丰富其认知维度。在教师工作坊，样本教师主要针对听评课中专家提出的建议做针对性讨论，并修改现有教学设计。

5. 撰写反思日志

既有研究证明，善于自我反思的教师往往能够取得更大的教育教学成就。因此，在每一轮教学改进活动结束后，参与活动的教师都要结合培训内容撰写反思日志。反思日志的维度包括总结学到了什么、说明有哪些困惑、提出学习期待。项目组会认真评阅所有的反思日志，一方面掌握样本教师的学习进度，另一方面为下一轮教学改进的调整寻找突破口。

综上所述，在每一轮的教学改进中，都会涉及以上五个方面的内容。同时，还会根据实际情况增补其他内容，比如邀请其他地区教师做同课异构等。

四、小学语文整本书阅读教学改进项目的实施方式

自时代的期许看，今天的整本书阅读已经成为语文学习任务群的重要组成部分，任务群的教学引领着教学方式的变革，催生问题导向、自主合作、个性化和创造性的学习体验，指向语文课程核心素养的提升。从教学改进的角度来看，教与学方式的变革需要依靠教研方式的变革来实现。因此，本节主要阐释小学语文整本书阅读教学改进中运用的几种实施方式。

(一)基于 CDIO 的顶层实施框架

CDIO 是由构思（conceive）、设计（design）、实施（implement）、操作（operate)四个核心环节构成的行动框架，有助于学习者主动参与学习实践。CDIO框架是由麻省理工学院的 Edward 团队联合瑞典皇家工学院等多个科研团队，经过几年的探索和实践提出的一种理念。[①] 作为国际上较为前沿的工程教育和人才培养理念，CDIO 以产品、过程和系统的构思、设计、实施、操作全生命周期为背景，为教育研究提供了一个良好的行动指导框架，使学生以主动的、实践的方式学习工程，从而提升学习兴趣，形成实践能力。[②] 在教师教育中，CDIO 同样也能发挥提高教师学习主动性和持续性的作用。

在教学改进活动中，CDIO 的四个环节各自发挥不同的作用。其中，"构思"环节包括调研问题、明确主题、定义目标，"设计"环节包括活动设计、教学设计、评价设计，"实施"环节包括专题讲座、案例研讨、听评课、教师工作坊，"操作"环节包括反思总结、修改设计、实践应用。项目组在推进教学改进活动时严格遵循 CDIO 的实施框架，从调研结果、反思分析中确定每一次改进活动的主题和目标，再围绕主题和目标精心设计改进活动流程；教师则要完成相应的教学设计，通过多种多样的活动方式，落实每一轮教学改进的主题，达到教学改进目标，最后以总结反思的方式回顾教学改进所学，并将其进一步转化为自己的教学实践和研修组织技能。

(二)"1+4+8+N"教学改进推进模型

小学语文整本书阅读教学改进项目要在保证改进质量的前提下，尽可能覆盖更广泛、更多元的教师群体，就需要开发一个具有辐射作用的推进模型。本研究尝试构建了"1+4+8+N"教学改进推进模型。模型中"1"代表 1 个工作坊，"4"代表 4 所实验学校，"8"代表 8 位样本教师，"N"代表区域内的其他非核心教师。

在教学改进实践经验中，改进的效果与改进的效益往往是矛盾的。改进的效果是指通过教学改进能够在多大程度上提高样本教师的教学能力，改进的效益是

---

① 顾佩华，沈民奋，李升平，等. 从 CDIO 到 EIP-CDIO——汕头大学工程教育与人才培养模式探索[J]. 高等工程教育研究，2008(1).

② 厉威成. CDIO 模式的教育理念及其实践研究[D]. 成都：四川师范大学，2012.

指教学改进能够让多大的教师群体受益。往往大规模的教学改进活动很难保证改进效果，因此大多数的教学改进项目都采用小而精的组织结构，但这种组织模式有造成资源浪费的弊端。为了缓解改进的效果和改进的效益之间的矛盾，项目组创造性地提出了"1＋4＋8＋N"教学改进推进模型（见图 3-1）。

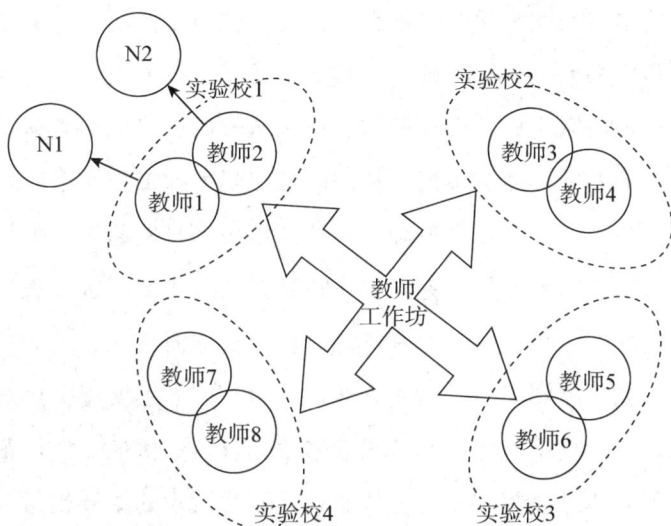

图 3-1　"1＋4＋8＋N"教学改进推进模型图

图 3-1 呈现的是"1＋4＋8＋N"教学改进推进模型图。首先，教师工作坊的主要成员是来自 4 所实验学校的 8 位样本教师，样本教师在参与教师工作坊活动时，一方面要学习整本书阅读教学的专业知识，另一方面还要学会组织教师工作坊、开展教师工作坊研修的方式方法。样本教师掌握了相关技能之后，回到各自学校就能够成为"坊主"，并在各自学校内组织整本书阅读教师工作坊。这样做的好处有多个方面：其一，样本教师能够在自主组建教师工作坊时巩固参与教学改进活动时的所学内容；其二，以学校为单位的教师工作坊更容易将知识内化，赋予整本书阅读教学个性，使一般的知识转化为特殊的能力；其三，样本教师将同事对整本书阅读教学的想法、困惑汇总整理，待到下一轮教学改进活动开展时讨论，有助于整本书阅读教师工作坊研修的内容更贴近教师；其四，分组式的教师工作坊扩大了教学改进的成员范围，有效缓解了教学改进的效果目标与效益目标之间的矛盾。

（三）多元主体参与的整本书阅读教学改进教师工作坊

在深化教师研修模式改革、全面提升研修质量的背景下，教育部提出要充分发挥教师工作坊的作用，引领教师开展研修。可见，教师工作坊在提升教师教育教学能力、促进教师专业发展方面发挥着积极作用。

小学语文整本书阅读教学改进项目也借鉴了教师工作坊的研修模式，并丰富了参与主体。整本书阅读教学教师工作坊的组成人员兼顾教学改进项目的多层次主体，包括由高校团队组成的专家群体、由区域教研员组成的教研员群体、由实验学校教师组成的教师群体。不同群体同时参与到教师工作坊中，发挥不同的作用，实现优势互补。专家群体是教师工作坊的组织者与发起人，他们主要承担引领教师工作坊研修方向、传授理论知识、指导实践方式的职责。教研员群体是组织结构中的中间环节，是最贴近专家群体和教师群体的存在。他们一方面要在教师工作坊中学习整本书阅读教学的研修知识，另一方面还要根据区域特点、样本教师实际情况，及时提出教师工作坊活动修改建议，以保证工作坊活动的有效性与适宜性。教师群体是教师工作坊的核心，是研修活动的主要受益人。他们的主要职责是积极参与教师工作坊活动，完成研修任务，在教学改进活动中革新对整本书阅读教学的认识，更新自己的实践观念，提升整本书阅读教学能力。

由前文的实施方案可知，教师工作嵌套在每一轮教学改进活动中，是教学改进活动的重要环节。因此，围绕不同的教学改进活动主题，教师工作坊也会有相应的研修主题，具体包括"基于整本书的文本理解与鉴赏""整本书阅读教学策略的理论与实践""基于整本书阅读教学科研能力的培养"等。从研修主题可以看出，教师工作坊不仅是一个以教学实践为导向的研修组织，还是一个以实现教师专业持续发展为目标的教学科研团体。坊内教师先要了解整本书该如何读，再掌握整本书阅读该如何教，最后实现整本书阅读教学该如何研究，最终由教学实践型教师转变为教学科研型教师。

五、小学语文整本书阅读教学改进项目的评价方案

小学语文整本书阅读教学改进评价，即检验教学改进活动的有效性。评价的

维度要根据目标的维度来确定。从目标来看，分为学生、教师、学校区域三个维度，那么评价也应涉及学生整本书阅读能力、教师整本书阅读教学能力、学校区域组织整本书阅读教学研修能力三个维度。

（一）以学生阅读能力评价教学改进的有效性

学生阅读能力是否得到发展，是检验教师教学能力是否提高的有效证据。因此，项目组运用多种方式，从学生群体中获取评价证据，主要包括量的证据和质的证据两种。

1. 量的证据

在教学改进开始前，项目组对实验学校四年级学生的整本书阅读能力展开前测，以衡量学生的基础水平；在教学改进结束后，项目组再次对实验学校四年级学生的整本书阅读能力展开后测，以评价学生阅读能力的发展趋势。前测和后测主要涉及如下几个维度：

第一，知识积累情况。主要考查学生对整本书中关涉的知识的掌握情况，包括社会主义先进文化知识、革命文化知识、中华优秀传统文化知识等文化维度的知识；还有人物形象建构、故事情节建构等语言运用方面的知识。

第二，阅读能力的发展。阅读能力是在阅读的过程中形成的。学生在跟随教师完成整本书阅读学习任务后，应在提取信息、整合解释、反思评价等阅读能力上有所发展。

第三，阅读策略的运用。整本书阅读与传统的篇章阅读相比，更加注重阅读策略的使用，需要阅读方法的支持。学生在阅读整本书时要学会运用图像化阅读策略、整体认知策略、对比分析策略、归纳总结策略、复述策略等。

第四，精神品质的提高。读别人的故事，想自己的人生，优秀的整本书作品能够涵养学生的精神世界。学生在整本书阅读过程中，往往受到书中人物的影响，进而建构自己对世界的态度。因此，除了要关注整本书阅读给学生带来的认知层面的影响，还要关注整本书给学生带来的非认知层面的影响。

除了要收集上述数据，项目组还要收集学生对教学改进有效性认识的数据，只有这样才能论证学生阅读能力的发展与教学改进有关。每轮教学改进"听评课"环节结束后，项目组都会组织授课班级全体学生填写关于教学改进有效性的问卷。因为学生并未直接参与教学改进项目，所以他们对教学改进的体认来自对教师教学方式的感知。教学改进结束后，通过对比学生阅读能力的变化、对比学生对教师教学方式感知程度的变化，间接评估教学改进的有效性。若学生的阅读能力在教学改进期间得到发展，且学生能够明显感知教师的教学方式有所改变，那就可以证明教学改进项目对学生的阅读能力发展有促进作用；反之则代表教学改进项目并不能对学生阅读能力的发展有促进作用。

2. 质的证据

量的证据只能从平均层面揭示学生的变化，却难以论证学生的变化源自何处。因此，在每轮教学改进结束后，项目组还会对实验学校的学生做抽样访谈。访谈的目的在于了解学生能否发现教师的改变、发现教师在哪些方面发生了改变、能否适应教师的改变、是否认同教师的改变，以及教师的这些改变对自己的阅读能力、阅读兴趣产生了怎样的影响等。

访谈对象的选择遵循分层随机抽样的原则。在实验学校的样本教师授课的班级中随机抽取日常学业表现处于好、中、后进三个水平的学生各1名。因此，每个班级中抽取3名学生，每个学校中抽取6名学生，每轮教学改进结束后，有24名同学被随机访谈，以保证访谈的全面性与有效性。访谈结束后，项目组成员将访谈内容转化为文字，并采用词频统计等方式，分析访谈内容。

(二)以教师的教学能力评价教学改进的有效性

小学语文整本书阅读教学改进的关键目的是提高教师的整本书阅读教学能力。因此，衡量教师整本书阅读教学能力的发展变化趋势，是检验教学改进活动效果最有效的方式。在本研究中，项目组将教师的教学能力划分为三个层面：教学能力的智力基础、一般教学能力、具体学科教学能力(见图3-2)。

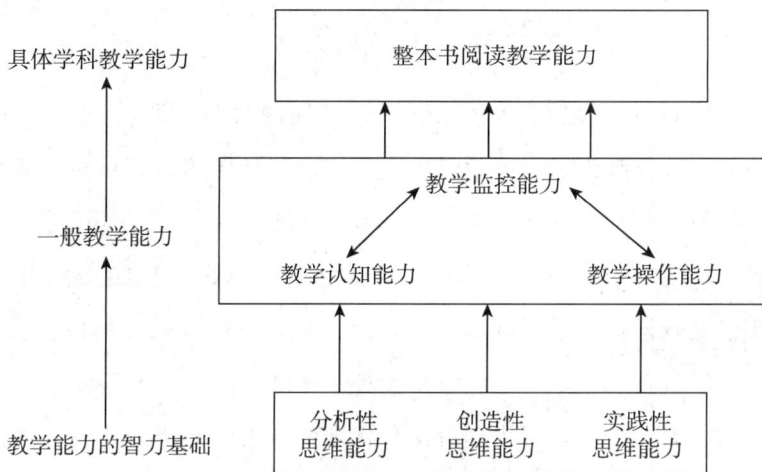

图 3-2 教学能力层级图

图 3-2 中的框架参考了申继亮和王凯荣的研究成果。教师的教学活动是一种认识性活动，因此，它有鲜明的智力基础。在众多的智力成分中，有三种能力是最为关键、最为重要的，即分析性思维能力、创造性思维能力、实践性思维能力。[①] 申继亮和王凯荣指出：

　　分析性思维是由分析、判断、比较和评价等问题解决活动构成的思维，它的基础是形式逻辑。分析性思维会直接影响到教师传授知识的准确性、全面性、系统性。创造性思维是指在创新、发现、发明、想象、猜想等问题解决活动中表现出来的思维。创造性思维与教师教学活动中思想的开放性、教学设计的灵活性、教学方法的启发性等有密切的关系。实践性思维是指在处理具体问题时所运用的思维。教学活动具有很强的情境性，它会因人、因时、因材而各不相同，所以教师面对更多的是一个个具体的特定问题，而且这些问题往往是结构不良问题，既没有明确问题空间，又没有确切答案的问题。因此，教师的实践性思维与其解决教学问题的能力、处理突发事件的教

────────────

① 申继亮，王凯荣. 论教师的教学能力[J]. 北京师范大学学报（人文社会科学版），2000(1).

育机智是密切相关的。

一般教学能力包括教学监控能力、教学认知能力和教学操作能力三个方面。教学监控能力是指教师为了保证教学的成功，达到预期的教学目标，而在教学的全过程中，将教学活动本身作为意识的对象，不断地对其进行积极主动的计划、检查、评价、反馈、控制和调节的能力，这种能力是教学能力诸成分中最高级的成分，它不仅是教学活动的控制执行者，而且是教学能力发展的内在机制。[①] 教学认知能力是指教师对教学目标、教学任务、学情特点、教学策略、教学情境的分析与判断的能力，主要表现为理解课程标准的能力、分析课程内容的能力、进行教学设计的能力、掌握学情的能力等。教学操作能力是指教师在教学实践中解决教学问题的能力，如组织课堂的能力、设计学习活动的能力、教学评价的能力等。

在本研究中，具体学科教学能力具象表现为整本书阅读教学的能力，包括解读整本书内容的能力、运用整本书阅读教学策略的能力、组织整本书阅读教学学习任务的能力、实施整本书阅读教学效果评价的能力等。

对教师教学能力的评价也采用量的评价与质的评价相结合的方式。在量的评价上，主要采用问卷调查的方式。调查的维度紧密结合前文所述的三个层面的教学能力。在质的评价上，主要采用课堂观察和访谈的方式。课堂观察的维度也要紧密围绕前文所述的三个层面，访谈则更多关注教师自我效能感的变化、对整本书阅读教学态度的变化等非认知维度变量。

(三)以学校研修模式变革评价教学改进的有效性

教学改进的另一个重要目的是帮助学校和区域建构一套具有个性化特征的整本书研修机制。机制的建立需要长时间的检验，因此对研修模式的检验要采用延时评价的视角。延时评价是教师有意识地适时推迟对学生的评价，留给学生自主

---

① 申继亮，王凯荣．论教师的教学能力[J]．北京师范大学学报(人文社会科学版)，2000(1)．

发展的时空，而后再选择恰当的时机实施评价。① 运用在教学改进中，就是评价主体有意识地推迟对研修模式的评价，留给教学改进活动更多发展的时空，最后选择恰当的时机实施评价。这种评价的好处在于能够从整体性角度全面地评价，避免评价的片面性。

学校研修模式的评价主体是教学改进项目的项目专家、区域教研员和实验学校的语文学科带头人。不同评价主体评价的角度有所差异。项目专家从研修模式本身出发，评价研修模式的科学性、系统性等。区域教研员从区域教育质量发展角度出发，评价研修模式的普遍性与适用性，即是否符合区域内大多数学校的基本情况和基本要求，是否具有普遍推广的可能性等。实验学校的语文学科带头人则从学校的实际关切出发，评价研修模式对实际校本教研是否具有指导性。评价同样采用量的评价与质的评价相结合的方式。量的评价以打分的形式呈现。例如，区域教研员对研修模型推广的可能性进行打分，满分是 10 分，分数越高证明可推广性越强。项目专家和语文学科带头人的评分方式相同，只是评估的维度有所差异。质的评价采用访谈的方式。访谈的主题围绕研修模式展开，包括对研修模式的系统性的看法、对研修模式的可操作性的看法、对研修模式的适用性的看法等。访谈同样分群体开展，每个群体的访谈主题都有所差异。按群体获取数据的目的在于保证数据的全面性与可靠性。从项目专家视角评估研修模式是否符合区域特征，有失公允；同样，以教师视角评估研修模式能否在区域内推行也存在认识盲区。

综上所述，对教学改进效果的评价要从学生阅读能力发展层面、教师教学能力提升层面、学校区域研修模式建构层面分别进行评价。评价的方式遵循混合研究的基本取向，从量的评价和质的评价两个方面进行。为了保证评价的有效性与准确性，还要充分考量评价主体的基本特征。

【本章小结】

本章聚焦小学语文整本书阅读教学改进的实施，明确了教学改进的实施目

---

① 魏善春，林梓媛．延时性评价的内涵、价值意蕴及其实现[J]．中国考试，2022(10)．

标，确定了教学改进的实施思路，并进一步从样本选择、开展流程等维度厘定了小学语文整本书阅读教学改进方案。在实施方式上，兼顾理论与实践的双重要求，从宏观到微观分别建构了"基于 CDIO 的顶层实施框架"、"'1＋4＋8＋N'教学改进推进模型"和"多元主体参与的整本书阅读教学改进教师工作坊"。在评价上，为了全面评价教学改进的实施效果，分别从学生、教师和学校三个主要层面入手，采用量的评价和质的评价相结合的方式，评价教学改进的有效性，为后续教学改进的调整与修正提供经验参考。

中　篇

小学语文整本书阅读
教学改进的实践流程

　　本篇聚焦"小学语文整本书阅读教学改进的实践流程"这一核心问题，遵循行动研究的基本逻辑，第四到第六章分别详细阐释了三轮教学改进的情况。每一章都关注不同的改进主题，遵循教学改进的预设流程，从前期调研、改进目标、实施方案等方面着力，提升样本教师的整本书阅读教学能力、样本区域的教研组织能力。通过对教学设计进行呈现与分析，对专家、教师、教研员进行访谈发现，三轮教学改进后，教师对整本书内容主题与价值意蕴的解读，对教学方式、评价方法的使用都有了显著进步。

第四章　第一轮教学改进的情况

【本章提要】

　　本章聚焦小学整本书阅读教学改进项目的第一轮。第一轮教学改进需要调研学情、教情和校情，确定第一轮教学改进目标。同时，征询实验学校和样本教师建议，明确整本书阅读教学改进内容。还要组建整本书阅读教师工作坊，制定工作坊活动规范等。因此，本章由四节组成：第一节整体介绍第一轮教学改进活动的实施过程；第二节结合前期调研，明确了第一轮教学改进的主题培训；第三节具体呈现与分析第一轮教学设计；第四节为第一轮教学改进的效果评估。

一、第一轮教学改进的实施过程

　　第一轮教学改进需要建立教学改进制度规范，因此本轮的实施过程内容繁复，包括前期调研、明确教学改进目标、设计教学改进实施方案等多个环节。本节将简要地论述第一轮教学改进的实施过程。

(一)前期调研

　　如前面章节所述，遵循 CDIO 实施框架的基本要求，调研处于首要环节。调研的对象包括学生、教师和教研员。调研的内容包括学生整本书阅读的基础能力、影响学生整本书阅读的关键因素，教师的整本书阅读情况、教师整本书阅读教学的自我效能感、教师对整本书阅读教学改进活动的期待，教研员群体对教学改进活动的期待等。

　　1. 学生层面的调研

　　学生层面的调研主要涉及两个维度，一是学生的整本书阅读能力，二是影响学生整本书阅读的关键因素。在教学改进项目开始实施前，项目组分别对 4 所实验学校学生的基本情况展开调研，调研方式主要为纸笔测试、问卷调查和访谈三种。

(1)学生整本书阅读能力普遍较弱，亚群体差异显著，知识积累维度表现较弱

项目组采用纸笔测试的方式评估学生整本书阅读能力，发现 4 所实验学校学生的整本书阅读能力普遍较弱。测试题本由 4 道题目组成，每道题目 10 分，共 40 分。4 所实验学校学生的得分情况如表 4-1 所示。

表 4-1　学生整本书阅读能力得分情况

单位：分

学校	A 校	B 校	C 校	D 校
得分	30.16	29.62	29.78	28.14

36～40 分代表优秀水平，32～36 分代表良好水平，28～32 分代表合格水平，28 分以下代表不合格水平。将表 4-1 中的数据与基准分数对比后发现，4 所实验学校学生的整本书阅读能力普遍较弱，总平均分为 29.43，仅为合格水平。A、B 两所学校的性质是城镇小学，C、D 两所学校的性质是农村小学，其中城镇小学的平均得分为 29.89，农村小学的平均得分为 28.96，城镇学校学生整本书阅读能力略强于农村学校学生整本书阅读能力。

在能力维度上，首次整本书阅读能力测试主要考查了知识积累、阅读技能、策略运用和精神成长四个维度。其中，策略运用维度得分最低，为 6.01；其次是知识积累维度的得分，为 6.64；而阅读技能和精神成长两个维度的得分相对较高，分别为 7.96 和 8.82。策略运用维度得分最低是因为整本书阅读策略与传统的单篇阅读策略有所差异。知识积累维度得分较低则需要得到重视。知识积累考查的是学生对整本书内容的识记与回顾能力。考题是："回顾你读过的一本书中的主要人物，结合该人物的关键事件，向大家介绍他的性格品质。"学生普遍能够回忆起书中的主要人物，但对人物的关键事件却难以清晰表述，更别说通过关键事件窥探人物的性格品质了。这说明，学生虽然有整本书阅读行为，但对书中内容的感知深度还有待进一步提高。

(2)学生整本书阅读的内部动机较低，阅读的行为投入需要矫正

在量的调研中，项目组对影响学生整本书阅读能力的关键变量做了问卷调查。调查维度包括学生的阅读动机、阅读投入和阅读策略，具体包括整本书阅读的内部动机和外部动机、整本书阅读的时间和阅读量，以及整本书阅读的一般策略和元认知策略六个维度。问卷采用李克特量表，1～5分别代表非常不同意、不同意、一般、同意、非常同意。学生在六个维度的表现如表4-2所示。

表4-2　影响学生整本书阅读能力的关键变量调查结果

单位：分

维度	内部动机	外部动机	阅读时间	阅读量	一般策略	元认知策略
得分	3.86	4.12	4.27	4.44	4.08	3.97

从数据结果来看，4所实验学校的学生对于开展整本书阅读学习缺少动机，平均得分为3.99；缺少整本书阅读的内部动机，得分仅为3.86。尤其在题项"我读整本书是因为我喜欢阅读"上，选择"同意"和"非常同意"的学生占比为87.66%，证明有12.34%的学生并不认为自己喜欢阅读。相关研究表明，积极的内部学习动机对学生学业水平的提升具有显著的预测作用。面对较低的内部动机表现，项目组需要通过改变教师的教学方式，来提高学生的学习兴趣。

整本书阅读的行为投入不仅考查了学生在阅读时间和阅读量上的表现，得分分别为4.27和4.44，还测量了学生整本书阅读的多样性。结果显示，学生整本书阅读的品质有待进一步提升。与较高的阅读时间和阅读量表现相结合来看，学生在低品质的阅读中投入的时间和精力越多，越难以获得理想的阅读能力。因此，项目组要选择有利于提升学生阅读品质的书籍。

阅读策略分为一般性阅读策略和元认知阅读策略。从数据结果来看，学生在阅读整本书时采用一般性阅读策略的可能性更高，得分为4.08；采用元认知策略的可能性则相对较低，得分为3.97。在传统的篇章教学中，学生经常采用一般性阅读策略，比如重点内容反复阅读、复述文章内容等；而整本书阅读因突出阅读情境的完整性，需要学生掌握更多的元认知阅读策略，比如撰写读书笔记、

反思阅读过程等。相关实证研究也进一步证实，在语文学习中，相较于一般性学习策略，元认知学习策略对学生学习能力的促进作用更为显著。学生的阅读策略多来自教师的传授，因此，项目组应着重培养教师使用元认知阅读策略的习惯，并引导教师尝试将元认知阅读策略融入整本书阅读教学，进而达到引导学生运用元认知阅读策略的目的。

（3）影响学生亚群体阅读能力发展的因素作用各不相同

在对学生进行的访谈中，项目组发现，不同的学生群体对整本书阅读的看法存在差异。在对城镇学校学生的访谈中，项目组发现，低水平的阅读行为投入是阻碍他们整本书阅读能力发展的关键因素。

> 我不是不爱看书，平时在学校里老师会组织看看书，放学回家后我就没有时间看书了……而且我还要拉小提琴，一拉就是一小时，好不容易能休息了，基本就到睡觉的时间了。

当被问到平时是否有时间阅读时，一位城镇学校的学生作出上述回应。可以看出，学生的课余时间或被各种各样的兴趣学习任务占据，因此没有时间也没有精力阅读。在阅读时间难以得到充分保障的情况下，学生的整本书阅读能力自然难以得到发展。

相对于城镇学校学生，农村学校学生也被兴趣学习任务挤占了阅读时间，同时不正确的阅读方式也影响了整本书阅读的效果。

> 比起看书我更爱听书，平时都用××软件听书……我觉得听书更方便，而且软件读得很有意思……家里人觉得看书伤眼睛，听书又不用看，能防止近视。

以上是一名农村学校学生的回答。这名学生的家长明显比较重视对孩子阅读能力的培养，但又碍于阅读书籍对视力的影响，不敢让孩子阅读纸质书籍。在关注阅读能力与谨防用眼过度的纠结中，家长选择了"听书"的方式。这种方式看似解决了问题，却忽视了"读"的重要性。一项实验研究表明，孩子观看外语电视节目而不与说外语的人沟通，是不能学会外语的。同理，失去真实的阅读情境，学生的阅读能力也难以得到真正的发展。

对男生和女生分别访谈后发现，女生的阅读品质或高于男生，而男生受到朋辈阅读效应的影响更大。良好的阅读社群环境，能够提高学生的阅读质量。因此，在教学改进中，教师要着重提高班级的阅读品质，营造正向积极的阅读环境。

在阅读动机上，无论是哪种亚群体的学生，都表现出一致的高水平外部动机。很少有学生表示阅读整本书是出于内心的热爱。大多数学生的回答如下：

> 语文书中"快乐读书吧"里面推荐的一些书，老师让我们读，有时候还检查我们读没读，我必须得读，不然拿不到星星（一种奖励机制）……考试也考，我家人说以后考大学就考这些东西，现在不看就来不及了。

可以看出，学生缺少对整本书阅读的兴趣，更多是为了满足教师和家长的期待，以及对自己未来的期待，这些都是鲜明的外部动机。虽然外部动机在特定文化背景下对学生阅读能力的发展有正向促进作用，但是随着学段的提高，内部动机对学生阅读能力的影响效应逐渐增强。因此，为了促进学生阅读能力的可持续发展，将阅读的外部动机有效转化为阅读的内部动机至关重要。

2. 教师层面的调研

教师层面的调研主要集中在教师的整本书阅读情况、教师整本书阅读教学的自我效能感、教师对整本书阅读教学改进活动的期待等方面。调研采用问卷调查和访谈两种方式。

(1)教师的阅读量较低，阅读种类单一，以工具类书籍为主

整本书阅读不仅对学生的学习能力提出了新的要求，更对教师的教学能力提出了巨大的挑战。我们期待的是发挥教师的带头示范作用，以教师的阅读引领学生的阅读。因此，在进行问卷调查时，项目组设计了"您每学期读几本书?"的问题，来考查教师的阅读量。调查结果如表 4-3 所示。

表 4-3　教师阅读量

维度	1 本以下	1～2 本	3～5 本	6～10 本	10 本以上
占比	5.14%	48.59%	25.38%	13.26%	7.63%

表 4-3 呈现的是 4 所实验学校所有语文教师一学期的阅读量。由数据结果可知，大多数教师一学期的阅读量为 1～5 本。首先是阅读量为 1～2 本的教师占比最多，为 48.59%；其次是阅读量为 3～5 本的教师，占样本教师总数的 25.38%；再次是阅读量为 6～10 本的教师，占样本教师总数的 13.26%；最后是阅读量为 10 本以上和 1 本以下的教师，分别占样本教师总数的 7.63% 和 5.14%。以上数据表明，小学语文教师的阅读量明显偏低，教师没有形成良好的阅读行为投入习惯。在这种情况下，发挥教师阅读的引领示范作用就无从谈起。

为了了解教师在有限的阅读量中，具有怎样的阅读品质，项目组采用问卷调查的方式，设计了"您平时阅读书籍的种类有哪些？"的多选题项。书籍种类包括指导教学类书籍、中外传统文学名著、现当代文学作品、网络小说、科技类和哲学类读物、其他。图 4-1 是 4 所实验学校所有教师阅读书籍种类的统计结果。

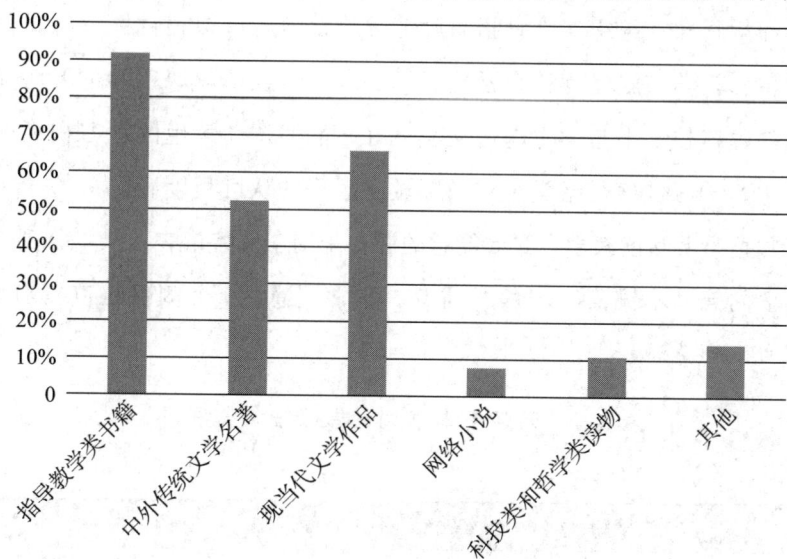

图 4-1　教师阅读书籍种类统计结果

从数据结果来看，大多数教师每学期都会阅读至少一本指导教学类书籍，占比为 92.41%；阅读量次之的书目种类是现当代文学作品，占比为 66.12%；中外传统文学名著的阅读量又次之，占比为 52.88%；科技类和哲学类读物以及网络小说的阅读量则相对较少，分别为 10.28% 和 7.69%。这表明，教师的阅读具有鲜明的实用主义取向，缺少对中外传统文学名著等具有较高审美价值的文学作品的阅读。也可以看出，在当前的整本书阅读教学中，教师仍旧处于茫然阶段。他们把设计整本书阅读教学的期待依托于教学指导用书。这种方式虽然在一定程度上能够满足教师设计整本书阅读教学的要求，但长此以往，教师对整本书阅读教学的创造能力就会丧失。

（2）教师整本书阅读教学的自我效能感相对较高，方法策略是研修重点

本研究中的教师自我效能感即在整本书阅读教学情境中，教师对自己教学能力的感知水平。调查问卷共设计了 5 个维度，分别是方法策略、挑战支持、组织清晰、师生关系、学习价值。其中，方法策略是指教师在教学中运用整本书阅读教学技能的自我感知水平；挑战支持是指教师不仅能够在日常整本书阅读教学中提出较高的期待，而且能够让学生明确这些期待、达到这些期待，从而使教学富有启发性和激励性；组织清晰是指教师能够清楚地解释课程目标，对课程内容进行精心准备，教学实施过程符合预定目标要求，学生了解课程的进展情况；师生关系是指教师在教学中与学生沟通交流良好，能够调动学生的学习积极性，关心和尊重学生；学习价值是指学生对教师教学效果的认可程度。

对教师整本书阅读教学自我效能感的调查采用李克特量表，从 1 分到 5 分分别代表非常不同意、不同意、一般、同意、非常同意。5 个测量维度得分如表 4-4 所示。

表 4-4　教师整本书阅读教学自我效能感

单位：分

维度	方法策略	挑战支持	组织清晰	师生关系	学习价值
得分	3.62	4.43	4.41	4.54	4.31

从数据结果来看，小学语文教师对整本书阅读教学具有相对较高的自我效能感，总平均得分为4.26。其中，师生关系维度得分最高，为4.54，证明教师有信心在开展整本书阅读教学时与学生保持良好的沟通与交流关系；挑战支持维度的得分为4.43，证明教师有意愿在开展整本书阅读教学时向学生明确学习期待，并给出切实可行的教学支持；组织清晰维度的得分为4.41，证明教师愿意精心准备整本书阅读教学内容、设计整本书阅读学习任务等；学习价值维度的得分为4.31，证明教师有信心通过整本书阅读教学，让学生获得成长，进而引导其肯定整本书阅读教学的效果。与上述4个维度相比，小学语文教师在方法策略维度上的得分较低，仅为3.62。这证明教师在掌握整本书阅读教学策略上有不自信的倾向，认为现有的教学策略不足以支撑整本书阅读教学的开展。在访谈中，教师们也有类似的担忧：

> 整本书阅读教学对我们来说是个新东西，虽然区里面也组织过关于整本书阅读教学的培训，但是在实际课堂上，我们还是以旧的、传统的篇章教学为主……篇章教学也有教学策略，但是我们自己清楚，这些策略根本不可能完全适合整本书阅读教学……我们现在最需要的就是更新整本书阅读教学的策略知识。

> 对于开展整本书阅读教学，我个人还是很担忧的，因为整本书阅读教学并不是把一篇篇课文连起来讲，它一定有自己的路子。但是这个路子是最难探索的，我用了好几年的时间才把篇章教学的路子学明白，这下突然来了个整本书阅读教学，我可能要用很长的时间来消化和学习。

从访谈中可以看出，小学语文教师明确知道整本书阅读教学有不同于传统篇章教学的教学策略，但是他们对获得策略的途径、如何运用策略等问题仍旧存在顾虑，这也是他们在课程改革中存在阻抗效应的关键因素。因此，要想消解教师对整本书阅读教学的阻抗效应，就要提出切实可行的教学策略和组织路径，帮助教师以最快的方式进入整本书阅读教学的正轨。

(3)整本书阅读教学的时间规划是教师普遍关注的问题

在问卷调查和访谈中，小学语文教师普遍提出了在有限的课程时间内如何安排整本书阅读教学课时的问题。例如，有教师说道：

> 平时教材里的课文都讲不完，若再用大段的时间带学生读书，还要教学生如何读书，教学生如何理解，在课时安排上就不现实。
>
> 我们学校现在采取的办法是每周加一节专门的整本书阅读课，专门给学生读书的时间。但是这跟课程改革的要求比起来还是杯水车薪……让学生回家读书更不现实，作业都不好好写，怎么可能好好读书……布置读书的作业就等于没有布置作业。

在有限的时间内，既要完成教材选篇的教学任务，还要完成整本书阅读教学任务，对教师而言确实是一个难题。在问卷调查中，项目组设计了"你认为在第一轮教学改进中，最应该集中解决的问题是什么?"的题项，有46.2%的教师填写了与"规划课时"相关的问题。可见，如何解决有限的课时和持续性的整本书阅读之间的矛盾，是教师普遍关注的问题。

除了课时安排外，小学语文教师还对整本书内容解读存在顾虑。例如：

> 我们一直习惯教单篇课文，当对课文的解读存在困惑时，市面上的教学参考用书、老教师们存下的一些优秀的教学设计都能供我们参考。但是关于整本书的解读目前市面上的参考书目有限，即便是有，要么书目跟我们要求的不一致，要么里面的一些解读也不适合我们这里的学生。

从上述访谈内容来看，传统的篇章教学塑造了教师单篇文章解读能力的同时也限制了教师的整本书解读能力。面对篇幅较长、情节复杂的整本书，教师在解读时显得力不从心。因此，在教学改进中，项目组要着重培养教师对整本书的解读能力，并传授整本书解读的策略性知识，引导教师将解读经验有效迁移到对其他整本书的解读中。

3. 教研员层面的调研

教研员承担着为教育行政部门决策提供依据、组织教材、进行教学检查和质量评估、研究教育、组织教学研究活动、总结和推广教学经验、指导教师等职能。但是，随着教育实际情况的不断变化，教研员的角色定位也发生了转变。当下，研究者更倾向于将教研员定义为"专业的课程领导者"，这就意味着教研员的工作重心发生了转变：从简单的政策传播与执行者转变为地方教育政策的参与者与制定者，从关注学科教学转向专注于课程开发，从重视考务工作转向重视教育质量监测。教研员身份的转变意味着他们对一线教学的引领性、参与度更高了。因此，了解教研员群体对教学改进活动的期待，有助于从中观视角解决当前整本书阅读教学的困境。在本研究中，关于教研员的调研主要采用访谈的方式。通过对访谈内容进行整理，我们得出如下几点结论。

(1)通过教学改进，明确整本书阅读教学领域的若干问题

在访谈中，教研员认为当前无论是教师还是他们自己，都对整本书阅读教学中的一些关键内容认知模糊：

> 高中课程标准颁布以后，我们就知道小学以后也一定会改革阅读教学，所以我们区组织的高中整本书阅读教学培训，我们小学教研员也会参与……一些关键内容我们仍旧感觉不够清晰。比如，整本书阅读什么时间读？整本书阅读到底怎么教？我们以前都说一课一得，让老师讲得尽量聚焦，但是整本书这么大的篇幅，这么多要讲的东西，我们怎么才能抓住重点，做到详略得当？

从以上访谈片段可知，作为教研员，他们很早以前就接触过整本书阅读教学，但是对于究竟如何开展整本书阅读教学仍旧缺乏清晰的认识。这一问题与前文对教师的调研结果相似，在此不再赘述。

(2)期待能够形成一套行之有效的研修机制

受工作性质的影响，教研员是介于课程改革理念与课程改革实践之间的关键

一环：于上他们要严格遵循课程改革的意志，于下他们要将课程改革理念转化为实践路径，指导教师的教学，促进课程改革的落地。因此，他们更加期待能够在教学改进中生成一套具有普遍适用意义的整本书阅读教学研修机制。

> 我们每天都会接触全区的所有小学，每个小学都有自己的特点。在以前我们就希望能有一套放之四海而皆可的教研办法。工作了这么多年也掌握了一些路数。但是对整本书的研修我们真是摸不着头脑……光在阅读量这一块，我们就没办法，有的学校学生素质高，多读书的办法可行，但是有的学校学生素质偏低，课文都不好好读，更别说读整本书了。我们区的老师也是这样，每个人都有自己的特点……

从上述访谈片段中，我们能明显感受到教研员的困惑。因此，项目组以"授人以鱼，不如授人以渔"的思路，尝试建构一套具有普遍适用意义的整本书阅读教学研修机制，以提高整本书阅读教学的改进效益。

综上所述，第一轮教学改进开始前，项目组分别对学生、教师、教研员三个群体开展了调研，以了解了他们的前置水平和实际需求。这些数据对明确第一轮整本书阅读教学改进目标具有重要参考意义。

(二)明确第一轮教学改进目标

对学生、教师和教研员的调研数据显示：学生整本书阅读能力进步空间较大，不同学生群体存在显著的能力差异；教师在整本书阅读教学的课时安排、整本书解读、阅读教学策略等方面存在困惑；教研员则期待能够厘清整本书阅读教学中诸多关键概念，建构一套行之有效的研修机制。总体来看，第一轮教学改进需要着力解决以下两个关键问题。

问题1：以什么方式组织整本书阅读教学改进活动？

问题2：第一轮整本书阅读教学改进活动的主题是什么？

对问题1的解决一方面能够建立整本书阅读教学改进活动组织规范，另一方面组织方式本身就渗透着研修机制的雏形。对问题 2 的解决能够解除教师和教研员关于整本书阅读教学的普遍疑惑。第一轮改进主题确定后，就能够有针对性地回应教师和教研员关切的问题。

综上所述，根据既有组织教学改进的经验和相关群体的要求，明确了如下几个第一轮教学改进目标：

①确定整本书阅读教学教师工作坊成员和组织规范。

②明确教学改进组织的固定流程。

③确定整本书阅读教学的书目。

④了解和掌握整本书的解读方法。

(三)设计第一轮教学改进的实施方案

1.制定实施方案

围绕第一轮教学改进目标，项目组制定了第一轮教学改进实施方案，如表 4-5 所示。

表 4-5　第一轮教学改进实施方案

实施环节	主要目标	内容概述	参与人员
前期调研	了解学情、教情和校情	采用纸笔测试、问卷调查、访谈等方式，了解学生、教师和教研员的前置水平与实际需求	项目组成员、实验学校学生、样本教师、区域教研员
专题讲座	讲授整本书解读方法	围绕"如何解读整本书"这一关键议题，组织专题讲座，其间一并厘清整本书阅读教学的几个关键概念	项目组成员、实验学校全体教师、样本教师、区域教研员
教师工作坊活动	组建教师工作坊	确定教师工作坊成员，明确工作坊活动规范，围绕专题讲座内容，开展工作坊第一轮活动	项目组成员、样本教师、区域教研员
课后作业	巩固所学，应用所学	撰写第一轮教学改进反思日志，根据专题讲座和教师工作坊活动经历撰写教学设计	实验学校全体教师、样本教师、区域教研员

2. 确定组织结构

第一轮教学改进的重要目标之一是"确定整本书阅读教学教师工作坊成员和组织规范"。图 4-2 呈现了教师工作坊的组织结构。

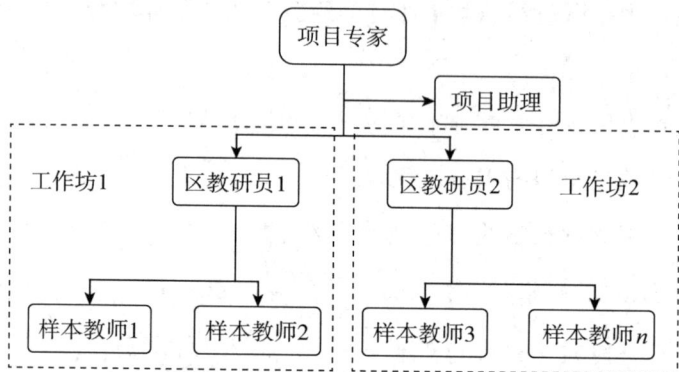

图 4-2　教师工作坊的组织结构

教师工作坊由三级组织结构组成。其中，"项目专家"和"项目助理"属于高校层面。"项目专家"负责教学改进的方向把握、活动设计、质量把关和改进指导等工作；"项目助理"则要将项目专家的意志转化为具体可实施和操作的方案，同时还要负责验收样本教师学习成果等工作。"区教研员 1"和"区教研员 2"属于区域层面。他们负责与高校层、教师层进行沟通，研判"项目助理"拟定的实施方案的可行性，并组织区域教研力量落实改进方案；同时，教研员也是教师工作坊的组成人员，与样本教师一同参与教师工作坊活动。组织结构的最后一层是教师层，也是整本书阅读教学教师工作坊的核心，主要由 4 所实验学校的 8 位样本教师和区域内其他学校的骨干教师组成，是教学改进项目的主要对象，需要全程参与教师工作坊活动。

小学语文整本书阅读教学教师工作坊采用大学与中小学促进教师发展的合作模式（University-School Partnership，以下简称 U-S 合作）。2018 年，教育部等五部门印发的《教师教育振兴行动计划（2018—2022 年）》提出，"高校与中小学协同开展教师培养培训、职前与职后相互衔接的教师教育改革实验区"。可见，U-S 合作可以弥补传统模式下大学的"理论文化"与中小学"实践文化"彼此隔离的缺陷，有效促进教师专业发展。[①] 在整本书阅读教学改进活动中，高校专家的主要职责是传授整本书阅读教学相关理论，并尝试搭建理论与实践的桥梁，带领样本教师探索出一条理论指导实践、实践落实理论的道路。一线教师和教研员则是实践的主体，在内化整本书阅读教学理论的基础上，结合本地实际，积极探索整本书阅读教学的实践路径。

3. 选定课程资源

教学改进的另一个重要目标是"确定整本书阅读教学的书目"。经过综合研判，项目组决定以《夏洛的网》[②]为整本书阅读教学改进的课程资源。

（1）内容梗概

《夏洛的网》是一部描写友情的童话。在朱克曼家的谷仓里，快乐地生活着一群动物，其中小猪威尔伯和蜘蛛夏洛建立了最真挚的友谊。然而，一个最丑恶的消息打破了谷仓的平静：威尔伯未来的命运竟是成为熏肉火腿。作为一只猪，悲痛绝望的威尔伯似乎只能接受任人宰割的命运了，然而，看似渺小的夏洛却说："我救你。"于是，夏洛用自己的丝在猪栏上织出了被人类视为奇迹的网上文字，并彻底逆转了威尔伯的命运，终于让它在集市的大赛中赢得特别奖，和一个安享天年的未来。但，这时，蜘蛛夏洛的生命也走到了尽头……之后，威尔伯带着悲伤和感恩抚养了夏洛的孩子！

（2）文本价值

第一，丰富有趣的情节，清新活泼的风格。《夏洛的网》的叙事风格既富有童趣又清新活泼。威尔伯送弗恩上学，陪弗恩等校车，跟着弗恩一起散步，弗恩则把威尔伯放到婴儿车上，让它躺在洋娃娃身边……这些充满童趣的内容，使读者在阅读中获得轻松愉悦的审美感受。

第二，富有感染力的语言，传达着人间的真善美。《夏洛的网》语言简单、口语化，但凝练鲜明，幽默生动，颇具感染力。E.B. 怀特用柔韧无比的蜘蛛丝编

---

① 屈若男，綦春霞，刘丽哲，等. 活动理论视角下大学与高中数学教师合作共同体的构建研究——以高中几何概型的教学为例[J]. 教育科学研究，2022(5).

② E.B. 怀特. 夏洛的网[M]. 任溶溶，译. 上海：上海译文出版社，2014.

织了一张理想的、温暖的、美丽的、爱的大网，感动着无数的读者。在这样一个善良的弱者之间相互扶持的故事里，除了爱、善、友谊之外，还有一份对生命本身的赞美与眷恋。

第三，思考生命价值，揭示人生哲理。孩子大抵是天真的，如何认识生命的长度和宽度的价值问题呢？E.B.怀特很好地将这一哲理融入故事情节中。聪明的蜘蛛夏洛说："生命的意义不在乎长度，而在乎宽度。"可爱的小猪威尔伯说："成长就是从依赖他人，变成依靠自己。"

夏洛的生命只有一载春秋，短得只够做几件事：织网、捕食、产卵。然而，通过帮助威尔伯逃离被宰杀的命运，夏洛在自己有限的生命中，做了一件极有意义的事，创造了价值，赢得了威尔伯永远的感激和怀念，这就是生命的宽度。

在遇到夏洛之前，小猪威尔伯可以说是十分懒散的。它刚刚两个月大，却说"已经活腻了"；它曾经拥有逃离猪栏，奔向自由的机会，却说"我独自一个去闯世界实在还太小"，因此情愿被关在猪栏里；它知道自己会被宰杀做成熏肉火腿后，只会尖叫哭泣。此时我们看到的是一只贪睡、贪吃、胆小、懒惰、敏感、脆弱、没有危机意识的小猪威尔伯。认识夏洛后，小猪威尔伯逐渐成长起来：夏洛在蜘蛛网上编织出"王牌猪"的字样，让威尔伯名声大噪，虽然威尔伯的单纯和胆小让它时时不敢承受，但它心里却有了向往；接着夏洛编织出"了不起"的字样，威尔伯就尽力让自己看上去了不起；夏洛又编织出"光彩照人"的字样，威尔伯就认真地学习了很多招式，让自己真的光彩照人。威尔伯的成长依赖夏洛的智慧、鼓励和安慰，离开夏洛，威尔伯仍然是一只胆小、害羞的小猪。真正让威尔伯长大的，是夏洛死去后，它第一次勇敢地承担起了照顾好514个生命的重任。

我们应该给孩子自我探索和发现的空间，让他们去体会真正的生活，去做想做的事情，去思考想思考的事情。孩子都是有自己的想法的，我们需要尊重并参考孩子的想法，而不是一味地把自己的想法强加在孩子的身上，或者完全无视甚至打压孩子的想法。从依赖到独立是一个痛苦而艰难的过程，但是，如果能够给孩子一个独立成长的空间，那么成长中的快乐将大于痛苦。

（3）教学价值

教师要有意识、科学系统而又润物无声地让学生揣摩整本书中的语言文字，进而积累、运用。

首先，品读、积累优美的语言。《夏洛的网》的封底上，威廉·肖恩这样评价其语言特色："E．B．怀特是一位伟大的文体家。他的文学风格之纯净，在我们的语言中较之任何人都不遑多让。它是独特的，口语化的，清晰的，自然的，完全美国式的，极美的。他的人长生不老，他的文字超越时空。"

譬如本书中的环境描写，就非常有特色。书中写道："第二天有雾。农场里什么东西都湿嗒嗒的。草地看上去像一张魔毯。那片芦笋地像一片银光闪闪的森林。在雾天的早晨，夏洛的网真是一件美丽的东西。这天早晨，每一根细丝点缀着几十颗小水珠。网在阳光中闪闪烁烁，组成一个神秘可爱的图案，像一块纤细的面纱。"草地因迷蒙的雾气多了几分神秘，而在作者的心中，它更像一张拯救威尔伯命运的"魔毯"，一张连接两个生命的魔毯。

其次，体会幽默生动、细腻而富有情感、温情且具有哲理的语言。E．B．怀特在保留自己幽默气质的同时，使用的都是最简单、最直接、最容易为儿童所接受的充满童趣的字眼。他对人物动作、语言、心理的描写十分契合儿童的生理、心理特征，体现出生动、活泼的叙事特色。

譬如，在夏洛的网上出现大字后的一个夜晚，夏洛召集所有动物开会的场面，读来常常令人忍俊不禁：

"我现在点名了。威尔伯？"

"到！"小猪说。

"公鹅？"

"到，到，到！"公鹅说。

"你这样叫，听上去像是三只公鹅，"夏洛咕噜说，"你为什么不能只说一声'到'呢？你为什么说什么都要重复呢？"

"这是我的习惯——习惯——习惯。"公鹅回答。

"母鹅?"夏洛说。

"到，到，到!"母鹅回答。夏洛瞪了瞪它。

公鹅习惯说话重复多遍，夏洛纠正它后，它仍然照着老样子重复了三遍。而目睹了这一切的母鹅也"夫唱妇随"似的，连答了三声"到"。这有趣的场景、幽默的语言，让读者在欣赏作品的同时，被儿童文学的魅力深深吸引。

《夏洛的网》中的语言细腻而富有情感。例如，当威尔伯在黑暗中突然听到一个从未听过的细小声音时，它会本能地产生吃惊以及恐惧的感觉，这也是我们每个人都会有的细腻情感。实际上，这个声音美妙动听，这也是夏洛和威尔伯友谊建立的开始。那个神秘的声音说："你要一个朋友吗，威尔伯?"这个声音接着说："我可以做你的朋友。我观察你一整天了，我喜欢你。"此时威尔伯答道："可我看不见你，你在哪里? 你是谁?"那个声音接着说："我就在上面这儿，睡觉吧。明天早晨你就看见我了。"威尔伯非常渴望拥有朋友，这个神秘声音的出现，成为它命运的转折点。诸如此类细腻而情感化的语言，才是作品的魅力所在。读着读着，我们便情不自禁地和夏洛、威尔伯一起，同喜同悲，这也是语言传递的最大魅力。

《夏洛的网》中的语言温情且具有哲理。《夏洛的网》中的文字是有温度的。例如，夏洛对威尔伯说："你一直是我的朋友，这件事本身就是一件了不起的事。我为你结网，因为我喜欢你。再说，生命到底是什么啊? 我们出生，我们活上一阵子，我们死去。一只蜘蛛，一生只忙着捕捉和吃苍蝇是毫无意义的，通过帮助你，也许可以提升一点我生命的价值。谁都知道人活着该做一点有意义的事情。"《夏洛的网》中的语言极具哲理性。例如，"生命来得这么难，却去得这么容易。"关于爱，关于友情，关于生死，作者用蜘蛛丝编织了一张美丽的、友爱的、充满哲理的大网。

这本书的角色塑造非常成功，有单纯善良的小猪威尔伯，有善良聪明的蜘蛛夏洛，有机智的羊，有尽职尽责的鹅，有狡黠机灵的老鼠……这些动物在谷仓这个小小地方生活，上演了诸多的故事。这些动物的特点并不是单一的、扁平的，而是立体的。比如老鼠坦普尔顿，它喜欢收藏各种各样的东西，在大家的眼中，它诡计多端；但是在帮助威尔伯的时候，它虽然嘴上很不情愿，但还是去帮忙找旧报纸上的字。另外，威尔伯的成长也让读者颇感兴趣，在整本书阅读过程中，能感受到它是一个不断成长的主人公。

这本书还渗透着人生的命题。例如，当威尔伯逃出去时，所有的动物都为它获得了自由而狂欢，但威尔伯却四顾茫然，只是贪恋食物。它不需要自由，它认为"我独自一个去闯世界实在还太小"。这也渗透给学生一个道理——自由不是跑到一个没人管的地方，因为那也就意味着失去了生活保障。又如，当一个人感到孤独的时候，他便需要朋友了。威尔伯在谷仓里渴望拥有一个朋友，但遭到所有动物的拒绝，只有夏洛细小的声音回应了它。夏洛用织网的方式帮助威尔伯逃过被杀的命运，而夏洛离去之后，威尔伯也承担起照顾夏洛的孩子的重任。友谊是这个世界上弥足珍贵的情感，通过整本书阅读，学生感受到主人公之间的友谊，也对友谊有了更深层次的理解。

二、第一轮教学改进的主题

通过对学生、教师和教研员三个群体的调研，项目组明确了第一轮教学改进的主题——"如何解读整本书"。因此，在第一轮教学改进中，项目专家聚焦整本书的文本价值挖掘，从抽象层面概述整本书的文本解读视角，再结合具体案例介绍文本价值的解读路径。

(一)关注整本书的叙事特色

小学阶段学生阅读的整本书叙事风格淳朴，多以单线推进故事情节，故事线索明朗。作品中的人物关系简单，少有复杂的人物关系设定。因此，为了让读者保持高涨的阅读兴趣，故事的节奏如风中的飘带一般上下起伏。一般情况下，理解此类作品的叙事特色多关注两个方面：一是情节的起伏；二是叙事的重复。

1. 沿着情节的起伏，感受叙事的动态之美

如前文所述，小学阶段学生阅读的整本书叙事结构并不复杂，符合学生的认

知发展水平。因此，在解读此类作品的叙事结构时，首先要把握其主要线索，其次要沿着线索阅读，发现波折与拐点。每个拐点都包含着一个关键事件。教师引导学生总结关键事件、串联关键事件即可形成对作品跌宕起伏的叙事风格的理解。

以美国作家劳拉·英格尔斯·怀德（Laura Ingalls Wilder）的《草原上的小木屋》为例。首先把握小说的主要线索——由"打算先去西部乡村看一看"而引发的举家搬迁事件。这一线索让读者合理地预测到在搬家的过程中，主人公劳拉一家将面临重重考验。他们遇到的第一个考验是：能否渡过结冰的湖面。遇到的第二个考验是：溪水暴涨和杰克丢了。遇到的第三个考验是：生存的苦难，有母亲的意外受伤、父亲深陷狼群的惊险、挖掘井水时的意外崩塌、热病中的垂死挣扎……当然小说中不仅有与苦难的决斗，还有令人神往的安宁生活。松弛有度的情节安排，让读者的神经时而紧绷时而舒缓，而读者无限的阅读兴趣也由此被激发。在解读此类作品的文本价值时，教师要有敏锐的洞察力，要能够精准地发现故事情节发展的"拐点"，即关键事件，并能够带领学生细细品读关键事件，最后将关键事件串联，绘制成一幅故事情节发展脉络图。

《夏洛的网》也具有相同的叙事结构。小猪威尔伯因先天缺陷，始终在被杀与幸存的命运间徘徊，一只弱小的蜘蛛夏洛通过"织网"的方式，一次又一次帮助威尔伯化险为夷，终于威尔伯在集市的大赛上赢得特别奖和一个安享天年的未来。夏洛的一生共为威尔伯织了四张网，每一张网的背后都蕴含了夏洛与威尔伯动人的友谊故事。教师可以将每一张网作为一个故事单元，让学生在品读故事的过程中自觉地串联起故事线索，最终获得关于《夏洛的网》的一条完整的叙事线索。

读者跟随着跌宕起伏的故事线索阅读，能够最大限度地感受主人公心境的变化。张弛有度的故事情节和叙事节奏，赋予了小说叙事以动态美。

2. 关注重复叙事，体悟情感浓度的变化

在小说叙述学中，重复叙事是常见手法，也是读者在解读小说文本时需要特别关注的知识点。① 正如 J. 希利斯·米勒在《小说与重复——七部英国小说》的开篇所说，"无论什么样的读者，他们对小说那样的大部头作品的解释，在一定程度上得通过这一途径来实现：识别作品中那些重复出现的现象，并进而理解由这些现象衍生的意义"。对于刚接受小说类整本书阅读的小学生而言，重复叙事既符合儿童的认知水平，又能在一定程度上提高故事的可信度，还能将作者的爱憎之情和褒贬之意寄寓其中，在增强故事抒情性和说理色彩的同时，不失童趣。② 在整本书中，重复叙事主要有三种表现形式：人物语言的重复、典型情节的重复、特殊场景的重复。

（1）人物语言的重复

现代小说艺术通过叙述语言的感染力来表现独特的感觉、情绪、意境和象征，生产出比故事实体更丰富的内涵、更深切的力量。③ 关注人物语言的重复，有助于更准确恰当地分析对话者的心理，从而拉近与小说叙述中心的距离。以《安徒生童话》为例，其中的多篇童话都包含重复人物的关键性语言的叙事方式。在《皇帝的新装》中，裁缝的口中、大臣的口中、围观民众的口中都出现过对于"新装"的赞美——"多么美的花纹！多么美的色彩。"人物语言的重复透露出成人世界中的欺骗与虚伪。他们隐藏自己真实的想法——"我绝不能让人知道我看不见布料。"小说文本中，相同或相似语句的每一次重复都在意义上达到一次增值，情感一次比一次强烈，螺旋式攀升，以致直达叙述的中心或小说的主旨。④《皇帝的新装》正是一次次对"骗"的重复，深化了人性的贪婪、盲从与怯懦，而这一切都在小男孩的一句质问中达到了顶峰。

（2）典型情节的重复

小说除了在人物语言上重复外，还会在典型情节上进行重复叙事，以实现作者的某种写作意图。以《草原上的小木屋》为例，关于共进晚餐这一情节，小

---

① 蔡安妮. 重复叙事手法在小说阅读文本中的教学展开[J]. 福建教育，2021(32).

② 孙志广. 深度解读童话的四个抓手[J]. 中学语文教学参考，2021(35).

③ 郑万隆. 现代小说的语言意识[J]. 小说潮，1985(1).

④ 蔡安妮. 重复叙事手法在小说阅读文本中的教学展开[J]. 福建教育，2021(8).

说重复描写了四次。第一次描写共进晚餐的情节是在第三章。劳拉一家刚刚经历了强渡小溪的艰辛，选好了露营地，一家人分工合作，开始准备晚餐。第二次描写共进晚餐的情节是在露营后的第二天。劳拉的爸爸为了让晚餐更加丰盛，去草原上打来了野味，此时的劳拉被简单的幸福包围。第三次描写共进晚餐的情节是在小木屋建成后。劳拉一家邀请爱德华兹先生共进晚餐，因为有客人，所以这次的晚餐食材尤为丰富。第四次描写共进晚餐的情节是在小说的结尾。伴随着每一次共进晚餐情节的还有晚餐后一家人的歌声。小说重复出现这一情节的目的是表现家庭的温馨，让坎坷动荡的草原生活归于从容与宁静。①这样的生活虽然简单，但也是难得的幸福。

（3）特殊场景的重复

特殊场景的重复是重复叙事的另一种重要表现形式。这样的重复叙事有利于小说故事的切入、小说情节的集中与展开，同时也提高了小说阅读的质感、扩大了读者思考的空间。以《红楼梦》为例，对元宵节这一特殊佳节场景的描写共出现过三次。第一次写到元宵节，是在小说的第一回，甄士隐带着女儿甄英莲上街观赏元宵节热闹的场景，随后甄英莲被拐卖，开启了她悲剧的一生。第二次写到元宵节恰逢元妃省亲，贾府达到了命运的巅峰。为了元妃省亲，贾府上下极尽奢华，连元妃看后都叹息太过奢靡。第三次写到元宵节的场景是在第五十三回，此时的贾府已经开始走下坡路，但奢靡的生活习惯让他们仍旧大肆铺张，在人物的对话与细节的呈现上已经能够看出贾府境况远不及以前。三次元宵节场景的重复出现，不仅表现了贾府由盛转衰的过程，而且暗含了当时朝廷的兴衰历程。三次元宵节的场景除了表现了这些转折深意外，还包含了大量的民俗文化信息，值得读者细细品味。教师可以借助特殊场景的重复，梳理故事线索和情节发展脉络，进而有针对性地解读整本书。

综上所述，叙事特点是解读整本书文本价值的一个突破口，其核心在于抓住

---

① 吴欣歆，孙凤霞．小学整本书阅读教学指导：下册[M]．北京：教育科学出版社，2020.

整本书主线，串联故事情节，了解故事变化趋势，其主要有两种实现路径，第一种是以线串点，第二种是以点连线。以线串点的首要任务是发现整本书的叙事主线，再通过主线上的关键事件构建对整本书的解读。这种方式适合故事线索单一、情节单纯的书目。以点连线的重点是抓住整本书关键维度的重复现象，通过重复的语言、情节和场景，串联起对整本书故事的整体认识。这种方式适合多线并存、情节复杂的书目。

（二）聚焦整本书的环境建构

小说中的环境描写，是经过作者苦心斟酌的产物，其作用不可低估。[①] 任何一篇小说中的环境描写都不是孤立存在的，作者所描写的环境总要被赋予一定的作用。所以，弄清小说中的环境描写，对准确理解作品的思想内容，提高学生的读写能力，陶冶学生的情操有着极其重要的意义。[②] 一般情况下，小说中的环境描写会起到塑造人物形象、奠定情感基调、推动情节发展、渲染阅读氛围等的作用。

1. 环境描写塑造人物形象

典型环境有利于塑造典型人物。因此，不少小说在刻画人物时都选择某一特殊环境，将人物置于其中，并对这一特殊环境加以重复叙事，以此来表现特殊环境对人物的影响。[③] 以《欧也妮·葛朗台》为例，巴尔扎克借助环境描写，刻画小说中的人物形象：

古式的坐椅，花绸面子上织着拉·风丹纳的寓言，但不是博学之士，休想认出它们的内容：颜色褪尽，到处是补钉，人物已经看不清楚。四边壁角里放着三角形的酒橱，顶上有几格放零星小件的搁板，全是油腻。两扇窗子中间的板壁下面，有一张嵌木细工的旧牌桌，桌面上画着棋盘。牌桌后面的

---

① 何均. 了解小说中环境描写的作用[J]. 南京师范大学文学院学报，1999(12).

② 孙玉英. 浅谈小说中的环境描写的作用[J]. 新课程(中)，2014(12).

③ 蔡安妮. 重复叙事手法在小说阅读文本中的教学展开[J]. 福建教育，2021(8).

壁上挂一只椭圆形的晴雨表，黑框子四周有金漆的丝带形花边，苍蝇肆无忌惮的钉在上面张牙舞爪，恐怕不会有多少金漆留下的了。

壁炉架对面的壁上，挂两幅水粉画的肖像，据说一个是葛朗台太太的外公，特·拉·裴德里埃老人，穿着王家禁卫军连长的制服；一个是故香蒂埃太太，挽着一个古式的髻。窗帘用的是都尔红绸，两旁用系有大坠子的丝带吊起。这种奢华的装饰，跟葛朗台一家的习惯很不调和，原来是买进这所屋子的时候就有的，连镜框，座钟，花绸面的家具，红木酒橱等等都是。①

以上对葛朗台家居住环境的描写，既有时代特点，也充分展现了葛朗台的身份与性格。巴尔扎克对物质细节寥寥数笔的描写，就向读者生动地展示了一个富有又吝啬的资产阶级商人形象。独具匠心、细致入微的环境描写与人物性格的塑造相辅相成，环境、人物融为一体，相得益彰。②

环境描写对人物的贡献除了塑造性格与形象外，还有烘托人物心情的作用。以《草原上的小木屋》例，作者通过对草原四季环境的描写，烘托了主人公镇定平和、温暖如春的心境，也突出了家的温暖与家人之间的爱。

2. 环境描写奠定情感基调

优秀的作家都是通过特定的环境描写来展示独特的世态风情，从而为读者提供一幅社会历史图画的。所以，小说中的环境描写，一般都带有作家的感情色彩，暗示社会环境。③

仍以《欧也妮·葛朗台》开头的一大段环境描写为例：

索漠城里有一所住宅，外表就有这些凄凉的成分。一条起伏不平的街，直达城市高处的古堡，那所屋子便在街的尽头。现在已经不大有人来往的那条街，夏天热，冬天冷，有些地方暗得很，可是颇有些特点：小石子铺成的

---

① 巴尔扎克. 欧也妮·葛朗台 高老头[M]. 傅雷，译. 北京：人民文学出版社，1983.
② 吴欣歆. 高中经典阅读教学现场[M]. 北京：教育科学出版社，2018.
③ 孙玉英. 浅谈小说中的环境描写的作用[J]. 新课程(中)，2014(12).

路面，传出清脆的回声，永远清洁，干燥；街面窄而多曲折；两旁的屋子非常幽静，坐落在城脚下，属于老城的部分。

上了三百年的屋子，虽是木造的，还很坚固，各种不同的格式别有风光，使索漠城的这一个区域特别引起考古家与艺术家的注意。你走过这些屋子，不能不欣赏那些粗大的梁木，两头雕出古怪的形象，盖在大多数的底层上面，成为一条黝黑的浮雕。①

上述环境描写渲染了法国大革命之后外省的基本情况。作者通过对建筑的描写表达了一种社会现实状况：封建贵族的没落，资产阶级的兴起。在利益、金钱的驱使下，人们争相涌向巴黎，城镇就显得萧索凄凉。这种环境下，人性、道德、良知都成为利益的牺牲品，人与人之间交往的媒介只有利益和金钱。

对文化环境的描写同样能奠定情感基调。以鲁迅的《祝福》一文为例，文中对祝福景象有多次描写：

这是鲁镇年终的大典，致敬尽礼，迎接福神，拜求来年一年中的好运气的。杀鸡，宰鹅，买猪肉，用心细细的洗，女人的臂膊都在水里浸得通红……拜的却只限于男人，拜完自然仍然是放爆竹。年年如此，家家如此，——只要买得起福礼和爆竹之类的，——今年自然也如此。

到年底，扫尘，洗地，杀鸡，宰鹅，彻夜的煮福礼，全是一人担当，竟没有添短工。然而她反满足，口角边渐渐的有了笑影，脸上也白胖了。

这种人虽然似乎很可怜，但是败坏风俗的，用她帮忙还可以，祭祀时候可用不着她沾手，一切饭菜，只好自己做，否则，不干不净，祖宗是不吃的。

以上对于祝福景象的描写，不仅表明了"祥林嫂"悲剧人生的发展过程，还通

---

① 巴尔扎克. 欧也妮·葛朗台 高老头[M]. 傅雷，译. 北京：人民文学出版社，1983.

过对风俗的描写暗示了造成祥林嫂命运悲剧的社会文化根源，尤其是文章开头描写的鲁镇"祝福"的景象，为全文奠定了凄凉、悲哀的情感基调。

3. 环境描写推动情节发展

情节发展与环境描写往往是相互依存、相互制约的。环境描写要以情节为依据，情节发展也离不开环境描写的推动。

《水浒传》中的多个情节受到环境的驱动作用。例如，"智取生辰纲"中从杨志一伙人上路起，到杨志自己也喝酒解渴为止，反复写气温、写太阳、写树林，故事中的许多情节都被炎热的气候条件所决定。[①]

> 此时正是五月半天气，虽是晴明得好，只是酷热难行。
>
> 正是六月初四日时节，天气未及晌午，一轮红日当天，没半点云彩，其日十分大热。
>
> 众军人看那天时，四下里无半点云彩，其时那热不可当。
>
> 看看日色当午，那石头上热了，脚疼走不得。
>
> 赤日炎炎似火烧，野田禾稻半枯焦。农夫心内如汤煮，楼上王孙把扇摇！

因为"酷热"，所以众军汉肩挑重担，苦热难熬，一路上惆怅不已。因为天热，不"趁早凉起身去"却"日里热时"行路，所以引起抱怨。因为"热不可当"，所以行黄泥冈，见到松林，便要歇凉，杨志与下属的冲突也发展到一发而不可收拾的地步。因为天气炎热，所以口渴难耐，见到酒就要喝，最后杨志自己也喝了半瓢。因为天热，所以晁盖等人装作歇凉争先喝酒也毫无破绽。吴用用蒙汗药智取的计策，就是根据炎热的气候条件设计的。写炎热，才使得情节的发展顺理成章。

4. 环境描写渲染阅读氛围

项目组在前期调研中发现，学生开展整本书阅读的内部动机不足，缺少自主

---

① 孙玉英．浅谈小说中的环境描写的作用[J]．新课程（中），2014(12)．

阅读的元动力。核心问题在于当面对大部头书目时，已经习惯图片阅读和短平快阅读风格的学生，很难真正读进去。除了前文提及的跌宕起伏的故事情节能够吸引学生的阅读兴趣外，环境描写渲染的氛围也能够激发学生阅读的内部动机。

《草原上的小木屋》中关于草原环境的描写营造了充满生命气息和生命欢乐的氛围，引人入胜。在对《草原上的小木屋》中的草原环境进行分析时，有读者这样总结：

> 百灵鸟从草丛中冒出身影，唱着欢乐的歌；美洲雀站在高高的茅草尖上；数不尽的松鸡、野兔游走在草丛中；大野兔会三下两下地蹦出来；顽皮的小鹿吃掉刚露出头的草尖；五彩的蝴蝶翩翩起舞……要是你想来一次现实版的通关"打地鼠"，也是可以实现的，小地鼠们会在你的周围快乐地跑来跑去，甚至蹲在地上观察你。即使经验丰富的老鹰也不能轻易地抓住它。猫头鹰呼呼地叫着，狼群喔喔地回应。草原上的动物们各自遵循着自己的生存法则，快乐地生活着。①

草原上生机盎然的景色深深地吸引着劳拉的同时，也引导读者跟着文字的节奏，在脑海中描摹出一幅人与自然和谐相处的美好画卷。这样轻快的环境描写，恰恰表现出草原人民敬畏自然、尊重生命的品质。而读者在这样清新自然的环境烘托下，也自然而然地走进了文本，体悟着劳拉的价值观念，欣赏着劳拉眼中的自然。

综上所述，小说中的环境描写极具文学价值。环境描写无论是在情节的展开方面，还是在人物形象的塑造方面，或铺垫、或渲染、或衬托、或暗示，所起作用各不相同，是文学赏析的一个重点。② 教师在解读整本书时，可以透过环境描

---

① 吴欣歆，孙凤霞. 小学整本书阅读教学指导：下册[M]. 北京：教育科学出版社，2020.

② 吴欣歆，孙凤霞. 小学整本书阅读教学指导：下册[M]. 北京：教育科学出版社，2020.

写窥探多个维度的文本价值，进而尝试将文本价值转化为教学价值。

(三)窥探主人公的性格塑造

与单篇文章相比，整本书的容量更大，在对人物形象及其性格进行塑造时包容性更强。越是经典作品中的典型人物，其性格特征越具有多面性。对于这种多面性的解读可以从点和线两个视角来看。点是指人物性格具有恒定性特征，即从头至尾，人物的性格始终如一，没有过多变化；线是指人物性格随着情节的展开而逐渐深化、复杂，是从变化的视角塑造人物的性格特征。这两种人物性格塑造方式在小说中均有使用。需要说明的是，点状的人物性格并不代表性格的单一性，而是从是否富于变化这个议题来看待的。

1. 蕴含扁平特征的点状人物性格塑造

点状的人物不具有成长性，即自始至终，人物性格特征是恒定的。这类人物性格会随着情节的推移逐渐被读者发现，而不是被情节塑造。《草原上的小木屋》中这类人物性格塑造的痕迹最为明显。

这本小说的主要人物是劳拉的父亲，其次是劳拉一家的其他几位成员，他们是美国西部大开发过程中拓荒者的缩影。在小说中，劳拉父亲的性格是果决的，家中的大事都由父亲来做决定。例如，在森林被破坏、草原被入侵后，劳拉的父亲毅然决定举家搬迁；在搬迁过程遇到需要抉择的困难时，父亲都会毫不犹豫地作出决定。同时，劳拉的父亲又是睿智的。在举家搬迁后，需要建造小木屋，劳拉的父亲在制作家具、发明门闩、建造烟囱时都表现出了过人的智慧。劳拉的父亲还有勇敢的一面。面对一路上的困难，劳拉的父亲从未选择退缩，而是永远挡在家人的前面，保护着家人。除了这些刚毅的性格外，劳拉的父亲也有柔情的一面。例如，在晚餐后，劳拉的父亲常常会唱起歌，表达对劳拉母亲无限的爱意。

英国小说家福斯特将人物分为扁形人物和圆形人物两种。① 17世纪时，扁平人物被称作性格人物，而现在多被称作类型人物或漫画人物。这种人物的性格多数"可以用一个句子表达出来"，只"表现一个简单的意念或特征"。莫里哀笔下的

---

① 福斯特. 小说面面观[M]. 朱乃长，译. 北京：中国对外翻译出版公司，2002.

人物，无论是贵族官僚、教士学者，还是商人工匠，都具有典型的扁平人物性格特征。即便如此，也并不代表扁平人物不具有可被解读的价值。在特定社会环境的影响下，扁平人物的性格也会具有多面性特征。以巴尔扎克的《欧也妮·葛朗台》为例，葛朗台无疑是典型的扁形人物，但仔细揣度就会发现，葛朗台的吝啬中又掺杂着果决与机敏。

2. 蕴含圆形特征的线状人物性格塑造

圆形人物具有多种特性，包括一些互相冲突或矛盾的特性，而且"一个圆形人物必能在令人信服的方式下给人以新奇之感"，读者很难一下子把握其特征。[①]

以《西游记》为例，其中的人物性格具有鲜明的圆形人物特征。例如，唐僧慈悲、善良、心系天下、意志坚定，同时也迂腐、胆小怕事、是非不分；猪八戒更是同时具备"神性"、"兽性"和"人性"三种性格特征，他既贪财好色又淳朴善良，既奸猾狡诈又憨厚坦率，取经一路虽多次轻言放弃，但只要行在路上就又吃苦耐劳；沙僧的人物性格也同样是多面的，西行路上他心无旁骛，遇事时却呆板木讷，缺乏生机。

同样，在《彷徨》中，祥林嫂的性格也具有圆形特征。祥林嫂的一生无疑是悲苦的，面对婆婆逼迫改嫁，她逃到鲁镇做女工；面对捆绑成亲的胁迫，她选择撞香案角来捍卫自己的贞洁；面对柳妈的"阴司报应论"，她第二天就去捐门槛；而在面对庙祝的禁制后，她又苦苦哀求；最后在面对四婶的禁止时，她的精神世界全面崩塌了。在封建礼教的一次又一次压迫下，祥林嫂的人物性格发生了巨大的变化：从一个勤劳、本分、积极主动努力活着的底层劳动女性，变成一个消极麻木、对生活失去信心，最终悲惨死去的被压迫者。

综上所述，对人物性格的解读可以从扁平人物和圆形人物两个角度进行。但经过对比可以看出，在大部头的小说中很少有完全意义上的扁平人物，人物性格大多具有多面性。因此，在分析人物性格时还可以从点状人物性格和线性人物性格两个角度切入。

---

① 胡亚敏. 叙事学［M］. 武汉：华中师范大学出版社，1994：142.

(四)体悟整本书的精神内核

文化自信是指学生认同中华文化,对中华文化的生命力有坚定信心。通过语文学习,热爱国家通用语言文字,热爱中华文化,继承和弘扬中华优秀传统文化、革命文化、社会主义先进文化,关注和参与当代文化生活,初步了解和借鉴人类文明优秀成果,具有比较开阔的文化视野和一定的文化底蕴。课程改革对文化层面的要求,可以理解为对学生精神品质的塑造。整本书以其独特的优势,在影响读者精神世界上发挥着重要作用。每一本书都有某一特殊的主题,把握整本书的精神内核,挖掘精神价值的表征意蕴,就能够在解读文本价值的基础上,将其转化为整本书的教学价值,并最终升华为学生的精神价值。小学阶段整本书的精神内核主要包括"爱"与"成长"两个主题。

下面重点体悟以"爱"为主的整本书的精神内核。

"爱"是小学阶段整本书涉及的主要精神内核。《草原上的小木屋》《夏洛的网》《长袜子皮皮》等整本书中都蕴含着"爱"的精神内核:有家人之间的关爱,有朋辈之间的友爱……这些精神内核会在不同维度上影响学生价值观念的形成与发展。

《草原上的小木屋》体现了家庭的温暖和家人之间的关爱。书中家人之间的爱是多向度的。首先是劳拉父母之间的爱。劳拉父母之间的爱来自相互信任。父亲作为关键事件的决策者,所做的每一个决定的出发点都是让自己的家人能够过上更美好的生活;而劳拉的母亲永远无条件地相信自己的丈夫。即便产生分歧,二人也能冷静思考,从不固执己见。劳拉父母之间的爱还来自父亲的温柔。在外父亲是一个勇敢果决的硬汉形象,而面对自己的妻子,他会在不经意间展露自己的柔情。父亲说只要玉米饼上有妈妈的手印就不需要放任何糖了;他会通过唱歌的方式直接向自己的妻子表达爱意;还会在生活本不宽裕的条件下,尽最大的能力关心妻子的喜好,比如在独立镇上为妻子买布料等。当然,劳拉父母之间的爱也是相互的,在父亲冒着严寒外出打猎归来后,劳拉的母亲永远会在第一时间递上一碗热粥。其次,家人之间的爱还体现在父母对儿女的宠爱上。例如,劳拉的父亲不顾身体的疲惫,以最快的速度建造了一个能够遮风挡雨的屋子,而劳拉的母亲则精心布置着屋内的一切，让艰苦的环境变得温馨，让自己的孩子感受到家的温暖。劳拉的父亲无时无刻不在关注着孩子的成长与需求。父亲宽厚的胸膛为孩子们支撑起一片祥和的天空，将迁徙路途中的困难阻挡在臂弯之外。最后，家人之间的爱还体现在兄弟姐妹之间的相互照拂上。例如，劳拉会把牛奶给妹妹喝，会把漂亮珠子给妹妹戴等。

在《夏洛的网》中，友爱是一个重要的主题。首先，威尔伯与小女孩弗恩之间的友情。弗恩是农场主阿拉布尔夫妇的女儿，她对威尔伯有深厚的感情。弗恩经常来探望威尔伯，给它带来食物和水。她还与威尔伯聊天，了解它的感受和想法。弗恩对威尔伯的关爱使威尔伯的生活更加美好。其次，威尔伯与夏洛之间的友情。夏洛通过编织网上文字赞美威尔伯，帮助它得到更多的认可和尊重。这种友情在困难时期给予威尔伯希望和勇气，使它变得更加坚强。最后，威尔伯与其他农场动物之间的友情。例如，老鼠坦普尔顿，在大家帮助威尔伯的时候，它虽然嘴上很不情愿，但还是去帮忙找旧报纸上的字。《夏洛的网》从一个温暖而深刻的角度向读者传递了友情的重要性——它不仅能够给人带来温暖和快乐，还能够在困难时期给予人们希望和勇气。

除了列举的家人之间的关爱和朋辈之间的友爱外，还有许多以爱为主题的整本书。教师在解读时，要牢牢抓住"爱"这个精神内核，从隐晦的语言、生活的细节、关键的事件、人物的关系等角度深入解读"爱"这个宏大而又温暖的议题。

三、第一轮教学设计的呈现与分析

本节重点围绕第一轮教学改进活动后教师撰写的教学设计展开详细的分析与讨论，具体包括对教学设计特点和不足的分析、对第一轮教学设计重点和过程的阐述、对第一轮典型教学设计的呈现与分析等几个关键维度。

(一)第一轮教学设计的特点与不足

1. 第一轮教学设计的特点

在进行第一轮教学设计时，项目组鼓励教师根据自身教学理解和教学经验开展初步设计。样本教师围绕《夏洛的网》开展了初步设计，教师的整本书阅读教学设计呈现出以下特点。

（1）注重对文本进行深入解读

教师在进行整本书阅读教学之前，对文本进行解读是非常重要的。深入解读文本不仅可以帮助教师明确教学目标和重难点、设计合理的教学过程和评价方式，也可以帮助教师把握文本的精髓和魅力，为学生提供必要的引导，激发学生的阅读兴趣和动机，还可以帮助教师与学生建立共同的阅读基础，促进教师与学生之间的交流和互动，进而形成良好的阅读氛围。《夏洛的网》是一部经典的儿童文学作品，讲述了小猪威尔伯和蜘蛛夏洛之间的感人故事。这本书有很多值得教师在教学前进行文本解读的地方。例如，通过文本解读，了解作者 E. B. 怀特的生平和创作背景，以及他对生命、友情、成长的看法，从而更好地把握作品的主题思想和价值取向；分析作品的结构特点和语言风格，如使用山形图梳理故事情节，注意作者运用的比喻、拟人等修辞手法，从而更好地指导学生欣赏作品的艺术魅力；关注作品中的主要形象，如弗恩、威尔伯、夏洛、坦普尔顿等，分析其性格特点、语言表达、行为举止等，从而更好地引导学生理解和感受人物的性格特征；挖掘作品中蕴含的深刻寓意，如关于生命的尊严和意义、友情的真谛和力量、爱与奉献的精神和美德等，从而更好地培养学生的思辨能力和价值观。

可见，整本书阅读教学内容的选取离不开对文本的深入解读。在本轮的教学设计中，教师均重视从主题思想、结构特点、语言风格等各方面对整本书的基本内容进行研读，并将所形成的解读成果充分呈现在教学设计之中。

教师在解读中认为，《夏洛的网》一书在情节、语言、思想内涵等方面都有着鲜明的特色与丰富的内涵，具有高度的可阐释性。

就整体情节而言，《夏洛的网》所讲述的故事并不复杂，但作者却给看似寻常的故事赋予了无限的童真与童趣。口语化、清新、自然是对《夏洛的网》一书语言特色的精当概括，书中的众多环境描写便很能体现这一特色。例如，"第二天有雾。农场里什么东西都湿嗒嗒的。草地看上去像一张魔毯。那片芦笋地像一片银光闪闪的森林。在雾天的早晨，夏洛的网真是一件美丽的东西。这天早晨，每一根细丝点缀着几十颗小水珠。网在阳光中闪闪烁烁，组成一个神秘可爱的图案，像一块纤细的面纱"一处，作者别出心裁，用极其精微的视角观察挂着水珠的蜘蛛网。"湿嗒嗒""真是一件"等语言轻松自然，读之仿佛作者就在耳畔将故事娓娓道来。富有童真的情节与明丽清晰的语言背后，是作者对生命的深刻体悟与深邃哲思。作者以童话的形式探讨了生命的长度与宽度这一深奥的命题。

总之，在本轮设计中，教师充分展现了自身解读文本的功底，对《夏洛的网》的基本情节、语言特色与思想内涵进行了充分而深入的解读，这一成果为之后整本书阅读教学的设计与实施奠定了坚实的基础。

（2）立足学科本位确定教学内容

《义务教育语文课程标准（2022版）》在语文课程性质方面明确规定："语文课程是一门学习国家通用语言文字运用的综合性、实践性课程。"整本书阅读是《义务教育语文课程标准（2022版）》拓展型学习任务群的重要组成部分，旨在引导学生在语文实践活动中，根据阅读目的和兴趣选择合适的图书，制订阅读计划，综合运用多种方式阅读整本书；借助多种方式分享阅读心得，交流研讨阅读中的问题，积累整本书阅读经验，养成良好阅读习惯，提高整体认知能力，丰富精神世界。

在文本解读之后，如何将文本内容转化为教学内容便成为关键问题。在本轮设计中，教师在实现整本书文本内容向教学内容转化时高度重视立足语文学科本位，关注学生语文课程核心素养的提升。

首先，教学设计都关注了《夏洛的网》中的语言艺术，指出本书的语言具有明显的口语化色彩，同时清新明丽、富于幽默感，并有意识地将这些语言特色运用于教学之中。其次，教学设计注重引导学生欣赏《夏洛的网》一书当中所创设的形象，如威尔伯、夏洛等，并强调书中形象的多面性，避免学生对之形成扁平化、标签化的理解，提升学生欣赏文学形象的能力。最后，教学设计均注意到《夏洛的网》中所蕴含的深刻的哲理，注重引导学生通过品味语言、鉴赏形象等活动探究作品的思想内涵，理解作品对生命价值的歌颂。

总之，在本轮教学设计中，教师坚持从语言文字本体出发进行整本书阅读教学，组织丰富的言语实践活动，综合关注学生在语言运用、思维发展、审美创造等领域的核心素养培养，较好地完成了整本书文本内容向教学内容的转化的任务。

（3）重视激发学生的阅读动机

相关研究表明，学生的阅读动机与其阅读表现之间存在显著的相关关系。因此，如何激发学生的阅读动机是进行整本书阅读教学时不可回避的重要问题。在本轮教学设计中，教师均在此方面有所关注与创见。第一，相关设计体现出明显的以学生为主体的教学理念，关注学生在阅读过程中的感受，在教学过程中也给予了学生充分表达自身阅读所得的种种机会。第二，相关设计精心组织了多样的学习活动，意在充分调动学生阅读的积极性。例如，引导学生借助书本封面猜测书中主要角色，借助部分情节猜测故事的未来走向与书中人物的命运等。通过有趣的"猜读"，学生进行整本书阅读的热情得以激发，阅读活动不再是教师强加于学生的任务，而成为学生感兴趣的、主动的学习历程。第三，除了关注学生内部动机的激发，相关设计还从小学阶段学生好胜心强、喜爱游戏等心理特点出发，设计了猜测竞赛等多样的学习任务。通过完成这些学习任务，学生阅读所得得以巩固。同时，在同伴竞争中，学生的学习参与欲望被很好地调动，也避免了整本书阅读教学中学生学习兴致不高、课堂死气沉沉的问题。

通读本轮教学设计可以发现，教师在开展整本书阅读教学设计时心中已有明晰的学生主体意识，充分重视引导学生通过"好读书"的心理实现"读好书"的目标。在具体操作上，也设计了一些激发学生阅读动机的学习活动与学习任务。

（4）关注阅读策略，进行读法指导

学生的阅读活动离不开一定的策略指导。初步接触整本书阅读时，学生容易出现因阅读方法不当而不得要领的现象。《夏洛的网》一书虽然相对口语化，但作为整本书，书中故事情节较多，波折较大，且故事内容背后有一定的隐喻与象征意义，学生想要真正读懂、读深入并不容易。因此，教师有必要在学生阅读过程中为其搭建必要的阅读与分析框架，帮助其厘清基本故事情节，进而探寻故事背后的思想内涵。本轮教学设计在阅读前、阅读中和阅读后均有较为明显的指导特点。在学生正式展开阅读之前，教师均重视引导学生制订阅读计划并通过表格等形式加以呈现。在阅读计划的辅助下，学生的阅读活动就有了相对清晰的目标，学生就能够按时按量完成阅读任务。在学生进行阅读时，有的教师引导学生绘制故事情节走向图。此任务一方面可以作为学生阅读过程的监控手段之一，保证学生对其所读内容能够形成基本了解；另一方面有助于学生及时对所读到的文本内容加以整合，并将之作为继续阅读的基础。在故事情节走向图之外，还有教师引导学生绘制书中主要角色的命运曲线图。为了完成此任务，学生需要对书中基本情节相对熟悉，并以此作为推测、判定书中角色命运的依据。通过绘制命运曲线图，学生还可以以人物为中心对《夏洛的网》进行理解。例如，主人公威尔伯的命运经历了多次大起大落，但在好朋友夏洛的帮助下，它的命运曲线整体呈现上升的状态，并在最后勇于担起照顾夏洛的孩子的责任，找到了生命的尊严与价值。由此，学生所获得的绝不只是有关书中角色命运的知识，更有对作者创作目的与思想内涵的深入理解。

总而言之，教师在进行教学设计时不仅关注自己"教什么"，而且关注学生"怎么学"，并精心设计学习任务引导学生把握阅读基本策略。这是本轮教学设计的一大亮点。

(5)强调举一反三，重视迁移运用

与传统单篇文章阅读不同，整本书阅读更符合生活中真实的阅读状态，学生从整本书阅读中获得的阅读策略对其在未来学习中解决实际问题大有裨益。因此，教学《夏洛的网》，引导学生读懂故事情节，品味语言形象，领悟生命哲理固然重要，但同时需要考虑如何通过整本书阅读教学为学生将来的语文学习服务。本轮教学设计中，教师也有意识地对这一问题进行了思考，表现为对学生将所学进行迁移运用的能力的关注。

例如，有教师在教学时，有意识地引导学生反复研读与某一角色相关的典型情节，进而品味这一角色形象的性格特征。在学生完成这一任务后，教师引导学生思考相关分析方法是否可用于对书中其他角色形象进行分析，并要求学生自行另选角色进行练习。在这一活动设计中，教师既关注学生对整本书中某一具体形象的认识与理解，同时也关注学生是否具备独立阅读、分析整本书的能力。这一设计体现出教师已经具有超越传统知识中心的教学取向，并尝试在整本书阅读的教学活动中关注学生在其他学习情境中解决问题的必备品格与关键能力。

2. 第一轮教学设计的不足

本轮教学设计也存在以下几个方面的不足，可以在之后改进中重点解决。

（1）整本书阅读教学内容有待进一步完善

在本轮教学设计中，教师均在整本书文本内容解读方面下了功夫，且立足语文学科本位选取了教学内容。但是，现有设计在教学内容方面仍有待完善之处，具体表现在以下两个方面。

第一，可进一步明确书中如插图等非文字信息的教学价值。在第一轮教学设计中，部分教师关注了书中的插图，引导学生将插图与文字相结合，以进一步丰富对书籍内容的理解。但也有部分教师在设计时对插图的关注较少，将书中的文字作为教学重点。《夏洛的网》是一部富有想象力的童话作品，在阅读中关注插图，可使头脑中的形象具象化，在提高阅读兴趣的同时增进对书本内容的理解。此外，在关注非文字信息的过程中，教师应当结合本书特点关注其独特的教学价值，避免此类关注流于形式。例如，有教师引导学生在阅读封面的过程中特别留心出版社等相关图书信息，但之后又未进一步讲解图书版本等相关知识，那么此类教学内容或许就会流于形式。

第二，在进行整本书阅读教学时关注相关背景信息的补充。《夏洛的网》是一部美国文学名著，即便经过译介，书中仍有相当一部分内容因文化差异而较难为中国小学生所理解。因此，教师在教学过程中有必要对这一方面进行关注，比如补充一定的背景知识，以帮助学生更好理解与欣赏这部美国文学名著。

（2）教学设计的学理依据有待进一步明确

在本轮教学设计中，教师设计了如绘制故事情节走向图、主要角色的命运曲线图，制订阅读计划表格等学习活动，在设计学习任务方面体现出关注学生的学习兴趣、重视对学生进行阅读策略指导等的取向。但是，就教学设计来看，教师设计此类学习任务更多依照既有教学经验，缺乏从教学论、课程论等角度对其进行分析与论证。缺乏必要的学理指导，教师进行整本书阅读教学时就容易囿于已有教学经验，也容易导致教学设计零散而欠缺条理，且缺乏统整的学习任务与学习活动，同时也可能阻碍优秀教学设计的推广。事实上，针对整本书阅读，既有研究已形成一些经实践检验证明的教学理论，如专题教学等。此外，从教学论的角度来看，布鲁纳的发现学习理论可以为教学方式提供指导，如通过自己绘制情节曲线，学生可以主动地探索和发现文本的内在结构和规律，从而形成更深刻的理解。从课程论的角度来看，拉尔夫·泰勒（Ralph Tyler）的课程目标模型认为教学设计应该以课程目标为出发点和归宿，而文本分析能力是语文课程的重要目标之一，因此绘制情节曲线是符合课程目标的一种有效的教学策略。不仅如此，制订阅读计划表格的学习任务，旨在让学生能够根据自己的阅读水平和兴趣，合理安排阅读时间和进度，培养学生的自主阅读能力。这个学习任务其实与齐默尔曼（Zimmerman）的自我调节学习理论有关。通过制订阅读计划表格，学生可以对自己的阅读过程进行监控和评价，从而提高自己的阅读效率和效果。借助这些理论或者模型，教师能够更加系统地进行教学设计，避免教学设计的经验主义和教学方法的碎片化。

（3）对学生个性化阅读过程有待进一步关注

在本轮教学设计中，教师注重调动学生的阅读积极性，并注意给予学生阅读方法的指导。但是，就整体而言，阅读是一种主动的、创造性的、个性化的心理活动，不同的学生在阅读同一本书时，可能会有不同的感受、理解和体会。但在本轮教学设计中教师的预设性仍相对较强，没有充分考虑到不同学生在阅读过程中的差异性。例如，在本轮教学设计中，有教师要求学生通过绘制故事情节走向图来梳理基本情节。这种方式虽然可以帮助学生把握整本书的情节内容，但是也可能限制了学生自由发挥和创造的空间。毕竟并非所有学生都习惯于用图形来表达自己对情节的理解，有些学生可能更喜欢用文字或者其他方式来呈现自己的阅读成果。如果教师没有给予学生足够的选择权和表达权，而是强制要求所有学生都按照同一种方式去完成任务，那么就可能导致部分学生缺乏积极性，甚至产生厌倦情绪。因此，现有教学设计可能与部分学生实际学习过程和学习体验适配度不高，以致他们为了完成任务而完成任务，并不能真正实现教师设计阅读任务的目的。

（4）整本书阅读评价方式有待补充

要实现整本书阅读的教学目标，仅仅设计学习活动是不够的，还需要设计评价方式，以监测和促进学生的阅读过程和效果。在本轮教学设计中，教师精心设计了学习活动，构想了教学流程，但是相应的教学评价或存在缺失。例如，教师引导学生拟定读书计划，填写读书计划表格，这种方式虽然可以帮助学生明确自己的阅读目标和步骤，但是也可能导致学生只关注表格的形式。倘若在教学过程中没有真正引导学生对标计划，并及时收集和反馈学生的阅读情况与问题，那么就可能导致部分学生缺乏阅读执行力和责任感，产生拖延甚至不读的现象，相关的读书计划则有可能流于形式。又如，依照现有设计，教师在教学中有时会提出一些较为开放的问题，但也缺少对学生回答的评价。在整本书阅读中，学生可以有个性化的多元理解，但并非每一种理解都值得被鼓励。例如，教师提出"你认为夏洛为什么要帮助威尔伯？"等问题。这种方式虽然可以引导学生进行思考和表达，但是也可能导致学生随意地回答或者胡乱地猜测。并非所有学生都能够用合理的依据和逻辑来支持自己的观点，有些学生可能只是凭借自己的感觉或者想象来回答问题。如果教师没有预设评价指标，并根据不同的问题类型和难度设置不同的评价标准和反馈方式，那么就可能导致部分学生缺乏阅读深度，甚至对文本产生偏见或者误解。唯有预设评价指标，才能对学生在开放性学习活动中的表现作出有效评价。有教师虽然以表格的形式制定了相关评价量规，但对该评价方式的可行性与有效性缺乏论证，难以保证整本书阅读评价的落地与实施。

（5）与其他教学内容有待进一步整合

整本书阅读教学是一种以整本书为载体，以阅读为核心，以学生为主体的语文教学方式，可以拓展学生的阅读视野和文化素养，培养学生的阅读兴趣、阅读能力和阅读品味，促进学生语文素养的发展。然而，要实现整本书阅读教学的优势和价值，仅仅选择好整本书并设计好阅读活动是不够的，还需要将整本书阅读教学与其他教学内容进行有效整合，形成有机的课程体系和教学模式。整本书阅读教学的一大优势在于能够通过引导学生阅读整本书而统整语文课程内容，即将识字写字、阅读、表达等多样的语文学习活动融合。此外，整本书阅读教学还在一定程度上起着融合其他学科，促进跨学科学习的作用。在本轮教学设计中，教师仍在一定程度上受限于整本书本体内容，缺乏以整本书为中心，整合语文课程乃至推动语文课程与其他课程整合的尝试。例如，教师在教学中忽视拓宽学生的知识面和视野，没有充分发挥整本书的跨学科性和综合性，几乎没有将其与其他学科内容进行有效的融合，导致学生缺乏对整本书的多元化和丰富化的认识和体验。又如，整本书阅读教学与语文及其他课程的教学相割裂，整本书阅读很可能在无形中成为教师的教学负担，无法在真正的教学实践中落实。

（二）第一轮教学设计的重点与过程

本小节结合教学改进的具体流程和内容，综合整本书阅读教学设计的基本表现，阐述第一轮教学设计的重点与过程。

1. 第一轮教学设计的重点

项目组通过梳理教学改进流程与内容，分析教师完成的教学设计，总结了如下三个教学设计的重点。

（1）重新整合教学内容

首先，通过梳理，确立教学目标与教学重难点。整本书阅读教学内容的确立要基于课程标准、文本特征、教师实际、学生实际四个方面，从而明确整本书阅读教学的目标、重难点，以及选择适合学生的阅读方式和方法。《义务教育语文课程标准（2022年版）》中提出了三个层面的学习任务群，分别是基础型学习任务群、发展型学习任务群和拓展型学习任务群。其中，整本书阅读属于拓展型学习任务群，但也涉及文学阅读、实用性阅读和思辨阅读等其他类型的阅读，因此教师在教学时要将整本书阅读与其他类型的阅读相结合，拓宽学生的阅读视野，使学生能够在不同的文本中获得不同的知识和体验。

从前面的描述可知，尽管教师对文本内容进行了深入解读，但是对于教学内容的确立却存在不足。有效的设计必须根据整本书的文本特征、教学目标和学生实际，选择适合教学的章节、主题、问题等，以便有效地引导学生进行深入的阅读和思考。例如，如果整本书阅读教学的目标是培养学生的文本分析能力，那么教学内容就应该包括文本的主题、结构、语言、风格等方面的分析，以及如何运用分析工具和方法进行文本分析的指导。又如，如果整本书阅读教学的目标是培养学生的文化素养，那么教学内容就应该包括文本所反映的历史、社会、文化等背景知识，以及如何运用多元视角和跨文化视角进行文本欣赏和评价的指导。

其次，细化阅读策略，注重策略教学。整本书内容多，结构复杂，只有掌握正确的阅读方法，才能达到事半功倍的效果。不仅如此，统编教材越来越重视阅读策略，每册书都专门设置"策略单元"，意在让学生学习各种策略，并运用于阅读中。深化阅读策略教学也成为提高学生阅读能力和素养的重要途径。在本轮教学设计中，样本教师能够对学生进行读法指导，这是在后续的改进活动中需要继续实践的。但是，样本教师对于阅读策略的总结停留在经验层面，也未能很好地将单篇课文的阅读策略和整本书的阅读策略进行有机联结，导致阅读策略的教学存在碎片化特点，难以带领学生进行迁移运用。因此，在本轮教学改进中，项目组要重点指导教师从理论层面认识阅读策略，同时根据整本书的内容、结构、风格、主题等，细化阅读中可以采用的不同阅读策略。一方面，可以将课内阅读策略，如朗读、默读、略读、精读、批注、提问、复述、概括、分析、评价等进行总结和迁移，有机融入整本书阅读的过程。另一方面，可以适当使用其他阅读策略，如单一策略和多重策略，单一策略有预测、推论、图像化、自我提问与提问、理解监控、做笔记等，多重策略有交互阅读、SQ4R 等。小学阶段的整本书阅读侧重童话、寓言、叙事类小说等，教师应敏锐察觉文本体裁特点，教学初始阶段要一步步指导学生如何针对文本选择适合的阅读策略，也可以引导学生迁移运用从统编教材中习得的阅读策略；待学生形成策略认知图式，便可放手让学生自主组合使用策略，以致融会贯通、自觉应用，最终帮助学生增强阅读体验，深入整本书阅读，在潜移默化中提升阅读素养。

最后，注重跨学科学习内容的挖掘。跨学科教学是要将不同学科的知识、方法、思维等有机结合，以解决某一问题或完成某一任务为目标，促进学生全面发展的一种教学方式。跨学科教学的显著优势是可以拓宽学生的视野和知识面,激发学生的创新精神和探究欲望,培养学生的综合素养和协作意识。跨学科教学一方面可以丰富整本书阅读的内容和形式,使之不局限于语文学科,而且涉及其他学科(如历史、地理、科学、艺术等)的知识和方法;另一方面,可以提高整本书阅读的质量,使学生的阅读不停留在表层的理解和感受上,而是深入作品的背景、主题、风格等方面,进行多角度的分析和评价。此外,跨学科教学还可以增强整本书阅读的趣味性和吸引力,使学生在教师的指导和评价的基础上,能够通过观察、实验、研究等方式进行整本书阅读。

因此,对于《夏洛的网》这本书的教学而言,除了立足语文学科本位设计语文实践活动,如进行口头报告或演讲,向其他同学介绍这本书的主要内容和特点外,也可以结合其他学科领域丰富学习内容。比如,可以结合社会科学领域,引导学生了解美国农场的生活、文化、历史等,并通过搜集、整理等方式呈现书中所反映的社会现象,或是选择一个相关的文化主题或现象,进行调查研究或实践探究;也可以拓展到自然科学领域,让学生了解小猪等动物的习性等知识,并通过观察等方式验证书中所描述的情况;还可以引入艺术审美领域,引导学生欣赏书中的插画或电影版《夏洛的网》中所呈现的画面,并通过绘画、剪纸等方式创作自己心目中的夏洛和威尔伯,或引导学生创作一首诗歌、一幅思维导图,用语言或图像表达自己对这本书的理解和感受,使学生的审美能力得到进一步提升。

(2)搭建教学设计框架

理论知识可以为教学设计提供科学的指导,帮助教师认识教学的本质、规律和目标,避免盲目和随意的教学行为。适切的理论框架和模型可以为教学设计提供实用的方法,帮助教师系统地分析、计划和实施教学活动,以提高教学的效率。同时也可以为教学设计提供创新的动力,帮助教师不断地评价、反思和改进教学实践,以适应教育的发展和变化。例如,对于整本书阅读教学设计改进而言,项目组可以引导样本教师参考金茨(Walter Kintsch)的构造—整合模型,将整本书阅读教学分为三个阶段:预阅读阶段、深度阅读阶段和后阅读阶段。在预阅读阶段,教师可以通过提出问题、激发兴趣、激活背景知识等方式,帮助学生建立对文本的初步理解和预期。在深度阅读阶段，教师可以通过提供导读提示、组织讨论交流、引导思维拓展等方式，帮助学生构建对文本的深层理解和评价。在后阅读阶段，教师可以通过安排创作表达、展示分享、反馈评价等方式，帮助学生整合对文本的理解和评价，并将其运用到其他语境中。

首先，明确整本书阅读教学的课段差异。基于上述理论模型，项目组可以指导教师构建三种课型，即导读课、推进课、分享课。三种课型构成完整的整本书阅读教学过程，分别负责激发兴趣、深化理解、总结反思等，引导学生全面地体验和掌握整本书的内容和精神。课型不同，教学目标不同，教学策略也有差异。本轮教学设计缺乏课段之间的差异，原因在于教师对不同课段的目标和任务的认识存在不足。因此，本轮教学改进的重点是帮助教师明确不同课段的差异。对于导读课而言，其功能之一在于激趣。一切阅读都要从学生的兴趣出发。教师要对整本书形成整体的认识，介绍整本书的基本信息，教授一些阅读方法和技巧，指导学生制订阅读计划和目标。对于推进课而言，教师要及时了解学生前面的阅读效果、在前面阅读过程中遇到的困难，并及时指导。在教学过程中，可以先搜集学生的问题再讨论，这样能及时为学生学习提供支架，帮助学生解决问题，也能为后续的阅读扫清障碍。对于分享课而言，教师可以组织学生交流阅读心得，展示阅读成果，评价阅读效果，以拓宽其阅读视野，培养其阅读品位。需要注意的是，分享交流时，要兼顾公平，使不同层次的学生都能参与分享活动。同时，交流的内容要具有开放性，给予学生充分的自主选择空间。

其次，开展个性化的阅读活动设计。针对个性化阅读过程关注不足的问题，在教学改进的过程中，教师应兼顾不同能力水平的学生。一是分层次分配任务。例如，根据学生的阅读能力和水平，将学生分成不同的层次，为不同层次的学生分配适合他们的任务，让每个学生都能参与到阅读活动中，感受到挑战和成就。例如，对于《夏洛的网》这本书，可以将学生分成三个层次：高层次的学生负责完成故事评论、主题分析、语言欣赏等任务；中层次的学生负责完成故事续写、人物评价、情节概括等任务；低层次的学生负责完成故事复述、人物介绍、情节排序等任务。二是分角色分配任务。根据学生的阅读兴趣和特点，将学生分成不同的角色，给每个角色分配相应的任务，让每个学生都能发挥自己的优势和特长，展示自己的个性和风格。例如，在小组合作中，可以为学生合作学习提供不同的角色，如负责组织和协调小组内部工作、激励和鼓励小组成员的领导者，负责记录和整理小组内部的讨论和活动过程、撰写和展示小组成果的记录者，负责代表小组与其他小组或全班进行交流和分享、表达小组的观点和感受的发言者，以及负责提供和寻找与阅读活动相关的信息和资源、帮助小组解决问题和困难的支持者，等等。三是根据偏好分配任务。例如，根据学生的阅读偏好和习惯，将学生分成不同的类别，给每个类别的学生分配合适的任务，让每个学生都能享受到阅读活动带来的乐趣和成就感。此外，还可以让学生自己制订阅读计划和目标，并定期记录和分享自己的阅读感受和收获；可以让学生在阅读过程中使用不同的阅读策略，如预测、推断、总结、澄清等，并鼓励他们在适当的时候调整自己的策略选择；可以让学生在阅读结束后进行自我评价和反思，检查自己是否达到了预期的目标，并找出自己的优势和不足，从而达到关注个性化学习过程的目标。

（3）完善学习评价方式

整本书阅读的评价可以从质和量两方面来进行：质主要是兴趣、习惯、效果等，量则是阅读书目和阅读时间。无论采用哪种方式，都要从实施多元性评价、强化过程性评价和关注发展性评价三个方面来具体设计。

首先，实施多元性评价。整本书阅读评价要兼顾学生的阅读过程和结果，注重学生的阅读体验和感受，采用多种评价方式、标准、工具。一是自我评价，学生根据自己的阅读体验和感受，对自己的阅读过程和结果进行评价，评价内容包括阅读目标是否完成、阅读方法是否恰当、阅读策略是否有效、阅读收获是否丰富等，并说出自己的优点和不足。二是同伴评价，学生根据同伴的阅读表现和贡献，对同伴的阅读过程和结果进行评价，评价内容包括同伴在分组讨论、角色扮演、创意写作等活动中的表现和贡献，并说出同伴的优点和不足。三是教师评价，教师根据学生的阅读表现和水平，对学生的阅读过程和结果进行评价，评价内容包括学生在理解故事内容、分析人物形象、把握主题思想、欣赏语言特点等方面的表现，并说出学生的优点和不足。此外，还可以探索家长评价等。

其次，强化过程性评价。整本书阅读评价要贯穿整本书阅读教学的始终，因此过程性评价是整本书阅读教学的重要方面。过程性评价有助于教师及时了解学生的阅读进展和问题，调整教学策略和方法，有助于学生进行自我监控和调节，形成良好的元认知能力。过程性评价重视学习过程中隐含的要素，如学习态度、学习方法、创新能力等，能够拓宽教师的评价视野，增强其捕获有价值信息的敏锐度。因此，过程性评价的方式不固定，形态丰富多样，如阅读过程中的观察记录、阅读档案袋、阅读日志、阅读报告、阅读展示等都可以作为评价的依据。教师在教学设计中可以设计观察记录表、检查单、问卷调查表、日志或笔记本等多种评价工具，从而对学生的阅读情况形成全面客观的评价。此外，还可以利用信息技术，采集和分析学生在线下线上、校内校外的阅读数据，全面记录和追踪学生阅读动态。在过程性评价中，科学合理的评价标准也必不可少，评价内容要涵盖教学目标的各个方面，评价标准要明确、公正、合理，评价方式要科学化、多样化、灵活化。

最后，关注发展性评价。整本书阅读评价要以促进学生的终身阅读习惯养成和能力发展为目标，关注学生的个性化差异和多元化需求，给予学生适度的挑战和支持，激发学生的主动性、创造性、合作意识，培养学生的批判性思维和文化素养。在教学活动中，了解动态过程的效果，及时反馈信息，及时调节，使计划、方案不断完善，以便推动学生的全面发展和持续进步，是评价的重要价值之一。这就要求评价方式对教学具有反拨效应，并且能够及时产生作用。因此，在后续的教学改进过程中，教师要及时对学生的学习过程进行观察、记录、反馈和调整，及时发现和解决问题，灵活预设教学环节，从而完成发展性评价的目标。例如，可以让学生在完成一本书的阅读后，用一句话或一张图表达自己对这本书的总体印象或感受，并向其他同学展示和解释；可以让学生根据一定的评价标准或指标，对自己或同伴的阅读表现进行打分或评级，并给出具体的理由和建议；可以让学生根据自己对一本书的理解，写一篇书评，并在班级中展示或网络上发布。总之，教师要根据评价目标和内容，选择合适的时机和形式，对学生进行及时、有效的评价，并将评价结果以适当的方式反馈给学生，帮助学生认识自己在整本书阅读中的优势和不足，进而提出改进建议和目标，促进学生自主调节和优化自己的阅读过程和策略。

2. 第一轮教学设计的过程

实验学校和项目组依据学校教学实际和学情，最终选定以《夏洛的网》为例开展整本书阅读教学设计探索。设计过程分为自主设计与教学展示、专家评课与专题讲座、集体教研与反思修改三个阶段，实现从教师自主，到专家支持，再到集体共研的改进提升，以帮助教师提高教学设计的质量和教学实践的效果，促进教师专业发展，帮助其适应语文课程改革与教育发展变革。

(1)自主设计与教学展示

自主设计环节要求实验学校的参训教师围绕《夏洛的网》开展整本书阅读教学设计，从教材分析、文本解读、学情分析、教学目标、策略方法、教学过程等方面进行初步设计。自主设计的过程鼓励教师深入解读文本，明确教学目标和重难点，设计合理的教学过程和评价方式，根据教法与学法，设计具体的教学环节和教学活动，如导入新课、呈现知识、引导练习、巩固反馈、拓展延伸等，并安排好时间和任务分配。教学活动的设计要求教师发挥开放性思维，根据自身教学经验和学生实际展开。

根据自主设计的情况，选择具有典型性的教学设计，由设计教师进行现场教学展示，要求展示课能够体现教学设计的基本原则和过程，能够反映教学内容的特点和难点，适合授课对象和环境，注意与学生互动和沟通，调动他们的积极性和主动性。此外，展示课还能反映出教学设计能否灵活应对可能出现的突发情况，教师能否依据教学设计及时调整教学策略和教学方法。

(2)专家评课与专题讲座

专家评课的方式能够促进教师的专业发展和教学质量的提升。展示课后，项目组专家围绕提升学生核心素养，从教学目标、教学内容、教学活动、教学方式、教学评价等方面分析授课教师教学设计与教学实施过程中的优点和不足。专家发现在第一轮教学设计中，教师能够做到对文本进行深入解读，能够立足学科本位确定教学内容，同时教学活动的设计重视激发学生的阅读动机，教学过程中能够关注阅读策略，实际课堂教学中强调举一反三，能够做到迁移运用。但是，也存在教学内容不够完善、学理依据不够明确、对于学生个性化的阅读过程不够关注、评价方式有待补充等问题。专家针对这些问题进一步提出合理的意见和建议，引导实验学校的语文教师对整本书阅读的维度、策略和方法建构新的认识。此外，专家评课时也会发动其他听课教师参与评议，以形成民主、开放的研讨氛围。

评课结束后，专家针对实验学校和样本教师的特点和发展需求，围绕整本书阅读教学设计开展系统性的专题讲座。区别于评课，专题讲座强调系统性与整体性，关注教学设计的全过程和各个环节，同时不拘泥于《夏洛的网》一书，而是从更上位的角度帮助教师学习和掌握整本书阅读教学设计的方法，进而达到迁移运用的效果。在本轮的专题讲座中，专家以重新整合教学内容、搭建教学设计框架和完善学习评价方式三个方面为重点，进行了系统深入的讲解，特别注重理论的讲解，以指导教师将理论转化为教学实践。

（3）集体教研与反思修改

在专家评课和专题讲座之后，实验学校围绕第一轮教学设计开展集体教研，重点交流学习后的心得和体会，共同研讨教学设计的问题和改进方法，从而促进共同体的理念发展和技能提升，为学生的全面发展和个性成长创造更好的条件。全体教师要主动参与集体教研，以研究的姿态、思维和方法开展研讨，并将从专题讲座中所学的理论和方法转化为教学设计中的具体内容。研讨的内容要根据学校和学科的实际情况和发展需要来确定，涵盖课程标准、教材分析、课堂设计、评价反馈等方方面面。

进行教学反思是提高教学能力和水平的有效方式。这一轮改进结束后，样本教师要通过撰写反思日志记录学生的言行、表现、反应，以及自己的教学过程、感受、收获和不足，并对自己的教学进行评价和分析，从中发现问题和改进的方向，以便调整教学策略和教学方式。样本教师要结合教学实践、专家评课、专题讲座、集体教研的成果和反馈意见，对原有的教学设计进行调整和完善，对教学目标不准确或不合理、教学重难点不明确或不适当、教学策略不合适或不足、教学内容和实现方式不恰切等问题及时进行调整和优化，确保进一步强化自身设计的优点，补齐存在的短板。此外，观课教师要在本轮结束后撰写反思日志，记录和分析其他教师的教学过程、方法、技巧等，并与自己的教学进行比较，吸取经验，改进不足，不断提升自己的专业素养和能力。

(三)典型案例的呈现与分析

本小节选取第一轮中 4 位样本教师的典型教学设计予以呈现并进行分析。

1. 典型案例 1

在第一轮教学设计中，Y 教师将《夏洛的网》解构为三个课型，分别是导读课、推进课和分享课。以下将具体展示 Y 教师的教学设计。

(1)导读课

表 4-6　教学设计概况

课程名称	《夏洛的网》导读课	课时	1 课时	授课教师	Y 教师
教学目标	1. 通过猜测、提问等策略，了解书籍信息、主人公、主要情节、作者信息，激发阅读兴趣。 2. 通过猜读、图文结合等方式展开阅读实践，感知小说内容，感受人物间的情感，产生阅读整本书的兴趣。				

➤ 学习任务 1：认识新书

《义务教育语文课程标准(2022 年版)》指出，学生要尝试阅读整本书，养成爱护图书的习惯。认识图书的封面和封底是认识新书的第一步，也是帮助学生养成爱护图书习惯的前提。因此，在学习任务 1 中教师首先让学生在封面上找到书的名字，并引导学生观察封面上的其他信息，如出版社、作者姓名等。接着教师组织学生讨论，尝试从封面上的图画猜测书中的主人公和主要内容，引导学生认识到封面上的图画对预测内容具有重要作用，以此引导学生初步认识《夏洛的网》。

除了封面之外，封底和目录也是一本书的重要组成部分。封底和封面紧密关联，相互补充，而一本书的目录往往是对章节关键内容的提炼，因此仔细研读目录，能够迅速了解一本书的梗概。在学习任务 1 中，教师尝试让学生根据目录信息，串联故事脉络，初步预测《夏洛的网》的基本内容。

➤ 学习任务 2：了解作者

一本书中往往蕴含着作者的人生经历和情感体验。因此，只有了解作者经历了什么，才能更深刻地体会书中要表达的深意。在学习任务 2 中，教师向学生介绍作者的生平经历，以及其创作《夏洛的网》的故事背景。

埃尔文·布鲁克斯·怀特(E. B. White)(1899—1985 年)，美国当代著名散文家、评论家，"其文风冷峻清丽，辛辣幽默，自成一格"。生于纽约蒙特弗农，毕业于康奈尔大学。作为《纽约客》主要撰稿人的 E. B. 怀特一手奠定了影响深远的"《纽约客》文风"。他还为孩子们写了三本书：《斯图尔特鼠小弟》(又译《精灵鼠小弟》)、《夏洛的网》和《吹小号的天鹅》。

《夏洛的网》的创作灵感源于一个发生在他农场里的很特殊的事件：有一次 E. B. 怀特养的一头猪病了，为了救治这头猪，他费尽心血，寻医问药，与这头猪共度了三四个十分焦虑的日子。最后这头猪还是死了。本来这也没什么大不了的，因为这头猪没有病死，迟早也是要被宰杀的。可是 E. B. 怀特对此颇有感触，随即写下了散文《猪之死》，表达了他前所未有的感悟。

E. B. 怀特写道："对一个喜爱动物的人来说，农场也是一个恼人的地方，因为绝大多数的牲畜的恩养者，同时也就是它们的谋杀者。牲口们平静地生活，却可怕地暴然死去，命运的不祥之音始终在它们耳际回荡。我养了一些猪，春天下的崽，我喂了它们一个夏天，一个秋天。这种情形令我苦恼。我和我的猪一天天地熟识，它们也一样。"最后，在《夏洛的网》里，E. B. 怀特下决心要拯救一头小猪的生命。

➤ 学习任务 3：看书评谈感受

一千个读者就有一千个哈姆雷特，《夏洛的网》这样一部意义非凡的文学作品，值得学生从多个角度解读。对于四年级的学生而言，他们可能控制不好多角度解读的边界，造成过度解读或错误解读。为了拓宽学生的解读视野，也为了加强学生对《夏洛的网》的整体感知，教师提供了多个与之相关的经典解读，让学生在既有解读的基础上谈谈感受。

解读 1：我们要感激 E. B. 怀特，不仅因其散文堪称完美；不仅因其眼光敏锐，乐观幽默，文字简洁，更因其多年来给予读者不论老少无尽的欢乐。——美国国家图书委员会

解读 2：这实在是一本宝书。我觉得在一个理想的世界里，应该只有两种人存在，一种是读过《夏洛的网》的人；另一种是将要读《夏洛的网》的人。——严锋

…………

➤ 学习任务 4：阅读精彩片段，感知小说内容

四年级的学生面对整本书，最难的是如何读进去。因此，学习任务 4 通过三个环节来帮助学生与整本书内容建立联系，进而激发学生的阅读兴趣。第一个环节是"读人物表"。为了让读者更好地走进故事，《夏洛的网》在一开始就向读者罗列了一张人物表。在此环节教师让学生勾画出书中的人物，并读一读主要人物的名字，以加深对人物的印象。第二个环节是"根据目录，预测故事情节"。在对书中人物有基本了解的基础上，教师引导学生阅读该书的目录。目录中的每个小标题都概括了每个小故事的主要内容。教师引导学生结合人物表，选择其中一个小标题，大胆地预测在这个小标题下可能会发生什么故事。第三个环节是"阅读精彩片段，感知故事内容"。在《夏洛的网》中，每一个关键人物身上都发生了新奇又有趣的故事，因此教师可以以人物为单位，节选与某一人物相关的精彩的片段，让学生大声朗读，以加深对人物的认识。例如：

人物 1：弗恩

(1)故事是这样开始的……因为弗恩的坚持，小猪得救了，相信在我们心中都会长舒一口气，而且小猪有了一个弗恩能想得出来的最漂亮的名

字——威尔伯。

（2）弗恩爱威尔伯胜过一切。这是苹果开花的时节，天气越来越暖和，小猪威尔伯长到快两个礼拜了，它被安置在苹果树下。你们看，苹果树下有小猪威尔伯舒服的猪栏。

人物2：威尔伯

（1）要是日子能这样过下去该多好啊，可惜，快乐的时光总是那么短暂。就这样，威尔伯来到了新家。

（2）有一天，威尔伯听到一只鹅对它说："你用不着待在那脏兮兮脏兮兮脏兮兮的猪栏里"，"有一块栏板松了"。这下机会来了，猪栏的栏板松了，它想到了逃跑。但是，这却是一次不成功的逃跑，小猪威尔伯最终在慌乱中被一桶泔脚引入了猪圈。经历这一次不成功的逃跑之后，小猪威尔伯陷入了深深的孤独……

人物3：夏洛

这孤独一直在持续，这种可怕的孤独，威尔伯真不知道自己是不是还能再忍耐下去……这时候它最需要的是一个朋友。这时，一个声音说："我可以做你的朋友。我观察你一整天了，我喜欢你。"

➤学习任务5：制作图书身份证

通过前4个学习任务，学生不仅了解了《夏洛的网》的基本信息，还对书中主要人物、关键情节有了初步的了解。为了将这些散乱的内容整合，使学生对《夏洛的网》具有结构化的认识，学习任务5策划了"制作图书身份证"的活动，引导学生将习得的内容以艺术化的表现手法呈现出来。

➤学习任务6：制订阅读计划表

整本书阅读教学想要让学生获得真正的成长，不仅要让学生读进去，还要让学生持续读。因此，有计划、有规律地阅读是关键。在课堂的最后，教师与学生一起制作了"《夏洛的网》阅读计划表"（见表4-7），以激励学生坚持阅读，养成持续阅读的好习惯。

表 4-7 《夏洛的网》阅读计划表

	阅读日期	阅读页码	阅读时间	与人分享(画√)	在书上批注(画√)
阅读进度					

	评价维度	自我评价	家长评价	小组评价
阅读评价	具有主动阅读的好习惯			
	能有计划地完成整本书阅读			
	能通过交流、积累等方式主动与他人分享自己的阅读收获			
	保护眼睛,爱护书本			

从"导读课"教学设计中可以看出,Y 教师的主要目的是激发学生的阅读兴趣。

(2)推进课

表 4-8 教学设计概况

课程名称	《夏洛的网》推进课	课时	3 课时	授课教师	Y 教师
教学目标	1. 借助思维导图、图文互解的方式,厘清故事情节。 2. 走进文本,运用分享交流的方式,感受友情。 3. 通过预测、跨界阅读,激发学生继续阅读的兴趣。				

➤ 学习任务 1:看插图讲故事

在开展推进课时,学生已经初步阅读了《夏洛的网》,对文章内容有了基本的了解。书中有许多有趣的插图,这些插图能够将学生对内容的想象具象化。《义务教育语文课程标准(2022 年版)》指出,学生要"能初步把握文章的主要内容……阅读整本书,初步理解主要内容"。教师可以借助书中的插图,引导学生讲一讲插图背后的故事。

➤ 学习任务 2：绘制威尔伯的命运轨迹

《夏洛的网》中的主人公威尔伯是一只一出生就有缺陷的小猪，在农场里时刻面临被宰杀的命运。因此，小猪威尔伯的一生跌宕起伏，它似乎一直在被杀与幸存的命运间徘徊。在作者笔下，威尔伯在朋友的帮助下一次次化险为夷，最后实现了自我超越，成为"明星猪"。这些经历注定它的一生是不平凡的。学习任务 2 中教师引导学生抓住书中的关键内容，绘制小猪威尔伯的命运轨迹，以此达到梳理全书内容的目的。

➤ 学习任务 3：制作人物名片

人物是串联内容的关键线索。《夏洛的网》中的几个主人公性格迥异，有聪明机灵的，有唯唯诺诺的，有沉着冷静的。但是，任何人物的形象都不是扁平的。学生要在阅读中发现人物性格的多样性与复杂性。因此，教师设计了制作人物名片这一活动。教师引导学生选择其印象最为深刻的人物，给该人物设计制作一张名片。在设计名片时，教师首先引导学生了解"名片"的基本信息，如名片应该呈现什么内容、名片的基本格式等。学生在对名片有了基本了解后，以小组为单位完成人物名片的制作，并在组内交流。（见图 4-3）

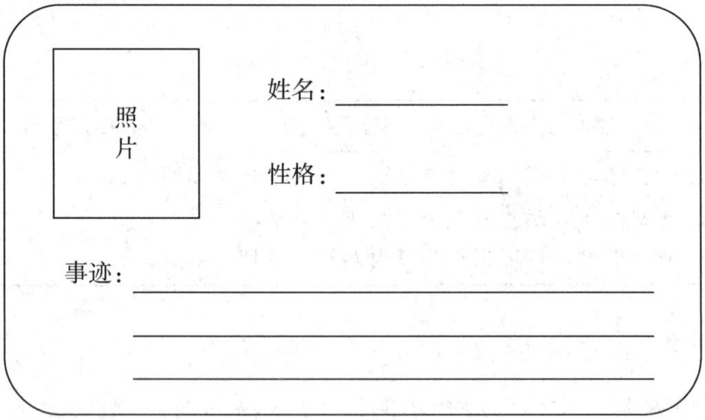

图 4-3　人物名片

➤ 学习任务 4：跨界阅读

《夏洛的网》是一部久负盛名的经典文学著作，不仅被翻译成了二十多种语言，还以多种媒体表现形式呈现，其中就有以《夏洛的网》为蓝本的电影。在课后，教师要求学生观影，并撰写一篇100字左右的影评。影评可以从三个方面展开：第一，表达观影感受；第二，结合书和电影的内容，给伙伴写一封信介绍这部文学著作；第三，从作者和电影导演的视角入手，思考他们想要向读者或观众传递什么观念。

从"推进课"教学设计中可以看出，Y教师的主要目的是梳理内容，把握情感。

（3）分享课

表4-9 教学设计概况

课程名称	《夏洛的网》分享课	课时	1课时	授课教师	Y教师
教学目标	1. 充分回顾故事内容，在人物"猜猜猜"、内容重构的活动中，体会人物的与众不同，感受动物们对威尔伯的帮助，体会夏洛和威尔伯之间的友情。 2. 通过联结现实生活、绘制宣传海报，感受友情的力量。				

➢ 学习任务1：人物"猜猜猜"

阅读《夏洛的网》，对人物形象进行分析是重点。无论是制作人物名片还是绘制宣传海报，都涉及对人物形象的探索。教师选取《夏洛的网》中几个典型的人物，在卡片上写出人物的性格、外貌、关键事件，学生通过提示，猜测典型人物。

➢ 学习任务2：以网结情

除了表现主人公之间纯洁的友谊，夏洛织出的网也承载了特殊的含义。教师可以引导学生以夏洛织的四张网为线索，串联起完整的故事情节，并让学生在班级内分享自己"结"出的故事。

➢ 学习任务3：联结现实生活

教师通过问题，引导学生联结现实生活：

《夏洛的网》一书呈现了夏洛和小猪威尔伯两人之间纯洁的友谊，这份友谊让我们感动。通过回顾全书内容，谈一谈：夏洛和威尔伯之间发生的哪件事情让你印象最为深刻？将书中的内容照进现实，你是否也有如夏洛或威尔伯一般的朋友？他是谁？你跟他之间发生了哪些有意思的事情？你得到过他的哪些帮助？心怀感激应该说出来，让他知道你的感受——试着给好朋友写一封信吧！

➤学习任务4：绘制宣传海报

一本好书值得推荐给家人和朋友。学生可以通过制作宣传海报，将自己对《夏洛的网》的理解、感受用艺术的手段表达出来。在制作宣传海报前，教师要给学生提供"如何制作海报"的学习资源，让学生对海报制作要点有基本的了解。

> 海报设计首先得选好一个主题，围绕着主题来搜集素材，主要是图形和文字，然后确定好海报的主色调、图形和文字字体。注意标题文字要独特醒目，图形和文字一定要搭配好。选好主要角色，配上插图，可以手绘，也可以用计算机绘制。海报上配上宣传语，可以是最精彩的台词，也可以是富有悬念的推荐语，或者是使人觉得快乐、幽默或感动的醒目语言。

宣传海报绘制好后，先在组内展示并选出组内最佳海报。小组合作为选出的最佳海报撰写介绍词，最后在班级内展示、分享。

以上是Y教师在第一轮教学改进中围绕《夏洛的网》展开的教学设计，其中有一定可圈可点之处，同时也存在一定不足。

在总体设计上，Y教师三个课段的教学目标层层深入，逐步引导学生由对整本书的事实性内容感知学习到思考其中所蕴含的思想哲理。具体而言，本教学设计具有如下的几大突出亮点。

第一，教师在教学过程中特别注重对学生的阅读动机进行激发。导入课伊始，教师带领学生观察书本封面，试着猜想故事内容。小学生的形象思维发达，好奇心强，对图形与色彩敏感。在这一活动过程中，学生的想象力有很大的发挥空间。通过看图猜故事，学生必然会形成一定的认知前见与阅读期待视野。在这些认知前见与期待视野的影响下，学生便自然而然地带着问题进入阅读。解决经由观察封面而产生的疑问便构成学生开展整本书阅读活动的重要内部动机。例如，学生通过观察封面发现，一只小猪和一只蜘蛛正在交谈。于是，便可能产生疑惑：为什么小猪与蜘蛛会在一起说话？它们是什么关系？小猪与蜘蛛在一起会发生怎样有趣的故事？产生这些疑问之后，学生的阅读就绝不只是完成教师布置的任务，而是会变成有明确阅读目的的自主活动。学生阅读动机得到激发，与教师精心设计的此项猜读任务紧密相关。

第二，教师特别重视对学生进行阅读策略方面的培养。在本教学设计中，教师在引导学生阅读时，特别重视封面、目录等非正文内容对学生阅读的意义。首先，教师引导学生观察封面，由此猜想故事内容。其次，教师引导学生有意识地关注目录，并告诉学生，观察目录能够迅速了解一本书大致讲了什么内容。最后，教师引导学生着重阅读本书的"人物表"部分，指导学生通过人物表快速地厘清书中的重点角色。封面、目录、人物表等都不是正文内容，却是本书，乃至相关文学类作品所共有的重要信息。通过学习，学生不仅能够获得对《夏洛的网》一书的初步理解，为深入了解作者的思想主旨奠定必要基础，还能够学会如何从整体上获取一本书的重要信息，即掌握快速把握整本书情节、人物等的方法。此外，教师还引导学生制订了阅读计划。制订阅读计划是阅读活动的重要组成部分，通过阅读计划，学生可随时明确、调整自身的阅读行为，总结阅读所得，抒发、记录阅读感受。与学会阅读封面、目录、人物表一样，阅读计划的制订不仅能够让学生尽可能深入地理解《夏洛的网》这本书，还能够为学生未来的自主阅读打下良好的基础。

第三，教师坚持立足语文课程本位，设置多样化的语文学习乃至跨学科学习活动，推进整本书阅读教学的开展。整本书内容丰富，体量庞大，如何从适当的角度选取合适的教学内容是进行整本书阅读教学时需要慎重考虑的问题。在本案例中，教师通过"阅读精彩片段，感知小说内容"等任务，引导学生反复品读富有韵味的语言文字材料。此外，教师还设置了"看插图讲故事"等学习任务，在教整本书阅读的同时重视对学生表达能力的培养。整体感知后，教师引导学生就故事情节、主要角色形象、作者的思想主旨进行了品鉴赏析，这也契合了语文课程下整本书阅读的相关要求。以适宜的教学内容为基础，教师设置了绘制宣传海报等各种各样的学习任务，为学生在整本书阅读中学习、运用语言文字营造了生动有趣的情境。除此之外，教师还尝试将语文与影视鉴赏相结合，引导学生在跨学科学习中增进对本书的理解和思考。

当然，鉴于是第一轮教学设计，教师在设计过程中也难免存在一些有待商榷或进一步改进之处。首先，在本案例中，教师设计了十分丰富的教学活动，构想了严密的教学环节，但对于《夏洛的网》这一文学名著的解读本身似乎仍有进一步深入的空间。在本轮教学设计中，教师的课堂提问与活动有意突出开放性，因此在文本解读方面并未给出太过明确的规定。然而，作为经典文本，作品的基本内涵仍具有相对的确定性，教师如果能够在设计阶段进行必要的预设，那么在教学时就能够强化引领，从而避免学生的活动变成脱离文本的天马行空或难以深入的浅表化认识。其次，本轮教学设计或可进一步考虑在整本书阅读教学中，教"读书"与教"这本书"之间的关系。在教学设计中，教师有意以《夏洛的网》为例，教学生如何阅读一本书，如封面、目录的阅读，出版社等信息的获取等。但是，《夏洛的网》不是学生阅读的第一部整本书，为何需要在本书的阅读教学中教授阅读书籍的一般方法呢？或许在改进过程中，教师可进一步了解学情，进一步从本书特点出发，使得普遍的阅读策略、方法教学与《夏洛的网》这本特定图书形成更加密切的有机联系。最后，本教学设计中的评价环节或需要进一步思考与调整。教师以阅读计划表的形式，分别设置了自我评价、家长评价与小组评价，具有清晰的评价意识且有意识地关注评价主体的多元化。但是，在目前设定的导读、推进、分享三个课段的课程当中，相关评价能否得到很好的贯彻落实或许需要进一步商榷。在改进过程中，教师或可考虑进一步细化评价指标与评价方案，并将评价过程贯穿导读、推进、分享各环节与学生阅读全过程，真正发挥评价促进教学、促进学习的正向效应。

2. 典型案例2

在第一轮教学设计中，Z教师同样将《夏洛的网》解构为三个课型，分别是导读课、推进课和分享课。以下将具体展示 Z 教师的教学设计。

（1）导读课

表 4-10　教学设计概况

课程名称	《夏洛的网》导读课	课时	1 课时	授课教师	Z 教师
教学目标	1. 通过封面等基本信息，猜测主要人物，建立人物关系，预测整本书的内容。 2. 感知精彩片段，绘制主人公命运轨迹，激发学生的阅读兴趣。 3. 根据实际情况，制订符合自己阅读习惯的阅读计划，养成爱读书的习惯。				

➤ 学习任务 1：整体感知，认识图书和人物

拿到一本书，最先获得的信息就来自封面。从封面中学生能够了解到《夏洛的网》的作者、译者、出版社等基本信息。这些信息看似对学生了解《夏洛的网》的故事内容没有太大帮助，但是作为"非连续文本"的一种，这些信息能够为学生自主购书提供经验。学生还能够从封面的插画中获得有用的信息。《夏洛的网》一书的封面就将书中的主人公描绘了出来。学生可以根据封面插图了解主人公，并尝试构建主人公之间的人物关系。因此，此学习任务可具体通过两个环节展开。第一个环节是看封面，明确整本书的作者、译者、出版社等基本信息；第二个环节是借助封面插图，说说书中都有哪些主要人物，人物之间有怎样的关系。

➤ 学习任务 2：推测情节，激发阅读兴趣

教师将《夏洛的网》的故事发展脉络分成了三个阶段：第一个阶段是"落脚猪"的降生，第二个阶段是"落脚猪"与弗恩的欢乐时光，第三个阶段是威尔伯与它的朋友们的欢喜经历。通过对每个阶段内容的预测，学生能够初步了解整本书的内容，其阅读兴趣也得以激发。对应三个阶段，教师可组织开展三个环节"猜一猜"活动。

第一个环节是"猜落脚猪的命运"。小猪威尔是一头先天发育不良的"落脚猪"，在农场里这样有先天缺陷的猪是没有任何价值的。请同学们观察第 3 页的插图，猜猜小猪威尔伯降生后将迎来怎样的命运。

第二个环节是"猜弗恩与威尔伯的关系"。在农场主女儿弗恩的坚持下，小猪

得救了，但是物竞天择，适者生存，有先天缺陷的小猪是很难自然存活下来的。请同学们观察书中第 7 页、第 11 页、第 12 页的插图，猜猜弗恩是如何喂养小猪威尔伯，并让它健康成长的。

第三个环节是"猜威尔伯被送走后的境遇"。随着威尔伯慢慢长大，它被卖给了弗恩的舅舅。在新的环境中，威尔伯又会经历什么呢？教师可以提供第 31 页、第 36 页的插图等，让学生预测威尔伯在新家的生活。

➤ 学习任务 3：绘制命运轨迹

学习任务 1 从整体感知的层面让学生初步建构起对《夏洛的网》一书内容的了解，但是这种了解是粗略的，只能起到激发学生阅读兴趣的目的。在完成学习任务 2 的过程中，学生已经能够隐约感受到威尔伯作为主人公在书中的作用。因此，教师可以继续引导学生关注威尔伯跌宕起伏的一生，通过绘制威尔伯的命运轨迹的方式，串联全书的主要内容。在学生独立绘制轨迹之前，教师要先指导学生如何绘制：

> 同学们发现了没有，威尔伯的命运真是大起大落啊：一生下来就是落脚猪，面临被砍；被善良的弗恩救下并得到精心喂养，是那么幸福快乐；长大些不得已被卖到弗恩舅舅家，难受又孤独（边说边结合板书画出起伏线）。作家 E. B. 怀特真是个会讲故事的人，情节跌宕起伏，非常吸引人。像这样，抓住主要人物和关键事件，我们就能画出一个情节图。

学生在知晓抓住主要人物和关键事件，就能绘制情节图后，便可以以小组为单位，一边梳理与威尔伯相关的主要人物，概括关键事件，一边绘制威尔伯的命运轨迹。

➤ 学习任务 4：总结延伸，推荐深度阅读

在完成学习任务 3 的过程中，学生对《夏洛的网》有了更为深入的了解，同时产生了更多的困惑，这些困惑需要在进一步的阅读中逐一解除。因此，教师可以以学生的阅读困惑为线索，激励学生深度阅读，引导其养成坚持阅读的好习惯。

同时，还可以引导学生制订阅读计划来约束自己的阅读行为。（见表 4-11）

表 4-11 阅读计划表

	日期	页码范围	阅读时长	与人分享（画√）	在书上批注（画√）
阅读进度					

	阅读评价	自我评价	家长评价	同伴评价
阅读评价	具有主动阅读的好习惯			
	能有计划地完成整本书阅读			
	能通过交流、积累等方式主动与他人分享自己的阅读收获			
	保护眼睛，爱护书本			

从"导读课"教学设计中可以看出，Z 教师非常善于运用书中的插图，这一方面能够帮助学生初步建构对《夏洛的网》内容的整体感知，另一方面能够激发学生的阅读兴趣。

（2）推进课

表 4-12 教学设计概况

课程名称	《夏洛的网》推进课	课时	3 课时	授课教师	Z 教师
教学目标	1. 回顾主要情节，深入了解人物特点。 2. 通过典型故事情节，品味人物形象。				

➤ 学习任务 1：竞猜人物，谈话揭题

通过阅读《夏洛的网》，学生对书中人物有了基本了解，对书中的关键事件、人物的主要性格都有了一定的认识。为了唤醒学生对书中人物的感知，教师采用描述竞猜的方式，帮助学生回忆书中的主要人物，帮助他们在人物、事件、形象三者之间构建联系。教师提出的竞猜问题如下：

问题1：它是一只幸运的落脚猪，在朋友们的关心和帮助下，在集市大赛中获得了特别奖，从而改变了被宰杀的命运。（　　）

问题2：为了救落脚猪，她和爸爸理论并勇敢地夺下了爸爸的斧头，她像照顾婴儿一样给小猪喂奶，带它散步，还为小猪取了一个好听的名字。（　　）

问题3：他看到屋顶上的蜘蛛，就想捉它，于是单脚站在猪栏上，没想到摔了下来，引爆了那枚臭蛋，此举竟然救了蜘蛛。（　　）

问题4：他用六块钱买下了落脚猪，并把小猪的家安在了谷仓底的肥料堆里。小猪在集市上获得特别奖的伟大时刻，他却被维勒用水泼得全身湿淋淋的。（　　）

问题5：它住在食槽底下，靠偷吃别人剩下的食物为生。夜晚出来活动，白天睡觉。当别人要它做事时，总是提很多要求才答应。（　　）

问题6：它长得小小的，有八只脚，靠结网捕虫为生。可就是这样一个不起眼的生命，在关键时刻，用智慧和真诚救了小猪的命。（　　）

问题7：它特别了解老鼠，能够抓住老鼠贪吃的弱点，诱惑老鼠到垃圾厂去啃一些字回来，最后又引诱老鼠跟随威尔伯来到集市。（　　）

➤ 学习任务2：抓住情节，品味形象

人物形象的建构往往要通过典型的事件和对话。因此，在此学习任务中，教师带领学生精读书中的关键事件和人物对话，通过品读关键事件和人物对话，建构对人物形象的了解。以"夏洛"为例：

书中第50～51页写道："别说了！"威尔伯尖叫……"我救你。"夏洛说。"我救你"这句话，是夏洛对威尔伯的承诺，也表现出二人之间的友谊。这份承诺对于威尔伯来说是一颗定心丸，是一根救命稻草。

书中第76～78页写道："它爬下来到网中央……它写的是：王牌猪。"这是夏洛第一次为威尔伯织网，由这一关键事件可知，夏洛是一个聪明、善良、信守承诺的人。

通过教师的演示，学生可以总结出品味人物形象的方法——抓住典型故事情节。这种方法在阅读整本书时非常适用，学生可以尝试用其来分析书中另一个主人公"威尔伯"的人物形象。

书中第 63 页写道："你答应过不让他们来杀我，你这话是当真吗?"通过威尔伯害怕被杀掉做成熏肉火腿，依赖夏洛助它改变现状的情节，体会威尔伯的胆小。

书中第 110～111 页写道："自从蜘蛛开始扶助它，它就尽力活得跟它的名声相衬。"威尔伯努力做一只名副其实的王牌猪，做一只了不起、光彩照人的猪。通过交流体会威尔伯渐渐长大了，变得比以前有主见了。它的变化是从依赖弗恩，到依赖夏洛，再到依靠自己。威尔伯最终改变了命运。

书中第 160 页写道："可我受不了"，威尔伯大叫，"我不能让你单独留下来等死。你留下来我也要留下来。"通过这些语句体会这是一个有情有义的威尔伯。

书中第 162 页写道："坦普尔顿，"它说，"我对你庄严保证，只要你把夏洛的卵袋拿下来，从今以后，当勒维给我喂食的时候，我一定让你先吃。我一定让你先吃。我让你食槽里爱吃什么挑什么吃，在你吃够之前，我绝不碰食物。"以前威尔伯为了那些美味的泔脚而放弃了逃跑的机会，可见它是多么贪吃。现在为了救夏洛的孩子，威尔伯却承诺先让坦普尔顿爱吃什么挑什么，并在坦普尔顿吃够之前绝不碰食物。这个情节让人体会到威尔伯怀着一颗感恩的心，它感谢夏洛对它的帮助，因此会想方设法照顾夏洛的孩子。

从"推进课"教学设计中可以看出，Z 教师的主要目的是梳理内容，了解人物形象。

(3)分享课

表 4-13　教学设计概况

课程名称	《夏洛的网》分享课	课时	1 课时	授课教师	Z 教师
教学目标	1. 回顾关键人物和主要情节，深化对书中人物形象的感知。 2. 通过串联插图的方式，重新梳理故事发展脉络。 3. 在多种体验活动中感悟友情的力量，抒发自己的阅读感悟。				

➤学习任务 1：我来猜

这一学习任务的主要目的在于检验学生对书中主要人物形象的理解是否深刻。这种猜人物的方式能够唤醒学生的感知记忆。活动以问答的形式开展，一个学生为出题人，另一个学生为答题人。出题人描述书中人物的特点，包括主要事件、人物性格、经典台词等，答题人则通过线索迅速说出目标人物。

➤学习任务 2：我来看

作为一部经典文学作品，《夏洛的网》中有许多精美的插图。插图以艺术的形式表现关键情节。插图一般出现在书中的关键处，有的展现扣人心弦的故事情节，有的描绘主要人物形象，有的揭示故事重点句段。通过观察插图，就能大致了解故事的主要内容。在读书时，不仅要深入感悟文字，还要用心观察插图。用心观察文中插图也是读懂一本书的好方法。因此，学生可以以插图为线索串联故事情节。在此学习任务中，教师主要展示以下几幅插图，并试着让学生说一说插图背后的故事。

　　•插图 1(第 3 页)：小女孩弗恩勇敢地从爸爸的斧头下救出了一只落脚猪。

　　•插图 2(第 7 页)：弗恩像照顾婴儿一样精心地喂养威尔伯。

　　•插图 3(第 51 页)：威尔伯听到老羊说，朱克曼先生将在圣诞节前把它杀掉做成熏肉火腿，它伤心欲绝。

　　•插图 4(第 93 页)：夏洛织出了"了不起"的网上文字，想拯救威尔伯。

· 插图 5(第 155 页)：在朋友们的帮助下，威尔伯在集市的大赛评选中最终获得了特别奖。

· 插图 6(第 173 页)：夏洛死后，威尔伯与夏洛的孩子生活在一起。

➤ 学习任务 3：我来秀

在学习《夏洛的网》整本书的过程中，学生生成了许多过程性的学习产品，如话剧、阅读感悟、绘画作品等。此学习任务为学生展示学习成果提供了平台。学生可以展示以关键事件为蓝本的话剧，也可以朗读自己撰写的阅读感悟，还可以介绍与《夏洛的网》内容主题相关的绘画作品。以阅读感悟为例，教师可以在班级内范读诗歌《你好，夏洛》：

> 我来做你的朋友
>
> 我会救你
>
> 你是王牌猪
>
> 啊 这是你天籁般的声音
>
> 你用生命编织了一张网
>
> 让威尔伯成了农场的明星
>
> 如果没有你
>
> 威尔伯将多么孤独
>
> 甚至早就变成熏肉火腿
>
> 你用智慧改变了一只小猪的命运
>
> 你织出的文字
>
> 让威尔伯变得大名鼎鼎
>
> 可你因为劳累而倒下
>
> 再也不能陪小猪走完下一程
>
> 不过 夏洛永远活在这里
>
> 威尔伯的心里

永远有它织网时闪光的身影

它织出的那张充满奇迹的网

还将创造出更多的奇迹

我知道威尔伯会变成下一个夏洛

将这份爱不断地传承

那么我将成为谁的夏洛

织出怎样的网

来丰盈呵护谁的生命

夏洛　你好

我也要像你一样织网

去温暖身边的每一个人

➤ 学习任务 4：我来找

《夏洛的网》是一本关于友情可贵、点亮生命的书，从中我们认识了美丽的夏洛，看到了那神奇的网，其实，在我们身边，也有这样热心的夏洛，带给我们关怀、温暖，为我们编织各种各样的"网"，他是谁呢？他编织了什么样的网呢？快来找一找吧！

以上是 Z 教师在第一轮教学改进中围绕《夏洛的网》设计的三个课型的教学设计，其中有可圈可点之处，同时也存在一定不足。此教学设计内容丰富，围绕《夏洛的网》进行了细致的文本解读与教学设计工作，整体呈现以下几个方面的特点。

第一，围绕整本书，做了极为细致深入的文本解读工作。文本的基本事实是进行深入解读的基础和前提。教师通过"抓住情节，品味形象"这一学习任务，带领学生精读书中的关键事件和人物对话。通过品读关键事件和人物对话，学生建构了对人物形象的了解。

第二，注重利用插图预测整本书的内容，深入解读故事情节。教师通过引导学生观察封面，帮助学生获得相关信息；通过引导学生观察书中精美的插图，帮助学生以插图为线索串联故事情节。用心观察插图也是读懂一本书的好方法。

第三，注重通过猜读等形式激发学生的阅读兴趣。与案例1一样，教师在教学中注重激发学生阅读的内在动机，而猜读是两位教师共同青睐的"管用"方法。儿童具有较强的好奇心，通过猜读的活动环节，他们能够基于一定的文本事实形成自身的阅读期待视野与阅读疑问，从而产生更强的阅读欲望。统计发现，本教学设计中，教师共有将近三十处表述关涉"猜测"。阅读之初，教师引导学生借助封面猜测作品的主人公；之后，引导学生以人物为线索猜想主要情节，如"猜落脚猪的命运""猜弗恩与威尔伯的关系"等。熟识单个人物后，教师还引导学生进一步猜测以完成对书中人物网与情节网的认识。另外值得注意的是，教师在引导学生进行猜读时注重及时补充文本证据，以免猜读活动变成脱离文本的想象。最后，猜读活动还在一定程度上被用作学生阅读效果的检验手段，充分考虑了学生的心理兴趣。

然而，作为第一轮的尝试与摸索，本教学设计难免白璧微瑕，有进一步提升的空间。首先，围绕《夏洛的网》，教师设置了多个课段进行教学。但是，就目前教学设计看，不同课段的教学内容可能存在重复之嫌。就教学内容而言，梳理基本情节、解读作者思想情感在多个课段中反复出现；就教学活动来看，"猜读""猜测"也频繁出现在每一堂课的设计中。重点内容与趣味活动重复出现，一方面有助于学生反复进入文本，加深对文本的认识和理解，另一方面也可能导致后面阶段的课程难以很好地调动学生的学习兴趣。因此，在改进过程中，教师或可进一步考虑不同课段学习内容与形式的差异。其次，本教学设计一定程度上存在评价缺位的隐患。教师设置了丰富的学习活动，但是对于学生的完成情况似乎缺少一定的评价指标。例如，在"总结延伸，推荐深度阅读"环节，教师引导学生提出阅读中的困惑，并将其作为之后教学的出发点。但是，教师并未给出对学生所提困惑的相应评价指标。什么是有价值的疑问，这一问题或许有必要进行思考与回应，以免学生的自主活动脱离整本书阅读教学的初衷。

3. 典型案例3

L教师主要设计了《夏洛的网》的推进课，以下将围绕L教师的推进课教学设计展开分析与论述。

表 4-14　教学设计概况

课程名称	《夏洛的网》推进课	课时	3 课时	授课教师	L 教师
教学目标	1. 激发学生阅读《夏洛的网》一书的兴趣，为下一步的师生共读、主题交流活动做好准备。 2. 以阅读《夏洛的网》为例，渗透整本书阅读的方法策略。 3. 初步感知夏洛与威尔伯之间真挚的友谊，帮助学生了解阅读故事不是目的，还应有心灵的收获。				

➤ 学习任务 1：初识《夏洛的网》

在此学习任务中，教师要帮助学生建立对《夏洛的网》的初步理解。理解可以从了解作者、了解书目信息等方面展开。首先，教师可以向学生介绍《夏洛的网》的作者：

> E. B. 怀特(1899—1985 年)，美国当代著名散文家、儿童文学作家。他一生创作了三部童话，最受欢迎的是《夏洛的网》，除此之外，还有两部分别是《精灵鼠小弟》《吹小号的天鹅》，它们让大人与孩子同样痴迷，更成为文学史上无法逾越的经典。

此学习任务除了要了解作者外，还要认真观察书的封面，尝试从封面中获得有用的信息。拿到一本书，首先要看的就是封面。《夏洛的网》这本书的封面上最显眼的莫过于书名了，让我们一起来读读书的名字吧！同时，观察封面上的图画，猜猜谁会是这个故事的主角。

为了加深对《夏洛的网》一书的理解，还可以从认识关键人物入手。教师可以通过书中的"人物表"，引导学生初步认识书中的关键人物，并在后续的阅读中逐步厘清人物之间的关系以及围绕关键人物发生的有趣故事。

初识《夏洛的网》的最后一个环节是借助目录和简介，了解故事梗概。书的封底有关于《夏洛的网》的故事简介，学生在阅读后可以初步知晓这本书讲了一个怎样的故事。接着，教师可以引导学生将目光转向书的目录。目录是书中内容的高度浓缩，相当于文章的小标题，通过观察目录，学生可以推测书中的大致内容，将厚厚的书读"薄"。

➤ 学习任务 2：赏析人物形象，精读精彩片段

阅读一本书，只了解故事的内容是远远不够的，还要细细地品味书中的语言，体会书中人物的内心情感世界，特别是书中的人物总能给我们带来别样的感动，这就是精读赏析。在开展基于人物形象的精读时，教师可以从以下几个方面着手。

第一，探讨"弗恩"是一个怎样的女孩。我们可以从弗恩夺过父亲手中的斧头，救下小猪威尔伯，并精心照顾它两个月之久的文字段落中推测出弗恩是一个善良、细心、尊重生命的女孩。在她的眼中，不论美丑好坏，每个生命都有活下去的权利。从弗恩的身上我们学会了尊重生命，珍惜生命。

第二，分析"夏洛"是一只怎样的蜘蛛。两个月大的威尔伯，被送到了朱克曼家的谷仓。它想和母鹅做朋友，可是母鹅要孵蛋；它想和小羊羔做朋友，小羊羔却告诉它，"猪的价值比零还要少"；就连那只不招人喜欢的老鼠坦普尔顿也不跟它玩。就在威尔伯无比孤单的时候，黑暗的谷仓里传来一个很细很好听的声音："你要一个朋友吗，威尔伯？"那声音说："我可以做你的朋友。我观察你一整天了，我喜欢你。"夏洛在威尔伯最无助的时候出现在它的身边，可以看出夏洛是一只友善的蜘蛛。当威尔伯听说自己将在圣诞节前被杀掉，要成为人们所吃的熏肉火腿时，它忍不住哇哇大哭，希望有人能救它。当威尔伯万念俱灰时，夏洛坚定地对它说能够帮助它；当威尔伯恐惧被杀时，夏洛勇敢地对它说不要怕；当威尔伯一想到自己会被杀而伤心哭泣时，夏洛信誓旦旦地对它说你放心。这些都可以看出夏洛是一只信守承诺、忠于友谊的蜘蛛。

"你为什么为我做这一切呢？"它问道，"我不配。我没有为你做过任何事情。"

"你一直是我的朋友，"夏洛回答说，"这件事本身就是一件了不起的事。

我为你结网，因为我喜欢你。再说，生命到底是什么啊？我们出生，我们活上一阵子，我们死去。一只蜘蛛，一生只忙着捕捉和吃苍蝇是毫无意义的，通过帮助你，也许可以提升一点我生命的价值。谁都知道人活着该做一点有意义的事情。"

从夏洛的话里，我们了解了生命的意义——喜欢你所以帮助你；帮助了你，我的生命或许就会多些意义。看着这个朝夕相处的朋友在自己的帮助下赢得了更多生存的机会，夏洛的内心得到了无限慰藉。我们不应平淡地活着，或者自然地离去，而是做一些有意义的事，提升自己的生命的价值。一只小小蜘蛛的内心世界是多么地广阔！夏洛的生命虽然短暂，但它永远留在威尔伯的心中，也永远留在我们的心中。正如书的结尾写道："威尔伯永远忘不了夏洛。它虽然热爱它的子女、孙子女、曾孙子女，可是这些新蜘蛛没有一只能取代夏洛在它心中的位置。夏洛是无可比拟的。"虽然夏洛死去了，但是这本书让我们看到了友情、爱心、忠诚、责任、生命的延续，这些都温暖着我们的心。

除了上述列举的两个例子外，学生还可以从小猪威尔伯、老鼠坦普尔顿等形象入手来赏析。

➤ 学习任务 3：回顾提炼，总结提升

《夏洛的网》整本书阅读教学要达到两个目标，第一个是引导学生掌握这本书传递的精神价值，第二个是引导学生掌握阅读方法。因此，在此目标下又进一步设置两个环节：第一个环节是总结整本书的精神内核。教师可以进行如下提问：

老师还想告诉大家的是，我们阅读一本书，了解故事内容并不是最终的目的，还应有心灵的收获。小猪威尔伯是一只怎样的小猪，到底值不值得夏洛为它这样做？在威尔伯遇到危险时，还有谁帮助过它？为什么唯独夏洛在威尔伯的心中有如此重要的位置？一只渺小的蜘蛛，是怎样拯救小猪威尔伯的？从夏洛和威尔伯的关系中，你收获了什么？

　　第二个环节是提炼阅读方法。在本教学设计中，L教师主要通过抓住典型人物的典型事件和对话的方式，推测人物形象特点。因此，在课堂的最后，教师要提纲挈领地概括这一阅读策略，并在其他整本书阅读教学实践中验证这一阅读策略。

　　以上就是L教师的教学设计。本案例为整本书阅读推进课的教学设计，有如下的亮点以及可以进一步提升之处。

　　作为典型教学设计，本案例有不少突出亮点。第一，本教学设计具有明确的目标导向，教师对文本的教学价值有着明确的定位。在设计教学时，教师首先确定了本课段的阅读教学目标。教学目标的先导使得本教学设计结构明晰，目的明确。再就具体的目标内容来看，教师在进行整本书阅读教学时坚持将"读这本书"与"怎样读书"相结合，旗帜鲜明地提出"以阅读《夏洛的网》为例，渗透整本书阅读的方法策略"，注重引导学生将本次整本书阅读学习经验体悟进行迁移运用，以期整体提升学生整本书阅读的能力与素养。

　　第二，本教学设计在进行阅读方法指导时充分发挥了《夏洛的网》作为教学案例的作用，即通过具体的案例引导学生掌握整本书阅读的方法和技巧。在设计教学时，教师始终坚持阅读方法应当渗透本书的具体教学，而非脱离本书的具体内容进行抽象的阅读方法的指导。例如，教师在设计中首先引导学生阅读本书的封面、人物表、封底，并不刻意将此抽象上升为阅读整本书的一般步骤，而是通过"面对这么厚的一本书，我们如何用最短的时间了解它的主要内容，你有好办法吗？""简介对于读者来说，如同畅游书海的指南针，能带领我们更快地了解这本书，而简介一般在哪里呢？"等启发性问题引导学生在自主阅读活动中自行体悟、归纳读书的一般方法。相较于案例1，本案例设计或更好地处理了"读这本书"与"读一本书"之间的关系。

　　同样，作为第一轮教学设计，本案例也存在一定的改进空间。首先，教师在本案例中精心设计了教师的课堂语言、预设了学生的回复，认真细致。但是，统览设计发现，课堂上教师讲授过程占比较大，学生活动似乎略显不足，在改进过程中或可进一步考虑增设以学生为主体的阅读活动。其次，本课段教学内容似乎过多。从板书看，本节课教师既想教给学生阅读整本书的一般方法，又想引导学生掌握《夏洛的网》一书的基本情节及其中的人生哲理，然而在实际课堂时间内似乎难以完成全部的既定教学目标，因此在改进过程中可以考虑适当精简教学内容。

4. 典型案例 4

W 教师主要设计了《夏洛的网》的分享课，以下将围绕 W 教师的分享课教学设计展开分析与论述。

表 4-15　教学设计概况

课程名称	《夏洛的网》分享课	课时	1 课时	授课教师	W 教师
教学目标	1. 结合故事情节，分析评价书中主要角色的性格特点。 2. 抓住书中打动人心的细节，学会帮助朋友，为朋友付出，学会热爱生命，热爱生活。				

➤ 学习任务 1：精彩回顾

开展分享课之前，学生已经完成了对《夏洛的网》整本书的阅读，但因为阅读周期较长，所以学生可能对书中的主要人物和主要内容有所遗忘。因此，课程伊始教师通过提问和抢答的方式，帮助学生回顾全书内容，为后续学习任务的开展做准备。

问题 1：是谁为了救落脚猪和爸爸理论并勇敢地夺下了爸爸的斧头，此后她像照顾婴儿一样喂小猪奶喝，带它散步，还为小猪取了一个好听的名字？

问题 2：是谁看到屋顶上的蜘蛛，就想捉它，于是单脚站在猪栏上，没想到摔了下来，引爆了那枚臭蛋，此举竟然救了蜘蛛？

问题 3：是谁住在食槽底下，靠偷吃别人剩下的食物为生，夜晚出来活动，白天睡觉，当别人要它做事时，总是提很多要求才答应？

问题 4：是谁长得小小的，有八只脚，靠结网捕虫为生，可就是这样一个不起眼的生命，在关键时刻，用智慧和真诚救了小猪的命？

问题 5：是谁特别了解老鼠，能够抓住老鼠贪吃的弱点，诱惑老鼠到垃圾厂去啃一些字回来，最后又引诱老鼠跟随威尔伯来到集市？

问题 6：夏洛一共编织了几张有字的网，分别是什么字？

➤ 学习任务 2：品味角色，互动评定

通过学习任务 1，学生已经回忆起书中的关键人物和典型事件，教师可以进一步引导学生在典型事件和人物形象之间构建联系，以品味角色特点。学生可以选择自己阅读后印象最为深刻的一个人物，并说说这个人物都做了什么，具有怎样的性格特点，从这个人物的身上学到了哪些优良的品质、获得了怎样的启发，并在班级范围内进行交流。学生可以说：

夏洛为了拯救威尔伯的生命，在网上织了四次文字，最后因衰竭而老死，可以看出夏洛是一个珍视友谊的人。给我们带来的启示是，对待朋友要真诚付出，珍惜生命中每一个对你真诚相待的人。

还可以说：

弗恩从父亲的手中夺下斧子，救下了有先天缺陷的"落脚猪"并给它起名"威尔伯"，在她的精心照顾下威尔伯获得了新生。由此可以看出，弗恩是一个勇敢、善良、有爱心的女孩。从她的身上我们可以学到，每一个生命都值得被尊重，每一个人都值得被善待。

➤ 学习任务 3：分享感动，感悟生命

为了挽救威尔伯的生命，夏洛牺牲了自己。夏洛在临终前对威尔伯说：

生命到底是什么啊？我们出生，我们活上一阵子，我们死去。一只蜘蛛，一生只忙着捕捉和吃苍蝇是毫无意义的，通过帮助你，也许可以提升一点我生命的价值。谁都知道活着该做一点有意义的事情。

这段话无疑引发了我们对生命意义的思考。读到这里，学生的心中也一定会产生涟漪。在我们的生活中，也一定有和夏洛一样的人。教师可以引导学生联系自己的实际生活，谈谈身边像夏洛一样的人都做过什么，带给了我们怎样的启示。

以上是 W 教师设计的《夏洛的网》分享课的全部内容。虽说是分享课，其重点还是剖析人物形象，把握文章情感。本教学设计具有如下亮点，同时也有进一步提升与改进的空间。

第一，本教学设计课段目标清晰，定位准确。依照设计，教师拟首先引导学生通过抢答的方式回顾本书的基本情节与事实性内容。其次，教师引导学生思考并分享自己阅读后印象最为深刻的人物，从而逐步深入至对作者的思想情感的理解。统览整个设计，教师始终围绕最初的教学目标开展教学活动，旨在引导学生从分析人物入手逐步形成对全书思想哲理的认知与理解。

第二，教师充分挖掘本书的育人价值，注重搭建整本书阅读与学生日常生活之间的桥梁，引导学生将读书所得内化于心、外显于行。本课段结尾处，教师设置了"分享感动，感悟生命"环节，引导学生联系自己的实际生活，谈谈身边像夏洛一样的人都做过什么，带给了我们怎样的启示。通过思考此问题，学生可进一步理解生命的意义，思考如何在友谊中实现自身生命价值。由此，学生整本书阅读的学习将不只停留在纸面上、止步于课堂中，而是实现课堂内外的融通，实现语文与生活的接轨。

同前三个案例一样，本设计也有进一步提升与改进的空间。第一还是评价问题。整体来看，本设计对学生学习活动的评价仍旧相对缺失。例如，教师设置活动，引导学生分享自己阅读后印象最为深刻的一个人物。在此，教师不妨预设一定的评价维度，保证学生能够从文本事实出发，切实就自己印象深刻的人物进行阐述，防止分享活动流于形式。

四、第一轮教学改进的效果评估

第一轮教学改进明确了四个目标：第一，确定整本书阅读教学教师工作坊成员和组织规范；第二，明确教学改进组织的固定流程；第三，确定整本书阅读教学的书目；第四，了解和掌握整本书的解读方法。前文已经明确阐释了教师工作坊成员的组成机制以及组织规范，确定以《夏洛的网》为整本书阅读教学改进的课堂资源，证明第一轮教学改进中的两个目标已经完成。本节着重阐述其他两个目标的完成情况。这两个目标并不涉及学生阅读能力的问题，因此，在评估第一轮教学改进效果时，主要从专家、教师和教研员的角度加以阐释，效果评估的证据主要来自对三个群体的访谈。

（一）专家视角下教师参与第一轮教学改进效果的评估

在第一轮教学改进中，改进专家主要的工作任务是组建小学语文整本书阅读教学教师工作坊、开展基于整本书文本内容解读的专题讲座、组织教师工作坊活动、修改第一轮整本书阅读教学设计。改进专家对第一轮教学改进效果的评估主要从教师参与的角度展开。

1. 教师参与整本书阅读教学改进的内部动机较强

改进专家在组建整本书阅读教学教师工作坊时，与实验学校和区域内骨干教师深入交流，对他们参与整本书阅读教学改进活动的意愿有最为直接的感知。因此，在第一轮教学改进结束后，项目组围绕"教师参与教学改进的意愿"这一核心问题，对改进专家做了访谈。访谈结果表明，教师参与本轮教学改进项目的内部动机较强：

在组织整本书阅读教学教师工作坊的时候，因为教师工作坊本身就有小而精的特点，所以在成员数量上我们做了严格的把控。但是因为是第一轮教学改进，区里面不仅有4所实验学校的教师来参加，还有很多其他小学的教师来参加，这是我们没有预料到的。在组建完教师工作坊后，休息期间很多其他学校的教师都兴致勃勃地来找我，问是否还有加入教师工作坊的机会。因为询问的教师太多了，我们也感受到了他们迫切的需求，所以在休息结束后，我们又不得不组建了两个新的教师工作坊。

现场除了教师外，还有几所学校的领导，在组建完教师工作坊后，他们也找到我，希望能够再增加几个教师工作坊的名额。但是出于对改进效果的考量，我们只能拒绝。后期，我们打算开发一个兼顾改进效果和改进效益的模型，希望能够打破教师工作坊这种模式的弊端，让更多教师享受到教学改进的成果。

以上内容是改进专家对组建整本书阅读教师工作坊时现场情况的回忆，反映出三个现象：第一，教师对教学改进活动充满兴趣，有较强的内部参与动机；第二，以教师工作坊的形式来组织整本书阅读教学改进，深受教师们的认可与喜爱；第三，对于教学改进项目的关注与支持不仅来自教师，还来自学校的领导。同时，专家的反馈也提醒项目组，需要修正教学改进的实施模型，以消除改进效果与改进效益之间的矛盾。

2. 教师具有问题意识，但问题的深度不够

第一轮教学改进讲座的主题围绕"整本书的解读方法"展开。在长达 2 小时的讲座结束后，留出 30 分钟用作现场提问。通过对提问频次的统计可以得出现场教师参与热情高涨的结论。对专题讲座现场录像进行回顾，项目组发现，在 30 分钟的提问时间内，举手示意提问的教师有 48 人，其中有 6 位教师获得提问机会，共提出 8 个问题（其中有两位教师同时提出两个问题）。

对 6 位教师提出的 8 个问题做类型编码发现，"是什么"类的问题有 1 个，"为什么"类的问题有 2 个，"怎么做"类的问题有 5 个。虽然三类问题的认知深度是逐步加深的，但通过提问的方式提出这些问题时，其深度会降低。例如，当教师问专家"我该怎么做"时，代表其将自己的思考过程省略了，而将思考的"机会"抛给了专家。因此，"怎么做"类的问题数量达到 5 个之多，证明教师缺少自主思考能力。某教师的提问内容如下：

您讲了许多解读整本书的方法和角度，这些原理性的知识使我们受益匪浅，让我们意识到平时只是埋头教书，却忘记了抬头看看相关理论的发展……我们组平时也会看一些理论性的文章，但是在把理论应用到教学中时，经常会不知所措……请问您，把整本书解读理论应用到课堂教学，把教师的读转化为学生的读，究竟应该怎么做？有没有一套行之有效的操作方法？

从上述内容可以看出，教师在平时的自我研修中也会有意识地接受理论知识，但对于如何将理论转化为实践，或者用理论指导实践存在困惑，希望获得具有普遍性的、放之四海而皆准的方式方法。但是教学有法，教无定法。不同的整本书、不同的实施者、不同的接受者都会有不同的方法，教师应该具备将抽象的方法迁移到适宜的教学情境中的能力，而这项能力的获得需要的是教师自身进行思考。

(二)教师视角下第一轮教学改进效果的评估

教师是整本书阅读教学改进活动的参与主体，他们对第一轮教学改进环节的评价具有较强的参考性。如果将教学改进视为一种教师教育课程的话，专家在每个环节实施的内容就可以被视作教师教育的课程内容。作为一种正式课程，教师在将其转化为感知课程时会有损耗，当损耗过多时，改进效果会大打折扣。图4-4呈现的是布罗菲(Brophy)提出的从"理想课程"到"体验课程"转化过程中形成的转化落差。

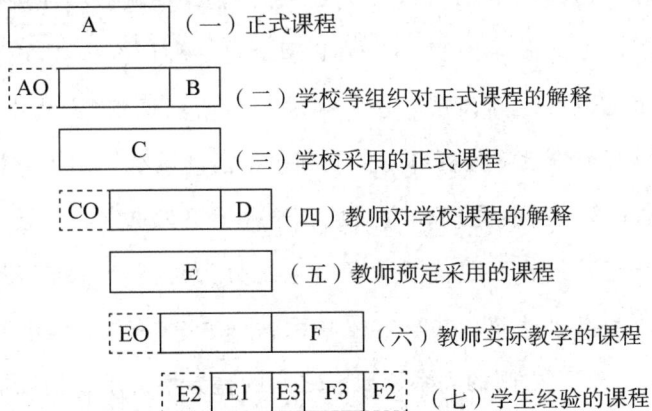

图 4-4　课程转化落差

　　具体分析图 4-4 可以发现，A 层级代表的是被政府采纳的"理想课程"即"正式课程"，在学校层面，经由校长或教师委员会等区域教师组织的解释，将正式课程 A 的 AO 部分删除，并融入 B 部分后，形成了学校采用的正式课程 C。在上述转化环节中，学校或区域层面实施的正式课程与国家层面拟定的正式课程已经存在差异。教师在对学校或区域采用的正式课程作出进一步解释后，删除了 CO 部分，并融入 D 部分，进而形成了教师预定采用的课程 E。而此时教师预计采用的课程与以 A 和 C 为代表的两级正式课程之间又存在一定差异。教师在实施课程 E 时，受时间、学情等具体因素的限制，会删除 EO 部分。同时，受到多方面因素影响，教师还可能教授一部分错误的课程 F。在"学生经验的课程"中，教师教授的内容包括正确课程 E 和一部分错误课程 F，而部分学生可能因为教师教学时信息传递不清晰而遗漏了部分课程内容（E2、F2），也可能因为自身的错误理解而获得了部分课程内容（E3、F3），因此学生实际学习到的正确的课程内容仅有 E1 部分。因此，删减、排除、扭曲、遗失、疏忽、误解、增加、加宽、加深等现象可能发生在每一次课程转化的过程中，造成教师实施与学生经验的课程偏离正式课程，甚至与正式课程大相径庭。①

　　为了减小课程转化中的落差，就需要明确教师在接受教师教育课程时存在哪些突出问题。本研究尝试将教学改进视为一个活动系统，运用文化—历史活动理论（Cultural-Historical Activity Theory，CHAT）框架明确教师在接受教学改进活动时的损耗来源，分析损耗程度。CHAT 理论是一种研究人类实践的重要方法论。CHAT 理论经历了三个发展阶段：第一个阶段强调将"文化中介的行动"作为分析单元；第二个阶段将分析单元扩大到整个活动系统，用于分析实践活动中历史形成的矛盾；第三个阶段将研究对象置于一个更为真实和复杂的活动网络系统中，并根据研究对象的不同将活动网络系统分为总活动系统和若干子活动系统，且两个活动系统通过潜在共享客体联系。总之，CHAT 理论通过识别活动系统的构成要素、要素之间的关系、要素之间的差异性诉求、活动嵌入的历史文

---

① 黄政杰．课程转化整合探究之概念架构研析［J］. 课程与教学，2013(3).

化环境、潜在的冲突及活动的变革，形成一个分析实践活动中个体和环境之间互动复杂性的框架。① 目前，国内学者多将该理论应用于教师专业发展领域的研究。②

CHAT 理论的基本模型包含客体、主体、工具、共同体、规则、分工 6 个关键要素及 1 个结果要素，系统内的箭头表示实现要素间关联目标的行为，该模型结构化地描述了活动系统的结构及各要素之间的相互关系（见图 4-5）。

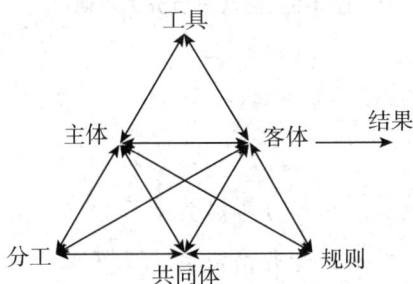

图 4-5　CHAT 理论模型

通过对参与第一轮教学改进活动教师的随机访谈，将他们对整本书阅读教学的理解按照 CHAT 理论的 6 个关键要素进行编码，得出教师对整本书阅读教学改进内容的理解与专家心目中对整本书阅读教学的理解之间的矛盾点。项目组整理后得出如下几点结论。

1. 团队分工不明，研修效率不高

在开展第一轮整本书阅读教学教师工作坊活动时，团队成员分工不明，研修效率不高，反映在 CHAT 理论框架中，如图 4-6 所示。

---

① 刘胜男. 作为活动系统的教师师徒带教研究：文化—历史活动的视角[J]. 现代教育管理，2015(10).

② 杨磊，吴欣歆，郑国民. 义务教育新课标背景下语文学业水平考试的命题模型建构与应用[J]. 中国考试，2023(6).

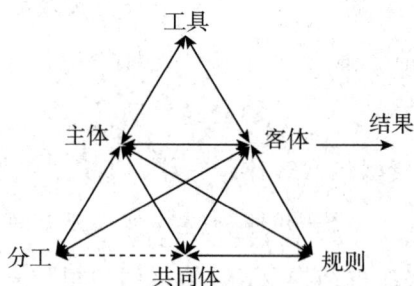

图 4-6　团队成员分工不明

有教师在访谈中表示：

　　组成教师工作坊后，我们都跟没头苍蝇一样。因为大家基本来自不同的学校，互相不认识，对别的老师的能力、喜好和风格都不了解，所以根本没办法根据大家擅长的领域分工合作。

另一位教师也有类似的反馈：

　　组内的老师都很积极地参与，都想在工作坊里贡献自己的力量。但是因为没有事先沟通好，所以都做了许多重复的工作。比如，在设计《夏洛的网》的文本解读思路的时候，每个人都做了一份，但是大部分老师做的内容是重合的，这样就浪费了很多时间和资源。

　　从以上的访谈内容中可以看出，虽然教师工作坊组建完成了，但是组内成员之间因为相互不了解，所以并未实现精诚合作的目的。在访谈的追问中，一位善于迁移的教师表示：

　　其实这次大家因为互不了解而产生的研修效率低的情况，在我们自己上课的时候也出现过。比如在进行小组合作的时候……老师不能只管分组，你必须保证组里面的学生特长不同、相互了解……最重要的还是得有差异。你把一群一样优秀的学生放在一起，就容易导致假小组合作……这跟我们今天面临的情况是一样的。

可以看出，虽然教师在参与教师工作坊活动时会出现各种各样的问题，但是在从问题中总结经验时，恰恰可以与既往的教学实践相联系，进而达到反思教学行为的目的。

2. 教师优长迥异，参与程度参差

有一部分教师认为自己很难融入教师工作坊的讨论之中，为自己在教师工作坊中难以发挥作用而感到失落，反映在 CHAT 理论框架中，如图 4-7 所示。

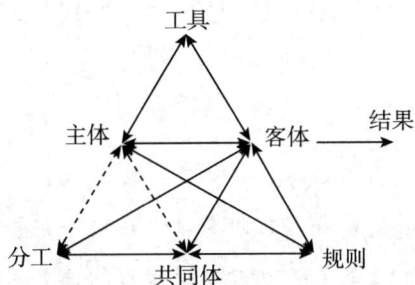

图 4-7　参与程度不高

图 4-7 体现为两条路径上的矛盾。第一，作为活动的参与主体，教师难以融入共同体。在访谈时有访教师表示：

我感觉今天收获很小，尤其是在教师工作坊活动中，可能跟我本身就是个慢热的人有关。在团队里我更喜欢听别人说，他们管这种学习叫海绵式学习。所以我总是感觉自己不合群，游离在组织之外。

从上述反馈中可以发现，并不是每个教师都能全身心投入小组合作之中。这类群体在小组中需要得到更多关注。从课堂教学角度来看，每每组织小组合作时，总有"沉默的大多数"存在，如果教师对这类学生视而不见，那他们将始终游离在组织之外，久而久之就会丧失讨论的兴趣，失去合作的能力。这种现象也督促我们在以后组织教师工作坊活动时，要关注那些选择缄默的教师，想办法调动他们的积极性，提高他们的参与度。

第二，活动参与主体在教师工作坊中定位模糊，难以发挥自己的优势。有一位教师表示：

> 我觉得组织能力很强的我适合做小组长，但是我被划分到了设计组，就是设计展示海报的那一组。我根本不知道怎么设计海报，我从小就不喜欢画画，所以看别的老师在那想法子让海报变得更好看，我也无能为力。

还有一位教师表示：

> 在学校的时候，我跟着师父一起干，师父带我。但是我师父没有参与这次改进活动。我开始反思自己的问题，我在这个组织里到底能承担什么样的工作、扮演什么样的角色……以后我觉得自己确实要先发现自己。

以上两位教师的回答都指向自己在教师工作坊中没有获得理想的分工，没有发挥自己的作用。但是二者又有差异。第一位教师明确知道自己擅长的领域，但因为成员间的互不了解，没有得到发挥优势的机会；第二位教师是一位新手教师，处于职业的自我探索与发现阶段，因为对自己擅长的领域认识不足，所以没有在团队中发挥作用。两位教师的反馈启示我们无论是组织教师研修活动，还是在课堂教学实践中，都要充分了解自己和他人的优势，将自己或他人安排在最能发挥其优势的位置上，这样才能达到事半功倍的效果。

从上述分析可以看出，教师对第一轮教学改进的评价多围绕参与感展开，还未能关注到教学改进的核心问题。同时，教师的反馈也启示项目组在后续开展整本书阅读教学改进活动时要关注教师的参与感。改进专家要帮助工作坊建立合适的人员分工制度，帮助那些定位模糊的教师发现自己的优长，进而达到提高教师参与感的目的。

(三)教研员视角下第一轮教学改进效果的评估

教研员作为教育领域中独特且重要的存在，起到了承上启下的重要作用。新中国成立之时，为了解决教育迅速普及与师资储备不足的矛盾，以及出于政治上的考虑，我国的教研系统学习苏联，经过半个多世纪的发展，形成了鲜明的中国特色。[①] 教研员承担着"为教育行政部门决策提供依据""组织教材""教学检查和质量评估""研究教育""组织教学研究活动""总结、推广教学经验""指导教师"等的职能。但是，随着中国教育的不断发展，教研员的角色定位也发生了转变。教研员在整本书阅读教学改进活动中的角色具有双面性：一方面他们是改进教师的指导者，另一方面他们又是被改进的对象。因此，教研员可以从两个视角对第一轮整本书阅读教学改进效果进行评估：其一，教师的参与视角，其二，研修机制实施效果的视角。

1. 教师参与热情高涨，但参与的深度不够

教研员作为教学改进项目的深度参与者，在整本书阅读教学教师工作坊中，能够更深入地同改进教师进行沟通交流，观察教师的言谈举止。相较于改进教师的观察，他们的反馈更为深入。

> 我所在工作坊的老师们很有激情，都能迅速投入教师工作坊的活动中，都很愿意表达自己的观点。但是，从老师们的讨论中，我能明显感觉到他们对专家上午的讲座内容还没有完全吸收，在应用的时候还是有偏颇在里面的。我记得当时有个老师在说自己对小猪威尔伯的认识时，只能得出它是一只胆怯的小猪这样一个结论，还没有构建起专家说的圆形人物这样一个概念。

---

① 崔允漷. 论教研室的定位与教研员的专业发展[J]. 上海教育科研，2009(8).

从这位教研员的反馈中我们可以看出，在他的观察中教师在态度上是积极的，有较高的参与动机；但是在效果上，教师对改进专家介绍的观点、理论和方法还有待进一步认识和理解，以便能在实践中应用专家介绍的观点、理论和方法。

2. 研修机制能够有效激发教师动机，但专家需要提供指导

教研员在参与教师工作坊活动时通过对组内教师进行观察，与他们进行沟通与交流，能够最直接地了解教师参与工作坊的感悟。

> 在我的观察中，老师按表现可以分成两派。第一派是积极参与的老师，这类老师大概占三分之一吧……他们特别擅长参与到教师工作坊的讨论中，能够积极建言献策。虽然这些老师很积极，但是他们在讨论时候发表的一些观点还是经验性的。能明显感觉到他们没有经过特别缜密的思考，也没想着把专家讲座的理论进行迁移。第二派老师可能是我们工作坊里人数比较多的，他们一般就听着，让他们发表观点的时候，他们才会说一句半句。我觉得这两种情况都不好，第一派能比第二派好点，至少他们有参与的意愿……我觉得专家应该参与进来，尤其是工作坊活动刚开始时，专家要告诉老师怎么做，这样他们也许能转化得更快一点。

从上述访谈内容可以看出，这位教研员首先充分肯定了这种研修模式的优势——能够调动教师的参与感和积极性；同时也清晰表明了对研修模型改进的期盼——专家要适时地以指导者和辅助者的角色参与到整本书阅读教师工作坊的组织架构中，帮助坊内教师制定活动规则、明确角色分工，进而使教师工作坊的实施效果更为高效和显著。

【本章小结】

本章聚焦于小学语文整本书阅读教学改进的第一轮实施。首先，通过对学生、教师和教研员进行前期调研，了解了各个群体在整本书阅读学、教、研等方

面存在的问题与实际需求，明确了第一轮教学改进的目标，设计了第一轮教学改进的实施方案。其次，本轮教学改进的主题围绕整本书内容解读展开，包括关注整本书的叙事特色、聚集整本书的环境建构、窥探主人公的性格塑造和体悟整本书的精神内核等。再次，教师根据培训主题，撰写教学设计，项目组选取典型教学设计加以呈现和分析。最后，从对专家、教师、教研员的访谈中发现，教师参与整本书阅读教学改进的内部动机较强，具有问题意识，但问题的深度不够。在教师工作坊活动中，因为教师均是第一次参加，所以组内成员互不了解，人员分工不明，研修效率不高；又因为教师优长迥异，所以参与程度参差。教研员表示，教师参与热情高涨，但参与的深度不够；研修机制能够有效激发教师动机，但专家需要提供指导。这些反馈为第二轮教学改进提供了设计依据。

第五章　第二轮教学改进的情况

【本章提要】

本章聚焦小学整本书阅读教学改进项目的第二轮。第二轮教学改进与第一轮教学改进一样，也需要对学生、教师、教研员进行前期调研，以明确本轮教学改进的目标，设计本轮教学改进的实施方案。同时，征询实验学校和样本教师建议，明确第二轮教学改进的主题，组织第二次教师工作坊活动等。因此，本章由四节组成：第一节整体介绍本轮教学改进的实施过程；第二节明确本轮教学改进的主题；第三节结合教师的第二轮教学设计，分析其特点与不足，明确教学改进的重点与过程；第四节呈现第二轮教学改进的效果评估。

一、第二轮教学改进的实施过程

本轮教学改进活动在组织开展前要完成以下几项工作：前期调研、明确目标、设计实施方案等。

(一)前期调研

与第一轮教学改进不同，本轮教学改进是在第一轮教学改进的基础上展开的，因此前期调研要充分展示学生、教师、教研员三个群体在第一轮教学改进后的变化。

1. 学生层面的调研

因为在第一轮教学改进中已经对学生整本书阅读的基本情况展开过调研，所以第二轮调研不再重复第一轮调研中的内容，更多的是检验经过第一轮教学改进，学生能否感受到教师教学行为的改变。学生对教师教学行为的感知主要表现为对教师解读整本书的深度、教师运用整本书阅读教学的策略等方面的感知。

（1）教师对整本书的解读明显深入，但要考虑学生理解水平的差异

对于"教师对整本书的解读是否加深？"这个核心问题的调研，主要采用访谈的方式。为了保证访谈的有效性，项目组在实验班级抽取学业表现处于好、中、后进三个水平的学生各1名作为访谈对象。在访谈中，学生普遍表示教师对整本书内容的解读比以前更为深入，但是对于一些同学而言，教师对文本内容的解读的难度过大，不易于理解。

> 我们这个月一直在学习《夏洛的网》这本书，老师留的阅读作业都是读这本书。刚开始我不喜欢读，因为书里面的人名跟咱们中国人的名字不一样，但是在老师带着我们读了几天后，我深深地爱上了读这本书……这本书我家里有……对一些情节没有想那么多……老师带着我们读的时候，边读边讲解，我才发现有些地方原来那么精彩。

以上是一名阅读能力较好的学生的访谈回答，可以看出该学生具有阅读的习惯，对《夏洛的网》已经具备前期阅读经验，但是在自主阅读中，对文本的理解深度明显不足。通过教师对文本内容的讲解，该生明显感觉到对文章内容的理解更加深入——"我才发现有些地方原来那么精彩"。这说明学生的阅读动机已经被有效激发。

但是，教师对文本内容的深度解读并不适用于所有学生：

> 以前语文课就挺无聊的，现在我感觉更没意思了……以前老师说的一些东西我还能懂，还能从我的生活里发现一样的现象，但是现在老师讲的东西我努力听也听不懂……不光是我，我周围的同学也有几个是这样的。以前他们上课还喜欢回答问题，现在都不爱回答了。（你觉得他们为什么不喜欢回答问题了呢？）我觉得一个原因是老师讲得太难了，我们听不太懂，还有一个就是回答问题的机会变少了。（你是说老师提问的次数变少了？）是的。

这名学生的回答代表了一些学生的心声。这些学生往往在既有的学习经验中就对语文课程缺少兴趣。经过一轮教学改进，教学内容和教学方式的变化让他们难以适应而进一步丧失了学习动机。因此，在接下来的教学改进中要时刻提醒教师，关注课堂上的沉默者，以多元的教学目标和教学方式，兼顾更多的学习者群体。

(2)回归语文课程本体，规划有效的学习活动

结合第一轮教学改进的教学设计，我们可以发现，教师在每一种课型下都设计了若干有趣的学习任务，但是对于学习任务的有效性缺少论证。因此，在第二轮教学改进前，研究者围绕"你认为教师在课堂上开展的语文活动能否帮助你加深对书目内容的理解？"这一问题对学生展开调研。

调研结果显示，有88%的学生认为，教师在上课时组织学习活动的频率明显增加了，但是当问及这些活动学生是否愿意参与时，却只有72%的学生表示愿意或十分愿意参与。这种落差证明，教师一味地组织学习活动，却没有顾及学习活动是否符合学生的实际需要。

> 我们语文老师组织了许多有意思的活动，像人物竞猜、制作海报……但是在参与这些活动的时候，我不知道自己应该干点什么。（是老师没有分配给你任务吗？）不是的，我的意思是说，我觉得老师组织的这些活动很浪费时间。比如制作海报，我家人就说一个语文课为什么要制作海报……（你觉得你家人说的有道理吗？）我觉得有道理呀，因为制作海报既不能锻炼我的阅读能力，又不能锻炼我的写作能力。

由此可以看出，在丰富多样的学习任务中，教师似乎很少考虑其是否具有"语文性"的问题。一些学生难以在完成学习任务的过程中发展语文能力。在接下来的教学改进中，项目组要关注教师设计的学习任务的效益问题，不能为了设计而设计，从而牺牲了语文的课程属性。

2. 教师层面的调研

在第二轮教学改进前，开展教师层面的调研的主要目的在于，了解教师在一个月的整本书阅读教学实践中，存在哪些教学层面的困惑。经过对访谈内容的梳理，项目组得出如下结论。

(1)文本解读的角度有很大转变，但缺少拓展延伸的能力

第一轮教学改进的核心是教师从何种角度解读《夏洛的网》。在对第一轮教学设计的呈现与分析中，我们也发现，教师在设计教学时能够从多个角度来解读整本书。例如，从关键事件入手、从典型人物入手、从目录入手、从插图入手等。在对教师的访谈中也有教师表示：

> 经过上一次的改进，我学到了从多个角度解读整本书。我的教学设计就运用了目录和插图这两个角度。上课的时候，学生的反馈也很积极……这些解读角度是我以前从未想过的。我甚至在想，篇章教学是不是也可以运用这种方法。

可见，教师对于第一轮教学改进的效果基本满意。但是在对个别教师的访谈中，我们也发现了一些实践层面的问题：

> 《夏洛的网》我们学校在阅读课上很早就讲过了……这些解读的方法和视角给了我很大的帮助，让我能够重新看待这本书的内容和价值……在讲到其他书的时候，我发现有些方法没有用了。有些书的目录并不像这本书这么清晰。而且，随着学段的提高，学生看的书中的插图也越来越少了，那这样的话，观察插图等一系列的方法就失效了。

从这位教师的反馈来看，很多教师缺少将方法、策略进行良性迁移的能力。他们只能在此书中运用此方法，而不能在彼书中运用彼方法，缺少拓展延伸、自主创造的能力。因此，在后续的教学改进中，项目组要给予教师更大的可能性，

注重培养教师的教学创造力。

（2）文本解读后，如何将阅读能力传授给学生

整本书阅读是发展学生阅读能力的有效方式，但是教师的解读能力强并不代表学生就能够具备高超的文本解读能力。教学实践中往往存在"强师弱生"的现象。从根本上来看，是教师的能力无法转化为学生的能力。

> 不光是整本书阅读，在日常教学中我也常常有这样的困惑……我天天讲的东西，学生就是不会，就是不能在独立阅读中运用。这种现象在推进《夏洛的网》整本书阅读时更突出。学生会读这本书了，让他再读另一本书就不会了……所以我在想，后续的培训是不是应该有点关于阅读策略的内容。

这位教师道出了大多数教师的心声，也提出了对后续教学改进项目的期待。因此在本轮教学改进中，项目组可以将强化教师阅读策略运用作为主题，向教师介绍常用的、在教学实践中经过检验且有效的整本书阅读策略。

（3）整本书阅读的学习效果如何检验

整本书阅读在近些年的研究中，聚焦三个核心问题：整本书阅读教什么？整本书阅读该怎么教？整本书阅读学习效果如何评价？第一个问题可以交由国家课程层面来解决，第二个问题是教学改进项目组着重探究的问题，第三个问题可以理解为第二个问题的延续，因为在教—学—评一体化的背景下，如何教、如何学和如何评往往自成一体。但是，对于整本书阅读这样一个新的教学内容，如何有效评价学生的学习效果是一个必须重视的问题。

> 在篇章教学的时候，我们能通过留阅读练习作业的方式来检验学生读没读懂、读没读会，但是整本书阅读的评价就很难实现，因为整本书需要长时间的阅读和渗透，这种过程性的评价其实是我们最不擅长的。
>
> 在我的理解中，整本书阅读的评价应该是纵向的，就是通过学生的表现观测其阅读能力或者说阅读素养的变化发展趋势。但是这种方法对我们而言

很难实现……我看了一些讲整本书阅读评价问题的论文，但是里面讲的一些评价工具不太合适，我也不太会用。

从对教师的访谈中可以看出，整本书阅读教学的效果评价是教师普遍关注的问题。长期以来，教师习惯了通过量化的方式，评价学生的学业水平。而整本书阅读偏重过程性评价，教师的评价实施经验难以奏效。对于过程性评价的一些经典评价工具，教师也不善于使用。所以无论是在理念、实践上还是在工具上，教师实施整本书阅读教学评价都存在困难。

3. 教研员层面的调研

为了保持教研员层面调研结果的连续性，第二轮教学改进的前期调研对象仍旧为第一次调研的两位教研员。调研的维度包括对第一轮教学改进后效果的评价，以及对本轮教学改进内容的期待。

(1)初步建立了基于教师工作坊的教学改进团队，但团队的内部行动路径需要精进

第一轮教学改进的目标之一是确定整本书阅读教学教师工作坊的成员和组织规范。从对第一轮改进效果的评价来看，教研员对第一轮教学改进持基本认可的态度。但是，在开展教师工作坊活动时，也出现了一些问题。

我们在组织自己区里的骨干教师开展整本书阅读教学教师工作坊活动的时候，有些力不从心。因为作为教师工作坊的组织者，首先自身不仅要有组织能力，还要有比较强的专业能力，像是文本解读能力等。但是我们在自己开展活动的时候，完全达不到专家的那种效果。我自己反思了一下，可能是因为我们教研员在教学改进中也是学习者吧。

从对这位教研员的访谈中可以看出，在开展教师工作坊活动时，教研员遇到的第一个问题便是自身能力不足与工作坊活动内容的高要求之间的矛盾。面对这一矛盾，项目组需要帮助区域内教师，尤其是教研员提升整本书阅读教学能力，

帮助他们提高对整本书阅读教学教师工作坊的活动内容的掌握能力。

除了在活动内容上的力不从心，教研员还提到在实施程序上也存在困难：

> 我们害怕自己搞的教师工作坊跟专家的不一样，所以就把整个过程都给录了下来。在第一次改进结束后，我们反反复复地看专家是怎么一步步开展活动的。在我们自己开展教师工作坊活动的时候就"照葫芦画瓢"，但是无论怎么模仿，也达不到专家的效果。

从以上访谈内容可知，教研员在开展教师工作坊活动过程中存在操作程序层面的困难。一味地模仿专家的操作步骤，却忽视了当时当地工作坊内成员的实际需求以及客观的课程内容。从根本上看，教研员缺乏组织教师工作坊的策略性知识，或者说迁移策略性知识的能力存在不足。

(2)整本书阅读教学的基本课型需要进一步明确

对于整本书阅读这样的需要长时间实施的课程内容而言，千课一貌是不可取的。从最表层来看，教师需要将完整的整本书阅读课程解构为几个可区分、有差异的课型。在第一轮的教学设计中也可以看出，有的教师设计了包含导读课、推进课、分享课三种课型的完整的课程实施内容，而有的教师只设计了一种课型，然而从单一课型设计的内部结构看，其又包含了导读、推进和分享三个环节。这就反映出教师对于这三种基本课型的概念是迷糊的。同样，教研员也发现了这一问题：

> 我们在收集老师的教学设计时发现：有的老师设计得非常长，内容很丰富，因为设计了三种课型；但是有的老师设计得较短，因为只设计了一种课型。关于整本书阅读的教学设计，究竟要不要区分课型，这件事我们内部没有达成一致。

有的学者认为，规定课型不能满足教学内容变化的需求，还可能限制教师的教学创造力。有的学者则认为，从方便教师教学的角度来看，需要合理地规划整本书阅读课程的课型。基于教学改进的实际需求，我们认为有必要对整本书阅读课程的课型作出规范，但对于能动性强的教师，我们也鼓励他们积极创造。

（3）如何有效评价教师在教学改进活动中的发展水平

评价学生的整本书阅读学习效果是教师关注的重点，评价教师的整本书阅读教学水平则是教研员关注的重点。通过对教研员访谈，我们发现，他们一致认为缺少一套对教师教学能力进行评估的有效工具，尤其在历时性的教学实践中，教师的教学能力是否得到了长足的发展，是否还存在教学困难，这些都很难通过量化的方式直观地呈现出来。教研员对教师教学能力的发展水平掌握不到位，对评估教学改进的效果来说会有严重的负面影响。

（二）明确第二轮教学改进目标

对学生、教师和教研员的调研结果表明：学生阅读整本书的动机被有效激发，但设计课程内容和学习活动时要兼顾学生理解水平的差异；教师期待掌握更多的教学策略性知识，并欲在整本书阅读学习能力评价上有所长进；教研员则期待能够深化教师工作坊活动机制，并掌握有效评估教师整本书阅读教学能力的方法。总的来看，本轮教学改进需要着力解决以下几个关键问题：

问题1：关于整本书阅读教学有哪些行之有效的教学策略？

问题2：如何有效评估学生的整本书阅读学习效果和教师的整本书阅读教学能力？

根据既有组织教学改进的经验，以及相关群体的要求，明确了第二轮教学改进的目标：

①帮助教师掌握行之有效的整本书阅读教学策略。

②精进教师的整本书阅读教学设计。

③巩固基于教师工作坊的教学改进实施模式。

第一个改进目标在本轮的专题讲座中落实，第二个改进目标在修改教师的教学设计中落实，第三个改进目标在第二轮教师工作坊活动中落实。

(三)设计第二轮教学改进的实施方案

围绕第二轮教学改进目标，小学语文整本书阅读教学改进项目组设计了具体的实施方案，如表 5-1 所示。

表 5-1　第二轮教学改进实施方案

实施环节	主要目标	内容概述	参与人员
前期调研	了解第一轮教学改进的实施效果	采用问卷调查、访谈等方式，了解学生、教师和教研员在第一轮教学改进结束后的变化	项目组成员、实验学校学生、样本教师、区域教研员
专题讲座	讲授整本书阅读教学策略	围绕"如何实施整本书阅读教学"这一关键议题，组织专题讲座，重点在于让教师掌握整本书阅读教学中的几个行之有效的策略	项目组成员、实验学校全体教师、样本教师、区域教研员
教师工作坊活动	开展第二轮教师工作坊活动	带领教师在实践中运用教学策略，巩固教师工作坊的实施流程	项目组成员、样本教师、区域教研员
课后作业	巩固所学，应用所学	撰写第二轮教学改进反思日志，根据专题讲座和教师工作坊活动经历修改教学设计	实验学校全体教师、样本教师、区域教研员

二、第二轮教学改进的主题

通过对学生、教师和教研员三个群体的前期调研，项目组明确了第二轮教学改进的主题——"整本书阅读教学中的几个行之有效的策略"。因此，在第二轮教学改进中，项目组专家聚焦整本书阅读教学策略，先介绍整本书阅读教学中的几个行之有效的策略，再结合具体教学案例讲解教学策略的运用方法。

(一)整本书阅读前期教学策略

按照教学进程，整本书阅读教学可以初步划分为前期、中期、后期三个阶段。其中，整本书阅读前期阶段的主要目的在于，帮助学生建构对整本书内容的初步了解，激发学生的学习兴趣，增强其学习动机。在整本书阅读前期，教师可以采用内容预测和图像转化两种基本教学策略。

1. 内容预测策略

预测是指根据已有的信息对故事的情节、人物的命运、书籍的价值进行有理有据的推理与猜测。语文课程要根据学生的身心发展和语文学习的特点，爱护学生的好奇心、求知欲，鼓励学生自主阅读、自由表达，充分激发学生的问题意识和进取精神。内容预测策略对学生阅读能力发展、思维水平提升具有积极的促进作用。

小学阶段学生的思维具有形象性、具体性、随意性、活跃性等基本特征。对这一阶段学生思维能力的培养要扬长避短：一方面要发挥其思维的活跃性特征，鼓励他们大胆想象，积极创造；另一方面要避免其主观随意，进行有事实依据的思维拓展。内容预测策略的重点在于引导学生在头脑中形成有目的、有依据的思维感知，并利用这些感知激发阅读兴趣。

在整本书阅读教学实践中，教师可以通过以下几个步骤实施内容预测策略：

第一步，观察封面、封底和书脊，初识整本书。引导学生观察一本书的封面、封底和书脊，一方面强烈的视觉冲击能够让学生迅速走近书籍；另一方面书的封面、封底和书脊承载的基本信息能够让学生初步了解书籍的内容。以《夏洛的网》为例，书的封面展示了书名、作者、译者、出版社信息和插图。学生通过观察能够迅速了解书的基本信息，并在心中产生疑问：夏洛是谁？图中的小猪、女孩和蜘蛛之间会发生怎样的故事？这一系列的疑问就激发了学生的阅读欲望。

第二步，阅读故事梗概，进一步了解书的内容。阅读故事梗概能够帮助学生建构起对整本书的初步认识，激发其阅读期待。教师还可以适当补充作者的创作经历，以拉近学生与作者之间的距离，让学生对整本书的内容产生更多的兴趣。《夏洛的网》的故事梗概如下：

> 在朱克曼家的谷仓里，快乐地生活着一群动物，其中小猪威尔伯和蜘蛛夏洛建立了最真挚的友谊。然而，一个最丑恶的消息打破了谷仓的平静：威尔伯未来的命运竟是成为熏肉火腿。作为一只猪，悲痛绝望的威尔伯似乎只

能接受任人宰割的命运了，然而，看似渺小的夏洛却说："我救你。"于是，夏洛用自己的丝在猪栏上织出了被人类视为奇迹的网上文字，并彻底逆转了威尔伯的命运，终于让它在集市的大赛中赢得特别奖，和一个安享天年的未来。但，这时，蜘蛛夏洛的生命却走到了尽头……

结合故事梗概，学生可以初步厘清故事的发展脉络，并了解故事的主题——关于爱、关于友情、关于生死。除此之外，故事梗概中还提及了两个关键人物"威尔伯"和"夏洛"，并介绍了两人的关系。这对于学生了解书中内容，增强阅读动机，具有积极意义。

第三步，依据目录预测故事内容。从先前的步骤中，学生基本了解了故事的主人公、关键事件和作者的创作意图。此时，教师可以引导学生观察整本书的目录。通过观察目录，学生能够基本捋顺故事的发展脉络。《夏洛的网》的目录如下：

1. 早饭前

2. 小猪威尔伯

3. 逃走

4. 孤独

5. 夏洛

6. 夏日

7. 坏消息

8. 家里的谈话

9. 威尔伯说大话

10. 臭蛋爆炸

11. 奇迹

12. 会议

13. 进展顺利

14. 多里安医生

15. 蟋蟀

16. 上集市去

17. 叔叔

18. 凉爽的晚上

19. 卵袋

20. 胜利时刻

21. 最后一天

22. 温暖的风

　　根据目录内容，结合故事梗概，学生能够基本预测《夏洛的网》的故事内容。但是，仍旧有一些章节内容难以直观预测，比如"臭蛋爆炸""多里安医生"等，这些就需要学生深入文本，进行阅读。

　　2. 图像转化策略

　　小学生的形象思维和直觉思维相对发达，而儿童文学作品中有许多精美的插图，这些插图能够激发学生的形象思维和直觉思维，将抽象的文字具象化。文字的抽象性主要表现在两个方面：第一，情感表达的抽象性；第二，故事发展脉络的抽象性。关于这两个方面，图像转化策略都能发挥一定作用。

　　插图往往出现在关键情节之处。学生对于情感表达的理解往往借助对关键词句的理解。当学生遇到不理解的词句时，就可以借助插图，将对抽象的情感表达的理解转化为对具象的插图的感知。在《夏洛的网》中，小猪威尔伯来到新家后感到"孤独"，那么何为孤独？孤独与伤心、难过、痛苦这些情绪有什么区别？这些对于小学生来说理解起来有困难。这时，教师就可以展示书中的插图（第31页）。

　　学生通过观察插图可以直观地感受到何为"孤独"。插图中的小猪威尔伯扑倒在肥料上，抽抽搭搭地哭着。这时学生就能清晰认识到"孤独"不是声嘶力竭地吼叫，不是痛哭流涕，而是一种天空中只有一只鸟的无助感。如果学生还不能理解何为孤独，教师可以找到与之相对的插图（第7页）进行对比。

插图中小猪威尔伯在弗恩的精心照料下心情舒畅，与上一幅图中郁郁寡欢的形象形成了强烈的对比。通过两幅图的比较，学生能够更为直观地感知"孤独"的情感内核。

图像转化策略除了能够发展学生的思维能力，还能够帮助学生建构更完整的内容理解。小说情节的发展往往一波三折，在复杂的叙事结构下，学生很难抓住主要线索，完整地复述故事内容。情节概括的偏差会直接影响学生对人物形象以及小说主题的理解。这时，教师可以将符合故事发展主线的插图串联，让学生根据插图复述故事情节。在《夏洛的网》中，夏洛一次又一次帮助小猪威尔伯摆脱被屠宰的命运，这是一条非常清晰的故事线。每次情节发展高潮之处有相应的插图，将插图串联后，就能够辅助学生概括故事情节。

夏洛一共为威尔伯织了四张网，分别是"王牌猪""了不起""光彩照人""谦卑"。每一张网的背后都包含了数个人物的辛苦付出和相互合作。同时，这张网也是夏洛与威尔伯友情的见证，更是作者对人生意义的思考。学生通过观察插图，串联故事，一方面能够厘清故事的发展脉络，另一方面能够深入体会作者的创作意图。

(二)整本书阅读中期教学策略

整本书阅读中期阶段的主要目的在于，让学生深度阅读整本书，做到读懂、读深、读透。在整本书阅读中期，教师可以采用以场面为主、以线索为主、以结构为主等整本书阅读教学策略。

1. 以场面为主的阅读教学策略

《义务教育语文课程标准(2022年版)》要求第二学段的学生阅读诸如《小英雄雨来》《雷锋的故事》《稻草人》《爱的故事》等叙事性较强的文学作品。恰恰在这些文学作品中，场面是必不可少的要素。场面构建了人与人、人与物之间的关系。一般情况下，一个场面可以梳理为一个情节。

《夏洛的网》中就有许多经典场面。例如，当"落脚猪"出生后，弗恩的父亲觉得这头猪先天不足，是个无用的猪，想要杀了它。这时，弗恩不顾危险，勇敢地挡下了父亲高高举起的斧头。这个经典的场面对比描写了弗恩与父亲两个人物在面对"落脚猪"时的态度。教师可以抓住这个经典场面，让学生反复阅读弗恩和父亲的对话，以及夺斧头时的一系列描写性文字。接着，教师可以引导学生总结弗恩的人物形象特点，感受语言文字在表达时的独特魅力。

又如，下面的文字详细地介绍了谷仓的环境：

> 谷仓很大，它很旧了。里面有干草的气味，有肥料的气味。里面有干活累了的马的汗味，有吃苦耐劳的母牛的极好闻的气息。谷仓让人闻上去感到天下太平，什么坏事都不会再发生。它充满了谷物、马具套、车轴油、橡胶靴和新绳索的气味。如果猫叼着给它的鱼头到这儿来享受，谷仓里还会多股鱼腥气。不过最强烈的是干草气味，因为谷仓上面的阁楼里一直堆着干草。总是有干草给扔下来喂牛、喂马、喂羊。

> 冬天谷仓很暖和，牲口大部分时间在室内；夏天所有的大门敞开透风，它又很凉爽。谷仓里面有马栏，有牛栏，谷仓底下有羊圈，有威尔伯待的猪圈。谷仓里有凡是谷仓都有的各种东西：梯子、磨子、叉子、扳手、镰刀、割草机、雪铲、斧头柄、牛奶桶、水桶、空麻袋、生锈的老鼠夹。它是燕子喜欢筑巢的那种谷仓。它是孩子们喜欢在里面玩耍的那种谷仓。这谷仓连同里面所有的东西，都是弗恩的舅舅霍默·朱克曼先生的。

通过阅读这段文字，学生能够知晓生活在谷仓里的动物都有哪些。同时，这段精彩的环境描写也为学生感知语言魅力提供了范本。学生会不自觉地在脑海中构建出谷仓的结构、动物在谷仓里生活的场面，同时也会更加期待在这个谷仓里发生的种种故事。

2. 以线索为主的阅读教学策略

任何叙事性文学作品都有贯穿整个情节发展的线索，有些复杂的文学作品中甚至有多条线索并行。在开展整本书阅读时，学生往往会被复杂的叙事线索困住，这时，教师就要帮助学生厘清故事线索，抓住一条关键线索，串联故事情节，进而达到读懂、读透的目的。

《夏洛的网》中有两条并行的关键线索。第一条是显性的，是以小猪威尔伯跌宕起伏的一生为主的线索；第二条是隐性的，是以威尔伯和夏洛友谊的发展为主的线索。在第一条线索中，小猪威尔伯在被杀与幸存的经历中大起大落；在第二条线索中，夏洛一次又一次地帮助威尔伯，两者的友谊逐渐加深，同时它们对于命运、对于生命的价值等重大的命题有了更深刻的理解。两条线索的理解难度是不同的，教师可以先引导学生以"绘制命运轨迹"的方式，梳理清楚第一条线索，再逐渐引导学生感悟第二条线索。通过梳理线索，学生会慢慢厘清故事发展的阶段和层次，真正读懂作品中蕴含的真谛。

3. 以结构为主的阅读教学策略

结构是指组成整体的各个部分的搭配和安排。作者在撰写小说时，会有计划、有安排、有逻辑地将各个情节组建起来，而情节组建后呈现的样貌就是小说的情节结构。一般而言，小说的情节结构有六种基本样态：网状结构、线性结构、画面结构、象征结构、写实结构和散文结构。

《夏洛的网》的情节结构属于线性结构。线性结构是指各个情节是按照时间的自然顺序、事件的发展顺序组织串联起来的。例如，威尔伯从一个先天不足的"落脚猪"一步步成为光彩照人的王牌猪，就是按照时间的自然发展顺序展开的。在这种结构下，教师可以选取时间线上具有典型特征的关键事件，引导学生反复阅读，并尝试构建关键事件之间的发展关系。这样，既能够帮助学生掌握整本书的内容，又能够让学生体悟语言描写的精妙之处，从而实现语言运用、思维能力、审美创造等核心素养的全面发展。

(三)整本书阅读后期教学策略

整本书阅读后期阶段的主要目的在于深化学生的阅读感受，引导其形成个性化的阅读体验。在整本书阅读后期，教师可以采用内容重组和联结现实等策略来落实整本书阅读教学。

1. 内容重组策略

内容重组策略是指在阅读完整本书后，通过略读、跳读等方式，围绕特定的阅读目的，提取相关信息，按照新的逻辑顺序重新组合并将主要情节呈现出来的阅读策略。因此，使用内容重组策略的条件是对整本书内容有深入的理解，且具有明确的阅读目的。教师运用内容重组策略，能够引导学生从不同角度解读整本书，进而深化阅读感受。

在《夏洛的网》中，教师可以引导学生以典型人物为切入点，确定阅读目的。例如，以威尔伯为切入点，将阅读目的确定为"了解威尔伯的成长"。学生围绕威尔伯的成长这一主题，在全书范围内展开搜索。学生可以通过关注威尔伯在每次遇到困难时的表现，来判断威尔伯是否有所成长。

除了以人物为核心的阅读目的外，还可以将阅读目的限定在具体的事物上，如"探索夏洛一共织了几张网"。学生搜索后可以确定夏洛一生一共为威尔伯织了四张网，每一张网的内容背后都蕴含了夏洛对威尔伯的祝福与期待，更暗含了作者对于生命意义这一主题的思考。综上所述，在整本书阅读后期，教师采用内容重组策略不仅能够帮助学生深入把握整本书的内容和情节、深刻理解人物形象的特征，还能够帮助学生体悟作者的创作意图和整本书的价值意蕴。

2. 联结现实策略

联结现实策略是指在阅读时主动将文本与既有经验联系起来进行综合思考，或者凭借观察、想象等手段，结合自己的生活实际以及具备的经验和知识理解整本书，并从中获得新的感悟的阅读策略。这种阅读策略能够让书中的内容照进现实，实现个性化的阅读体验。一般情况下，联结现实策略包括三种：文本与已有经验的联结、文本与文本的联结、文本与生活的联结。

虽然《夏洛的网》的主人公是动物与昆虫，但是它们被作者赋予了人性的意义。威尔伯面临的成长痛苦也可能是我们当下面临的，威尔伯与夏洛之间珍贵的友谊也能够提醒我们关心周围的朋友。因此，在组织整本书阅读后期的学习活动时，教师可以引导学生将书中的内容与自己在现实生活中的经历、体验联系起来，或许能够获得更真切、更具个性化的体验。

除了与学生的现实生活联结，教师还可以通过对比阅读的方式将文本与文本联结。比如，同样讲到了成长与友谊，《夏洛的网》与《长袜子皮皮》有何异同。文本与文本联结不仅实现了对《夏洛的网》的深度阅读，还激发了学生阅读其他书籍的动机。

三、第二轮教学设计的呈现与分析

本节重点围绕第二轮教学改进活动后教师的教学设计展开详细的分析与讨论，具体包括对教学设计特点和不足的分析、对第二轮教学改进重点和过程的阐述，以及对第二轮典型教学设计的呈现与评价等几个关键维度。

(一)教学设计的特点与不足

在参考教师的第二轮教学设计后，本部分重点呈现教学设计的特点与不足。

1. 第二轮教学设计的特点

整本书阅读教学设计第二轮改进实践朝着规范、科学的方向发展，整体表现出以下三个突出特点：明确整本书阅读教学的三种基本课型，实现整本书阅读教学的全过程指导；重视整本书阅读方法的具体指导，帮助学生在不同的阅读阶段习得相应的阅读方法；关注整本书阅读心得的迁移应用，促使学生与文本、作者及其他读者展开深度对话，发挥整本书阅读对学生精神成长的重要作用。

(1)明确整本书阅读教学的三种基本课型

整本书的文化视野更开阔，内容含量更丰富，思维方式更复杂，反映的社会生活更加全面和深刻，这些都决定了科学合理的整本书阅读全过程指导课必不可少。[①] 在第一轮教学设计中，一些教师没有区分具体课型，试图通过一堂课、满堂灌的形式集中完成整本书阅读的全部指导任务，既不符合学生阅读整本书的真实节奏，也难以帮助学生完成深度阅读的目标。因此，在第二轮教学设计改进过程中，教师首先明确了整本书阅读教学的三种基本课型——"导读课""推进课""分享课"，并试图在此框架下逐步推进整本书阅读的全过程指导，帮助学生实现"真阅读"和"深阅读"。

---

① 王崧舟，王春燕. 腹有诗书气自华——《义务教育语文课程标准(2022年版)》"整本书阅读"解读[J]. 语文教学通讯，2022(33).

特定的课型有特定的教学功能定位和教学过程结构。整本书阅读教学的第一种基本课型是导读课，旨在激发阅读动机，提供阅读方向指引，制定阅读进程规划，明确阅读活动开展的具体要求，牵引学生走向整本书阅读的新起点。为了更好地发挥上述宏观引领作用，导读课需要兼具趣味性和工具性。一方面，导读课承载着唤醒学生阅读期待的功能。从第二轮教学设计来看，教师在导读课中扮演了推荐者和领读者的角色，借助特殊的主人公身份、丰富有趣的插图、名家的相关评论等内容，唤醒了学生的阅读兴趣。另一方面，导读课需要引导学生制订合理的阅读计划，并向学生传授恰当的阅读方法，从而提高其阅读效率、加深其阅读理解。阅读能力不是凭空产生的，需要教师带领学生进行有针对性的体验、发现和总结。从第二轮教学设计来看，教师设计了"学会读目录""学做'人物表'""学会画思维导图"等活动，引导学生略读与精读相结合，带着策略性思维走进文本。

整本书阅读教学的第二种基本课型是推进课。导读课之后，学生们进入了"持续默读"阶段。[①] 推进课旨在介入导读课之后的"持续默读"阶段，提升学生的阅读持久力，并基于对学生阅读效果的评估，推进整本书阅读向纵深方向发展。在整本书阅读过程中，教师有必要对学生的阅读过程进行组织、监控和指导。推进课的开展时机应该视整本书的阅读难度和学生的阅读情况而定。当学生在阅读过程中出现思维的碰撞点或障碍点时，教师可组织开展一次训练发散思维和收敛思维的推进课，发挥该课型在评估、纠偏、整合、引导等方面的作用。从第二轮教学设计来看，教师采取的具体做法有：评估学生前期阅读成效，检验阅读方法是否合宜，为下一阶段的阅读提供参考；进行问题的反馈与诊断，发挥纠偏、定向的导向作用，实现适当的干预和指导；为学生提供深度阅读的抓手，引导学生反思阅读成果，与生活经验对接，向纵深方向思考。

整本书阅读教学的第三种基本课型是分享课，旨在集中呈现学生主动建构的阅读成果，并通过合作探究与对话交流的方式构建学习共同体，在师生之间的垂

---

① 　奚一琴．儿童深度阅读的课型研究与实践[J]．上海教育科研，2018(8)．

直性互动和生生之间的水平性互动中，增加学生思维的深度、高度和广度，促进深度阅读的发生。① 分享课的开展要重视学生在阅读过程中的个性化的感悟和思考，使其通过分享自己的阅读心得、答疑解惑等，实现思维能力和表达能力的综合提升。为了更好地完成这一目的，交流话题的设计尤为关键，教师需要从整本书中提炼出具有趣味性、统整性、开放性、思辨性的话题，围绕该话题组织学生交流，并借此机会引导学生进行更为丰富和深入的阅读实践。从第二轮教学设计来看，教师设置的部分交流话题体现了上述特征。以"何为真正的朋友"为例：该话题与学生的生活经验密切相关，讨论时可串联交友过程中的精彩故事，具有趣味性；该话题有助于学生以威尔伯为中心梳理其成长过程中的各种朋友类型，进而串联全部情节和关键主旨，具有统整性；学生在探讨该话题时，可能会发现与过往认知冲突的地方，如"坦普尔顿虽然自私自利，却一次次帮助夏洛和威尔伯，它是否算得上朋友""威尔伯真的做到了夏洛所织的网上文字对它的期许了吗"，等等，由此教师引导学生展开开放性讨论和思辨性阅读。在观点的碰撞中，学生不仅可以实现深度阅读，而且能够生成对"友谊"的立体化认识。

总体来说，教师在进行整本书阅读教学设计的第二轮改进实践时，明确了整本书阅读教学的三种基本课型，在教学设计中分别体现了它们各自的教学功能定位和教学过程结构。不同课型的整本书阅读教学设计重点突出、特征明晰，有助于学生投入有目的、有层次、有意义、有收获的整本书阅读过程中。

(2)重视整本书阅读方法的具体指导

整本书阅读教学的核心目标之一，即引导学生"综合运用多种方法阅读整本书"，使其在日常学习和未来生活中有能力自主进行整本书阅读。从第二轮教学设计来看，教师普遍关注到了整本书阅读方法的具体指导，使其既显性地落实在教学内容中，又隐性地包含于驱动性任务和教学活动里。在 25 个教学设计案例中，明确涉及整本书阅读方法指导的案例有 12 个，占案例总数的 48%（见表 5-2）。

---

① 袁维新 . 教学交往：一个现代教学的新理念[J]. 上海教育科研，2003(4).

表 5-2　明确涉及整本书阅读方法指导的教学设计案例

课型	案例数	明确涉及整本书阅读方法指导的案例数	所占比例
导读课	4 个	4 个	100％
推进课	5 个	2 个	40％
分享课	16 个	6 个	37.5％

由表 5-2 可知，所有导读课都涉及整本书阅读方法的具体指导。这是由导读课的教学功能定位决定的。该课型涉及的阅读方法集中解决了一个关键问题，即"如何选择并开始阅读一本书"，具有较强的基础性。例如，读书名，猜主角，看目录，猜故事情节，引导学生勾勒小说的大致轮廓；看扉页，了解人物表，制作关系图，帮助学生由人物入手梳理小说的基本内容；读书评，增加阅读兴趣，并借此引导学生判断该书是否符合自己当前的阅读需求；掌握默读、朗读、略读、细读等阅读整本书的一般方式；关注阅读外国名著的注意事项等。

部分推进课和分享课也涉及整本书阅读方法的指导，在第二轮教学设计案例中分别占比 40％和 37.5％。整本书的深度阅读是整合信息、生成理解、建构关联的过程，涉及梳理信息脉络的线性思维，整合信息、关联信息的发散思维，透过现象看本质的抽象思维，理解信息、评析信息的辩证思维，以及经验的建构、解构与再建构，这中间的每一个关键步骤都需要借助相应的阅读方法才能实现。① 因此，与导读课阶段传授的基础性阅读方法相比，推进课和分享课阶段传授的阅读方法综合了搭建思维支架和表现认知成果的功能，需要学生积极主动地将其应用在阅读实践中。从第二轮教学设计来看，教师关注到了培养良好思维习惯、提升整体认知能力的必要性，针对指向深度阅读的阅读方法提供了具体指导。例如，在对比阅读中分析多部作品的异同，实现阅读质量的提升；借助可视化思维工具——思维导图、情节梯、鱼骨图等，建立意义逻辑的链接；通过提炼关键词和核心问题，整合阅读内容，进而就整本书的某一方面做微观阐释。

---

① 吴欣歆. 培养真正的阅读者——整本书阅读之理论基础［M］. 上海：上海教育出版社，2019：47—54.

综上所述，教师在进行整本书阅读教学设计的第二轮改进实践时，较为重视对整本书阅读方法的具体指导。导读课着重引导学生学会"如何选择并开始阅读一本书"，推进课和分享课则在此基础上针对指向深度阅读的阅读方法进行讲解和引导学生练习。

(3)关注整本书阅读心得的迁移应用

"语文的外延等于生活的外延"，实现整本书阅读心得的迁移应用是语文教学回归生活世界的重要体现。值得注意的是，所谓"生活世界"并不是指原始状态的日常生活，而是个体有目的、有意识地追求自我发展和自我创造的生命状态。正如埃德加·莫兰所说，"学习生活应该同时被赋予两个意识：其一是兰波所说的'真正的生活'并不是存在于无人能够脱离的种种实际的需求中，而是存在于自我的充分发展和生活的诗意的特点中；其二是生活需要每个人既有清醒意识又有理解心，更广而言之是让所有的人类潜能得到调动"①。经典作品以独特的方式触及人类社会永恒的话题，其思考主题的适用性、思考角度的纵深性、情知感悟的具象性，决定了整本书阅读对学生精神成长具有重要推动作用。

第二轮教学设计中涉及阅读心得迁移应用相关教学活动的案例占 80%，主要集中在分享课上。学生依托生活经验走近文本、理解文本，文本则提供新的视角和思考路径，引导学生形成新的感悟。教师在这一互动过程中所发挥的关键作用是找到文本与学生心灵的契合点，从而设置相关的实践活动，推动学生阅读心得的产生、迁移和运用。从第二轮教学设计来看，教师普遍关注学生阅读心得的迁移，围绕"爱""成长""友谊""生命的价值"等话题设置交流活动，帮助学生结合个体生活经验反思文本内容，形成综合理解。部分教师还探索了阅读心得在实际生活中的应用路径，如通过"撰写书籍推荐语""编辑电影脚本"等驱动性学习任务，引导学生在理解文本的基础上，将个性化的阅读心得运用于真实的生活情境中，既培养了学生的阅读鉴赏能力，也锻炼了学生的语言表达能力和审美创造能力。

---

① 埃德加·莫兰. 复杂性理论与教育问题[M]. 陈一壮，译. 北京：北京大学出版社，2004：140.

2. 第二轮教学设计的不足

与第一轮教学设计相比，第二轮教学设计更加凸显整本书阅读教学的核心内涵和基本特质，更加重视培养学生的高阶阅读能力和学科核心素养，但在教学目标的制定、教学活动的安排、教学内容的选择等方面仍存在待改进之处。

（1）教学目标模糊，未能清晰刻画学生行为

第二轮教学设计的教学目标虽较上一阶段更加细致精炼，但仍存在行为主体混乱、行为动词内隐、行为条件宽泛、行为标准难以衡量等问题。

首先，教学目标中的行为主体混乱，即行为发出者时而指向学生，时而指向教师。例如，同样是聚焦"增加阅读兴趣"这一教学目标，"激发班级同读一本书的兴趣"和"通过猜读等形式，产生阅读整本书的兴趣"，前者更倾向于教师作为行为发出者希望达到的教学效果，后者才是学生作为学习主体经过学习后可能达到的学习目标。教学目标中行为主体的差异不仅是语言表述的差异，还反映了两种不同价值取向的教学设计理念：前者以知识传授为中心，重在完成传授知识的任务，在这一过程中，知识被认为是孤立的、客观的，缺少对学生需求的关注，可能导致学生学习的积极性和主动性不高，所学的知识孤立、机械等；后者以学生发展为中心，基于建构主义思想，即知识并不是纯客观的，而是在主体交互过程中建构出来的，更重视学生的认知生成过程，这是核心素养发展导向下教学设计的必然选择。

其次，教学目标中的行为动词内隐，缺乏明确的行动指令和进阶路径。例如，"享受""感悟""体会""回顾"等行为动词的主观性较强，无法直接转化为具体的教学活动，学生的行为表现也难以观察，不利于"教—学—评"的开展。教师应多采用外显的行为动词，以凸显较为明晰的行动过程和行为意义，必要时可预设学习成果的表现形式，避免教学目标与教学过程脱节。此外，从行为动词所属的认知层级来看，教师制定的教学目标多聚焦于低阶认知活动，如梳理、理解、掌握等，比较、评价、创造等高阶认知活动则较少涉及，多个教学目标之间的进阶性不够突出。

再次，教学目标中的行为条件宽泛，缺少为直接影响学习结果而规定的学习环境、学习情境或学习资源等。例如，"汇报阅读的收获，并在交流的过程中学

会读书方法"这一目标，是以口头的形式还是书面的形式汇报阅读收获？汇报哪些方面的阅读收获？学会哪些读书方法？教师还需要在这些空白处划定具体的行为条件，以提高目标表述的精确度。发挥教学目标的聚焦和限定功能，将更有助于其在教学过程中的真正落实。

最后，教学目标中的行为标准难以衡量，即缺少对行为程度、水平或质量的标定与描述。例如，"充分回顾故事内容"这一目标，怎样才算是充分回顾？是要用简练的语言概括故事情节，还是要运用相应的思维工具来复述人物关系、情节脉络和作品主旨？"教学目标是对学生通过教学所要达到状态的提前确认"①，因此需用明确、简练的语言表述可观测的行为标准。

教学目标的模糊不仅反映了教师在教学设计的规范性上有所欠缺，而且说明教师对整本书阅读教学价值的定位不够清晰。只有在充分分析整本书阅读教学价值的基础上厘清教学目标，才能明确教学实施的方向。

（2）教学活动繁杂，未能高度统整学习任务

丰富的内容决定了围绕整本书阅读可开展的教学活动较多。教师在设计教学活动时，容易出现项目繁杂的问题，难以实现学习任务的高度统整。这在第二轮教学设计中主要有以下三种具体表现。

其一，缺少教学活动的逻辑主线，前期活动的铺垫和驱动作用不明显，后续活动的生成效果就无法达成。例如，教师在分享课中设置的主问题——"你觉得威尔伯是怎样的一只猪，它能不能配得上夏洛的网上文字？"旨在通过开放性讨论引导学生梳理威尔伯前后的变化，加深对主人公"成长"历程的思考。学生应先探究清楚夏洛所织的网上文字的深层内涵，在此基础上梳理威尔伯的成长经历和前后期变化，概括其特质和形象，即"是怎样的一只猪"，进而作出判断。但目前已有的前期活动——回顾《夏洛的网》基本常识（作者信息、故事梗概等），对推进这一问题解决的作用不明显。没有明晰教学活动的逻辑主线，以教师主导下文本解读成果的串联代替了学生的阅读发现和阅读生成，没有为学生提供思辨性阅读的

---

① 张秋玲.语文教学设计：优化与重构[M].北京：教育科学出版社，2012：141.

支持工具和讨论空间，因此后续活动的生成效果难以达成。

其二，统整性的学习任务流于表面，没有覆盖并落实在整个教学过程中。例如，教师在"将《夏洛的网》这本书改编为电影"的学习情境中布置了"为电影选取场景并撰写场景脚本"的学习任务。这一学习任务有利于达成梳理并复述故事情节的教学目标，但后续的教学活动直接转为分析人物形象、探究小说主旨，没有充分发挥统整性学习任务的价值，学生的思维链条被迫中断。

其三，在小说三要素"人物—情节—环境"的传统框架中组织整本书阅读教学活动，肢解了整本书的整体价值。例如，教师设置"说出最喜欢的人物""概括本书的主要内容""分享印象最深的一个画面"三个教学活动，看似较为全面地涉及了小说三要素，但三者难以构成完整的学习链条。这并不意味着小说三要素的传统框架无法成为组织教学活动的依据，而是应该积极建立三要素之间的内在关联。例如，威尔伯的成长经历是小说情节的关键组成部分，环境的更迭和朋友的支持则是两条重要线索，由此有效整合三要素，才能够有效实现整本书阅读的价值。

（3）教学内容单一，未能多维解读文本意义

名著的经典性体现为作品塑造的角色形象具有典型性、立体性和真实性，主旨内涵具有深刻性和对当下生活的启发性，能够关涉人类社会的基本问题，涵盖对人与自我、人与人、人与自然、人与社会的多元思考。作为经典作品的《夏洛的网》在文学经验、人生哲思、审美特征等多方面都具有较高价值和可供切入的解读视角，但教师容易忽略文本意义的丰富内涵，导致未能充分发挥整本书阅读对于丰富学生精神世界、促进学生精神成长的独特价值。这在第二轮教学设计中主要有以下三种具体表现。

其一，忽略了叙事线索的交错互文。黄贵珍认为，《夏洛的网》有两条线索，一条线索以弗恩的成长为中心，叙述的是现实世界中的故事；另一条线索以威尔伯的生存为中心，叙述的是幻想世界中的故事。[①] 这两条线索共同构成了成长主题，需结合起来形成整体理解。但在第二轮教学设计的 25 个案例中，关注到现

---

① 黄贵珍．论《夏洛的网》的叙事结构[J]．武汉冶金管理干部学院学报，2015(4)．

实世界故事脉络的仅有 10 个，占比为 40%。

其二，以二元对立的思维方式理解人物形象，存在将人物脸谱化、片面化、标签化等问题。以老鼠坦普尔顿为例，教师或将坦普尔顿归纳为"冷漠、自私、贪吃、狡诈"的反面形象，或强调坦布尔顿在关键时刻多次帮助了威尔伯，但这两面的行为其实统一于同一个角色的身上，如何看待这种矛盾性，如何更深入理解其复杂的形象特征，还有待进一步挖掘。在第二轮教学设计的 25 个案例中，仅有 1 个案例关注到了这一问题。由此可知，教师对人物形象及其与其他人物之间关系的把握还不够扎实。

其三，将小说主旨抽绎为"友谊""生命"这两个概念，相关分析较为浅表化，虽然关注了这些话题与学生生活世界的关联，但没有依托文本挖掘出更深层次、更多元化的主旨内涵。例如，如何面对挫折？卑微的生命如何实现其价值？夏洛和威尔伯的深厚友谊是如何建立的？《夏洛的网》中四张网上的文字的顺序为什么不可以调换？威尔伯身边不同类型的帮助者对其成长有什么不同的意义？……这些问题及其背后的主旨内涵都值得进一步深入挖掘。

(二)第二轮教学改进的重点与过程

课程改革强调尊重学生的主体地位，学生是课堂的主体，教师应承担学生学习的支持者、辅助者和引导者的角色。但第二轮教学设计中的教学关系略有失衡，未能充分激活学生的自主体验，具体表现为：没有在学生的最近发展区内设定教学目标，教学组织过程主要由教师主导，预设问题的确定性较强、开放性不足，缺乏学生合作探究的学习活动。为了促进学生阅读经验向更深、更高、更广处拓展，教师可以从以下三个方面加以改进。

1. 根据对整本书阅读教学价值的分析，精确提炼教学目标

整本书阅读的教学价值可从知识积累、能力提升、策略建构、精神成长四个层面进行分析和理解。第一，经典作品囊括的文化内涵之全面、语言材料之丰富，为学生的知识积累奠定了基础。第二，经典作品具有作为复杂阅读文本的认知生成价值，有助于提升学生的高阶思维能力、审美鉴赏能力和语言表达能力。

第三，整本书的内容丰富，需要学生灵活运用内容重构、捕捉闪回、对照阅读、跨界阅读、经典重读①等阅读策略。第四，经典作品思考主题的适用性、思考角度的纵深性、情知感悟的具象性，决定了整本书阅读对学生精神成长具有重要推动作用。上述四维教学价值着眼于学生学科核心素养的综合发展，可以将其与布卢姆教育目标分类法相结合，构建如图 5-1 所示的整本书阅读教学目标分析框架。

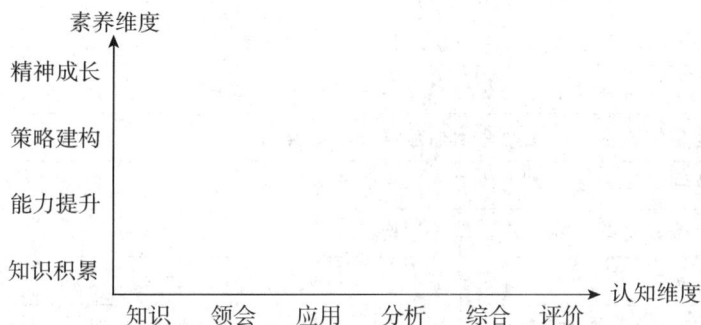

图 5-1　整本书阅读教学目标分析框架

贯彻落实整本书阅读的教学价值，并将其转化为教学目标，对整本书阅读教学的开展发挥着导向作用。读透才能教透，教师首先要实现自我对文本的深度阅读，深刻理解文本内容，灵活应用阅读策略，才能在诸多教学价值中提炼出最有意义、最切实际的教学目标；其次要注意教学目标的递进性和统整性，帮助学生逐步实现从低阶阅读素养到高阶阅读素养的发展，实现知识积累、能力提升、策略建构、精神成长的有机融合。依托整本书阅读教学目标分析框架，教师团队在第二轮改进实践中围绕《夏洛的网》梳理出 12 条整本书阅读教学目标，如表 5-3 所示。

---

① 吴欣歆. 培养真正的阅读者——整本书阅读之理论基础[M]. 上海：上海教育出版社，2019：53.

表5-3 《夏洛的网》整本书阅读教学目标

序号	教学目标
1	通过对《夏洛的网》的整体了解，加深对童话基本特征的认识。
2	通过提炼并修改关键词的活动，加强整合信息、概括归纳的能力。
3	交流各章节的主要内容和自己的阅读感受，锻炼语言表达能力。
4	梳理主要人物和典型情节，概括故事主要内容，灵活运用内容重构策略。
5	分析和评价书中主要角色的性格特点。
6	通过猜测故事情节的发展，激发继续阅读的兴趣。
7	通过赏析精彩段落，了解作者是如何通过语言文字塑造人物形象并传递情感的。
8	通过分析威尔伯一生的命运，理解友情的真谛。
9	通过分析和评价主要人物形象，产生情感共鸣，解释书中关于"爱"的主题。
10	通过探讨有争议的问题，学会质疑。
11	通过阅读《夏洛的网》，掌握整本书阅读的基本流程和方法。
12	迁移运用《夏洛的网》阅读经验，自主阅读同类型的"成长"童话。

2. 围绕学生高阶阅读素养的培养，综合规划教学活动

在语文课程改革的推动下，教师应对课程统整的语文教学具备阅读力、思考力、设计力和支持力。整本书阅读教学指向学习内容的统整构建和核心素养的培养发展，相应的教学设计应围绕学生高阶阅读素养的培养，对阅读与鉴赏、梳理与探究、表达与交流三类语文实践活动进行综合规划，将80%的时间留给学生自主阅读，学生自主解决阅读中20%的问题，再拿出20%的时间由教师组织学生讨论他们无法解决的80%的问题。①学生大部分时间应处于自主性的阅读与鉴赏、梳理与探究中，但第二轮教学设计实践对此有所忽视，缺少这一基础，表达与交流就是无源之水、无本之木，容易导致学生的整本书阅读过程不扎实、能动性不强。因此，教师可跳到导读课、推进课、分享课三种课堂形式之外，把设计重点放在整本书阅读的指导计划、阶段性任务和贯通性任务上，由此指导和监控

① 吴欣歆.培养真正的阅读者——整本书阅读之理论基础[M].上海：上海教育出版社，2019：256.

学生在课外的自主活动。

教师需要依照教学内容、文本特质和学生水平，与学生共同设计完成阅读指导计划。阅读指导计划应包括学生的阅读时间、阅读阶段目标和贯通性总目标，为学生提供整本书阅读的基本方向。贯通性任务旨在为学生阅读整本书提供驱动力和认知线索，应高度整合学习目标、学习内容、实施要求和学习评价，以此激发学生的阅读兴趣，并为学生的认知升级提供重要抓手。阶段性任务也是教学设计中必不可少的一环，依托整本书阅读进度和贯通性任务的要求构建任务链，既能为学生完成贯通性任务搭建支架和平台，又能以阶段性成果为依据，评估学生的阅读进展，确保长程学习的真实发生和高效进行。

3. 基于教师对整本书的充分解读，灵活开发课程资源

整本书具有多维解读的空间和深入解读的必要，教师要对所选书目进行更加充分的解读，并在此基础上灵活开发教学内容，将整本书阅读教学的价值发挥到最大。具体方法有以下两种。

第一，运用"内容重构"策略，梳理文本内容，建构系统性理解，从中开发教学内容。"内容重构"即"在通读全书后回顾梳理，摘取某个人物或者事件的关键信息，将相关信息组织在一起，相对完整地呈现人物形象，勾勒事件发展的脉络，全面了解环境描写的特点"[①]。该策略的使用以结构化的信息处理为基础。教师通过对整本书中的人物形象、事件情节以及环境描写等要素进行梳理和整合，可以获得对某一问题的完整、清晰的认识，并以此为切入点开发教学内容。教师需多关注文本中出现的重复情节和重复环境，从中探寻其共性与差异，像一颗颗珠子被串联起来，形成一条探究线索。例如，《夏洛的网》中威尔伯在生命的各个阶段都有过哭泣。全书描述的多次哭泣分别是在什么样的情况下？是怎样的哭泣？不同的哭泣对威尔伯的成长来说有什么不同的意义？关于这些问题的思考和解答有助于勾勒出威尔伯的成长之路。又如，通过绘制《夏洛的网》中威尔伯的

---

① 吴欣歆. 培养真正的阅读者——整本书阅读之理论基础[M]. 上海：上海教育出版社，2019：53.

人生曲线图，可以发现威尔伯从"落脚猪"成长为"王牌猪"的几度转折，每一个节点都暗示了成长的必备特质和转变。教师结合这一认识挖掘教学内容，可以帮助学生理解小说的"成长"主题。

第二，在教师共同体中合作完成提炼大概念、连缀关键词的任务，实现思维的发散与收敛，由此深度关联整本书的多个主题，从中开发教学内容。"大概念"即"核心的概括性知识"①，教师可以在深入阅读文本的基础上，运用发散思维提炼出诸多可以概括主题的大概念。例如，在《夏洛的网》中，教师可以找到的大概念主要有三类。一是友情类，朋友的价值是什么？什么是真正的朋友？二是挫折类，如何面对挫折？如何摆脱困境？三是生命类，如何面对死亡？卑微的生命如何实现人生价值？这些大概念是源于文本又高于文本的陈述，是读者根据自己的阅读感受和思考总结出来的关键词。在此基础上，教师共同体再进行多轮连词成句活动，运用收敛思维发掘关键词之间的内在关联，分析作者的创作意图，并结合学生的认知水平和发展需求，构建对整本书的内容阐释。

(三)案例的呈现与分析

本部分遴选了第二轮教学改进后几个具有典型性的教学设计案例加以呈现。有教师在调研时指出要明确课型，因此项目组对本部分内容的呈现方式作出调整：不再呈现完整的教学设计，而是根据导读课、推进课、分享课的划分标准聚类呈现教学设计，并在每一类教学设计后，对该类设计的优点与不足进行详细分析。

1. 导读课案例呈现与分析

项目组选取了两个具有代表性的导读课教学设计案例，先整理呈现两个设计的基本样貌，再结合各自特点进行详细分析。

① 王荣生．事实性知识、概括性知识与"大概念"——以语文学科为背景[J]．课程·教材·教法，2020(4).

（1）导读课教学设计案例1

表5-4 教学设计概况

课程名称	《夏洛的网》导读课	课时	1课时	授课教师	Y教师
教学目标	1. 通过观察图书封面、封底、书脊等信息，激发学生的内部阅读动机。 2. 通过阅读简介、观察目录，帮助学生初步感知《夏洛的网》的基本内容。 3. 通过梳理人物关系，初步了解人物形象特点。				

➤ 教学环节1：通过导入，激发阅读兴趣

以生活中的经历引导学生对《夏洛的网》产生丰富的联想与想象，达到激发学生学习兴趣的目的，并顺势提问，在引发学生思考的同时引入第一个学习任务。

同学们，你们见过蜘蛛吗？都见过什么样的蜘蛛？能否用一两个词语来形容一下你见过的蜘蛛？

老师今天也带来了好多蜘蛛的照片，它们有可爱的、勤劳的、可怕的、奇怪的……今天这节课，老师就要向大家推荐一本关于蜘蛛的书，它的名字叫《夏洛的网》。读过的小朋友先别着急去跟同学们分享你的感受，老师相信接下来你会有更大的收获；而没有读过的小朋友，老师相信你们读了之后，一定会爱上这本书。

不过，在正式阅读之前，老师要问大家一个问题：拿到一本书时，我们该如何读？是直接就开始读呢，还是有什么方法可寻？所以这节课，我们不仅要读《夏洛的网》，还要边读边寻找能够帮助我们打开更多阅读之门的金钥匙。

➤ 教学环节2：初识《夏洛的网》，介绍阅读方法

在学生刚刚接触《夏洛的网》这本书时，教师要引导学生从封面、封底等部分初步获得关于这本书的信息。这一方面能够培养学生良好的阅读习惯，另一方面也能进一步激发学生的阅读动机。

· 观察封面，发现书名，认识作者，认识主人公

　　拿到这本书，观察书的封面，我们可以发现最显眼的莫过于这本书的名字——"夏洛的网"了。在封面上除了有书名外，还有一幅精美的插图，谁来分享一下从插图中你都发现了什么？当然，书的封面不只呈现了这两个信息，谁还发现了其他信息？（作者、译者等）

通过教师的引导，学生能够通过观察封面顺利地了解这本书的基本信息，包括书名、作者、主人公等。

· 观察人物表，了解主要角色

　　为了更好地走进故事，这本书在一开头就向我们展示了一张人物表，让我们一起来看看这本书的主要角色都有谁吧。

在观察封面后，教师引导学生翻开书，仔细观察书中呈现的人物表。学生通过人物表提供的信息，能够对书中的主要角色建立初步认知。

· 看书评，激发阅读兴趣

　　我们通过观察了解了这本书的基本信息，认识了书中的主要人物。在开始正式阅读前，我们还要博采众长，听听读过这本书的人都是如何评价这本书的。

读书评是吸收间接经验的一种有效方式。学生通过阅读书评能够更为深刻地感知书中内容，能够在辩证的观点中产生阅读问题，能够在优秀书评的引导下激发阅读兴趣。

· 阅读方法总结

　　在我们完成一系列的学习活动后可以总结出初读一本书时的阅读方法。

首先，我们可以通过观察封面，了解书籍的基本信息；其次，我们可以阅读简介或人物表，对书中的主要角色有所了解；最后，我们可以阅读别人写的书评，加深对这本书的感知。

➤ 教学环节 3：走进《夏洛的网》，探索书中内容

在了解了这本书的基本信息、激发了阅读兴趣后，接着可以引导学生初步阅读《夏洛的网》。初读可以分两个环节展开：第一个环节是观察目录，推测故事情节；第二个环节是阅读精彩片段，感知故事内容。

· 观察目录，推测故事情节

《夏洛的网》一书包括 22 个章节，每个章节都有一个标题。标题可以看作对该章内容的高度凝练。学生在了解了主要人物的基础上，可以通过观察目录的方式初步推测这本书的主要内容。

同学们，一本书中还有一个更加重要的内容值得我们关注，那就是目录。目录是对章节内容的高度概括和提炼。我们既然已经了解了书中的主要角色、阅读了他人对这本书的评价，想必也对这本书的内容有了初步了解。接下来就让我们仔细阅读这本书的 22 个章节标题，预测一下故事情节吧。

1. 早饭前

2. 小猪威尔伯

3. 逃走

4. 孤独

5. 夏洛

6. 夏日

7. 坏消息

8. 家里的谈话

9. 威尔伯说大话

10. 臭蛋爆炸

11. 奇迹

12. 会议

13. 进展顺利

14. 多里安医生

15. 蟋蟀

16. 上集市去

17. 叔叔

18. 凉爽的晚上

19. 卵袋

20. 胜利时刻

21. 最后一天

22. 温暖的风

· 阅读精彩片段，感知故事内容

《夏洛的网》这本书中有许多有趣又典型的人物，每个人物的身上都发生了一些关键事件。教师可以通过提取关键事件，引导学生初步阅读，感知故事内容，了解人物形象特点。教师在组织学习活动时，可以从三个关键人物——弗恩、威尔伯和夏洛入手。以弗恩为例，教师首先展示弗恩从父亲手中夺取斧头，救下"落脚猪"的插图，其次让学生阅读相关章节，最后总结弗恩的形象和特点。再如以"威尔伯"为核心，教师可以做如下设计：

师：要是日子都能这样过下去该多好啊，可惜，快乐的时光总是那么短暂。威尔伯被卖给了霍默舅舅，它也从苹果树下的家搬到朱克曼家谷仓底的肥料堆里。威尔伯来到新家以后，感觉好吗？请同学们带着这个问题默读第3章。

师：是的，老师也感觉到威尔伯的确不快乐。如果你是威尔伯，你会怎么读这段话呢？

师：老师听出来了，威尔伯很不快乐。赶紧给威尔伯想想办法呀！

师：最先给威尔伯出主意的是母鹅，它对威尔伯说，"你用不着待在那脏兮兮脏兮兮脏兮兮的猪栏里"，"有一块栏板松了"。这下机会来了，栏板松了，威尔伯想到了逃跑。但是，这却是一次不成功的逃跑，威尔伯最终在慌乱中被一桶泔脚引入了猪圈。

师：经历了这一次不成功的逃跑之后，威尔伯陷入了深深的孤独……它去找老鼠坦普尔顿，但这家伙不在，去找母鹅玩儿，但她忙着孵蛋连玩也不玩。好吧，那去找小羊羔，我的天，小羊羔竟然说它对猪没有兴趣，甚至认为猪的价值比零还少。

同样，围绕"夏洛"展开的关键事件阅读也可以采用相同的方式。这样不仅能够让学生了解关键事件，还能够透过关键事件挖掘人物形象的特点。

Y 教师的教学设计达到了激发学生阅读兴趣的目的，在设计的最后，Y 教师留下了悬念——"一只蜘蛛真的能拯救威尔伯的命运吗？想知道吗？继续阅读吧！老师相信，除了故事本身，你们应该还能读出更多！"推荐学生继续阅读。

（2）导读课教学设计案例 2

表 5-5　教学设计概况

课程名称	《夏洛的网》导读课	课时	1 课时	授课教师	Z 教师
教学目标	1. 享受读书乐趣，激发读书热情。 2. 引导学生初步了解作品作者，了解书中的主要人物和故事概况。 3. 通过聆听、观察和想象，感知角色，产生美好的情感，激发阅读的欲望。				

➤ 教学环节 1：跨界阅读，激趣导入

《夏洛的网》作为一部举世闻名的儿童文学作品，不仅被翻译成了多国语言，还被拍摄成为影视作品。因此，在导入环节，教师播放《夏洛的网》影视片段，以激发学生的阅读动机。

➤ 教学环节 2：初识《夏洛的网》，了解书目基本信息

初识《夏洛的网》，可以试着从封面、封底、书脊等地方，了解关于这本书的基本信息。例如，从封面中能够了解这本书的名字、作者、译者和出版社信息，从封面的插图中可以发现弗恩、威尔伯、夏洛等关键人物。

在了解了书籍的基本信息后，教师进一步提供作者简介资料，引导学生阅读，让学生更加了解作者，了解这本书的价值，了解作者的创作意图。

➤ 教学环节 3：小组合作探究，厘清人物关系

《夏洛的网》中有一张详细的人物表，人物表清晰地呈现了主要角色的姓名以及身份信息。在这一环节，教师要求学生以小组为单位，共同阅读人物表，厘清书中关键人物之间的关系，尤其是夏洛、威尔伯和弗恩之间的关系。

➤ 教学环节 4：欣赏精彩片段，感知故事内容

教师要求学生以小组为单位，选出最感兴趣的章节，并进行阅读。阅读时可以采用分角色朗读的方式。阅读结束后，分享自己最喜欢的句子、段落或者章节并提取章节关键信息，复述故事情节。

➤ 教学环节 5：总结提升

　　《夏洛的网》由美国当代散文家 E. B. 怀特所著，是一本关于友谊的、充满爱的童话故事书。在这本书中，蜘蛛夏洛真诚无私，为了小猪威尔伯，甘愿付出生命。也正是它用蜘蛛丝编织了一张爱的大网，这网挽救了威尔伯的生命，更激起了人们心中无尽的爱与温情。威尔伯是一只害怕孤独的小猪，它不需要多美味的食物，只希望有一个爱它的朋友。同样，它也是一只善良、勇敢的小猪。在弗恩、夏洛等的帮助下，威尔伯顽强坚定地活了下去。老鼠坦普尔顿的行为很彻底地表现了人性中阴暗、自私的一面，与夏洛的无私形成了极大的反差。但它同样是一只可怜的老鼠。长期以来，其他动物排挤它，从不给予它关怀，致使它自私自利。它的形象值得我们反思。弗恩是一个有爱心、尊重每一个生命的纯洁女孩，也就是她挽救了威尔伯的第一次生命，从根本改变了威尔伯作为一只落脚猪的命运。

在威尔伯心中，另一个世界的夏洛就好似流星一般绚丽，一样圣洁——"夏洛是无可替代的"。我要把这本蕴含着生命、爱和友谊的书推荐给学生，让他们拥有一本好书，拥有一份真情！我还要把夏洛的话深情地念给我的学生听，在每个学生的心里埋下爱与友谊的种子，让这张用爱与温情织成的网撒满世界！

以上是 Z 教师关于《夏洛的网》导读课的全部设计。接下来综合两个教学设计，作出对比点评。

案例 1 和案例 2 的教学目标、教学环节和教学活动都呈现出整本书阅读导读课的典型特征。

首先，导读课旨在唤醒学生的阅读期待，激发学生的阅读动机。案例 1 中的 Y 教师通过引导学生略读文本首尾情节，留下悬念："一只蜘蛛真的能拯救威尔伯的命运吗?" Y 教师用扣人心弦的情节吸引学生的阅读兴趣，引导其开展阅读活动。案例 2 中的 Z 教师则采用了借助审美直觉唤起阅读兴趣的方法，通过播放《夏洛的网》影视片段，引导学生分享最喜欢的句子、段落或者章节。教师充当整本书的推荐者和领读者，引导学生对经典名著形成直观认识和审美体验，激发学生的阅读兴趣。

其次，导读课应向学生传授恰当的阅读方法。案例 1 中的 Y 教师设置了"拿到一本书时，我们该如何读?"这一策略性问题，并为学生提供了三个步骤：第一，观察封面，发现书名，认识作者，认识主人公；第二，观察人物表，了解主要角色；第三，看书评，激发阅读兴趣。案例 2 中的 Z 教师同样致力于引导学生关注书名、作者、译者、出版社、插图等基本信息，不同的是"欣赏精彩片段，感知故事内容"这一环节囊括了提取关键信息、复述故事情节等阅读方法的指导。尽管阅读方法需要在阅读实践中构建生成，但是导读课也可以充分发挥引领作用，促使学生在未来的阅读实践中进行有针对性的发现、体验和总结，助力学生带着策略性思维走进文本。

《义务教育语文课程标准(2022 年版)》明确提出，整本书阅读教学应"注意考察阅读整本书的全过程，以学生的阅读态度、阅读方法和读书笔记等为依据进行评价"。但这两份教学设计案例均没有开展设计阅读进程规划的活动，也并未提供阅读过程记录表、阅读效果评价表等自我反思和自我改进的工具，这可能导致学生在整本书阅读过程中处于无目标、无动力的状态。

2. 推进课案例呈现与分析

项目组选取了两个具有代表性的推进课教学设计案例。首先整理呈现两个设计的基本样貌，再结合各自特点进行详细分析。

(1)推进课教学设计案例1

表 5-6　教学设计概况

课程名称	《夏洛的网》推进课	课时	3 课时	授课教师	W 教师
教学目标	1. 梳理人物命运的起伏与转变，引导学生明白每个人都需要朋友的帮助。 2. 不断地分析和丰富人物形象，引导学生发现友谊会让彼此成长。				

➤ 教学环节 1：导入

师：在 E. B. 怀特的笔下，夏洛用蜘蛛丝编织了一张爱的大网，这网挽救了威尔伯的生命，更激起你我心中无尽的爱与温情。关于这本《夏洛的网》我们已经读到第 11 章左右，这节课咱们就一起停下来，想一想，聊一聊。

➤ 教学环节 2：提出问题，引发思考

《夏洛的网》中一个很重要的主题是友谊，学生在阅读的过程中对朋友这个概念一定会有新的认识和思考。因此，在这个环节中，教师以抛出问题的方式，引导学生对何为友谊、何为朋友进行新的思考。

· 问题 1：在阅读中思考，你会有更多的发现。关于下列问题，你的答案是什么？

(1)没有弗恩的出现，威尔伯会怎样？为什么？

(2)威尔伯去了谷仓，那里明明有很多小动物，它为什么依然感到孤独？

(3)如果没有遇到夏洛，威尔伯在谷仓里会怎样？为什么？

· 问题 2：从这些思考中，你们有什么发现和感悟？

预设 1：每个人都需要别人的帮助。

预设 2：每个人都需要朋友。

预设 3：朋友对我们来说很重要。

预设 4：友谊让生命充满希望，让生活更加美好。

· 问题 3：你认为什么样的人才能被称为"朋友"？

· 问题 4：朋友之间的帮助、陪伴和改变是单方面的吗？

· 问题 5：《夏洛的网》中有这么多人物形象，你认为谁和谁是朋友呢？为什么？

➤ 教学环节 3：梳理整合，发现人物变化

在《夏洛的网》中，关键人物在长时间的相处中都成为挚友。在刚刚的讨论中，学生也进一步明确了朋友以及好朋友的标准。本环节将进一步梳理书中提及的几对好朋友的关系，并尝试发现朋友给他们的人生带来了哪些变化。

· 弗恩与威尔伯

(1)弗恩：八岁的小女孩儿→勇敢，细心，善良，有爱心，有责任心，结识了谷仓里的小动物，对身边的事物充满幻想。

(2)威尔伯：面临被杀→被弗恩救下，被弗恩呵护、照顾，生活有了希望与温暖。

· 夏洛与威尔伯

(1)夏洛：嗜血，凶残→友好，聪明，有耐心，乐于助人，实现生命的价值。

(2)威尔伯：怯懦，安于现状，爱哭，孤独→对生活有了期待，向往明天，有了依赖，勇敢，承担责任。

师：因为有了朋友，每个角色都有所改变，不断成长，也因此感受到了

温暖和关爱。看来是朋友点亮了我们的生活，让我们不断地成长！回忆一下，你为朋友做过什么事？朋友又让你有过哪些改变呢？

➤ 教学环节4：激趣推进，继续阅读

本课程设计的前提是学生已经阅读了《夏洛的网》前11章的内容。本环节通过一系列富有趣味的学习活动，激发学生继续阅读的动机。

· 活动1：猜一猜

(1)夏洛织出"王牌猪"的网上文字，创造了奇迹，它可以成功救下威尔伯吗？

(2)山羊、老鼠、母鹅等会和威尔伯成为朋友吗？它们会如何帮助它呢？

· 活动2：提出阅读建议

《夏洛的网》就像一座宝库，它的文字蕴含着丰富的人生哲理，它的故事细节饱含着感人又温馨的情感。通过今天的交流，在接下来的阅读过程中，希望大家能够做到如下几点：

(1)积累优美的环境描写；

(2)关注个性化的人物语言，多角度分析人物形象。

(3)思考友谊、生命等主题的意蕴。

以上是W教师《夏洛的网》推进课的全部教学设计。

(2)推进课教学设计案例2

表5-7 教学设计概况

课程名称	《夏洛的网》推进课	课时	3课时	授课教师	L教师
教学目标	1. 更加深入地了解与理解故事内容。 2. 更加深刻地感受和感悟人物的心灵世界。 3. 更加真诚与真切地感悟人生道理。				

➢ 教学环节 1：温暖回忆——畅聊故事内容

　　师：请一名同学简单地讲讲《夏洛的网》这个故事。

　　预设：

　　生 1：《夏洛的网》讲了可爱的小猪威尔伯和聪明的蜘蛛夏洛之间发生的故事。

　　生 2：《夏洛的网》主要讲的是蜘蛛夏洛在小猪威尔伯遇到厄运的时候用在网上织字的方法挽救了威尔伯的性命。

　　生 3：这本书主要讲的是朱克曼家的谷仓里的小猪威尔伯面临变成熏肉火腿的命运，于是它的好朋友夏洛用自己的丝在猪栏上织出了被人类视为奇迹的网上文字，挽救了威尔伯的生命，但蜘蛛夏洛的生命却走到了尽头……

➢ 教学环节 2：点击人物——谈谈人物形象

　　师：读一本好书，总有一些人物让我们记忆犹新。谁来说一说这个故事中的哪个人物给你留下了深刻的印象？

　　预设：

　　生 1：善良、有爱心的弗恩给我留下了深刻的印象。

　　生 2：弗恩，因为她能保护弱小，是她第一次挽救了小猪的生命。

　　生 3：夏洛，因为它善良、友爱、宽容、热忱、乐于助人……

　　生 4：我喜欢可爱、懂得感恩的威尔伯。

　　生 5：坦普尔顿，因为它自私自利，付出都讲条件，总要回报。

➢ 教学环节 3：感人细节——品味魅力之网

以下问题完全围绕着夏洛为威尔伯编织的 4 张网展开。教师逐步引导学生在书中找到精彩的段落，并以提问的方式让学生反复阅读和揣摩。

　　教师提问 1：在夏洛和威尔伯的这段友谊之旅中，始终跳跃在我们眼前的网，正是书名"夏洛的网"的来源。夏洛是一只蜘蛛，它的网跟一般的蜘蛛网有所不同，它的网能够结出文字，而正是这些文字救了威尔伯的性命。文中是如何描写夏洛的网的？

在雾天的早晨，夏洛的网真是一件美丽的东西。这天早晨，每一根细丝点缀着几十颗小水珠。网在阳光中闪闪烁烁，组成一个神秘可爱的图案，像一块纤细的面纱。（第78页）

每一条丝上停着几十颗清晨闪亮的小露珠。东方的晨光照着它，让它看得清清楚楚。这是一幅设计精巧的完美的织品。（第142页）

教师提问2：像这样一张美丽、有魔力的网，夏洛为威尔伯编织了4张，网上的文字分别是王牌猪、了不起、光彩照人和谦卑。诚如大家所说，这是拯救了小猪威尔伯性命的幸运符号。当看到这些网时，人们有怎样的表现呢？

勒维都要瘫下来了。他用手擦擦眼睛，一个劲地盯住夏洛的网看。（第78页）

朱克曼先生看着网上文字。接着他读出来"王牌猪"。接着他看勒维。接着他们两个开始发抖。（第78页）

教师提问3：同学们，这些网不仅挽救了小猪威尔伯的生命，还给威尔伯带来了什么变化呢？故事中有这样一段文字，大家一起来读一读：

威尔伯站在金色的阳光里，真是光彩照人。自从蜘蛛开始扶助它，它就尽力活得跟它的名声相衬。夏洛的网说它是王牌猪，威尔伯尽力让自己看上去是只王牌猪；夏洛的网说它了不起，威尔伯尽力让自己看上去了不起；现在网上说它光彩照人，它尽力让自己光彩照人。（第110～111页）

教师提问4：书中有一段值得我们细细品味的文字。在这段文字中，夏洛提到了生命的价值。它觉得生命的价值是什么？

"你一直是我的朋友，"夏洛回答说，"这件事本身就是一件了不起的事。我为你结网，因为我喜欢你。再说，生命到底是什么啊？我们出生，我们活上一阵子，我们死去。一只蜘蛛，一生只忙着捕捉和吃苍蝇是毫无意义的，通过帮助你，也许可以提升一点我生命的价值。谁都知道人活着该做一点有

意义的事情。"（第 159 页）

➤ **教学环节 4：心灵告白——谈谈读书感受**

有人这样评价《夏洛的网》：这实在是一本宝书。我觉得在一个理想的世界里，应该只有两种人存在，一种是读过《夏洛的网》的人，另一种是将要读《夏洛的网》的人。人们为何对这本书有如此高的评价？你读完这本书有什么别样的感受呢？

以上是 L 教师设计的《夏洛的网》推进课的内容。

在上述两个整本书阅读推进课的教学设计案例中，教师于学生开展自主阅读过程中适时介入，总结和评估了学生的阶段性阅读成果，为下一阶段阅读活动的开展提供建议，依托阅读生长点推动学生整本书阅读向纵深方向发展。案例 1 为教师在学生阅读到第 11 章时组织的一次中期推进指导课，主要目标在于纠偏定向、维持学生的阅读激情。教师通过改编情节，如弗恩没有出现，威尔伯没有遇到夏洛等，引导学生在对比中思考朋友的意义，并基于文本内容和生活经验共同探究关于"朋友及好朋友的标准"等话题；进而指导学生梳理主要人物结识朋友前后性格、状态的变化，由此引导学生形成对朋友的重要性的理性认识；同时也检验了学生阶段阅读成果——对故事情节和人物形象的把握程度以及整合信息的能力。学生在前期阅读的基础上，通过教师给予的关键问题或驱动性任务完成阶段内容的梳理和整合，并获得持续阅读的驱动力和方向。案例 2 为教师在学生整体初读完文本后组织的一次指导推进课，旨在引导学生梳理前期阅读成果，指导学生开展深度阅读。首先通过畅聊故事内容、谈谈人物形象的教学活动评估学生前期阅读成效，检验阅读方法是否合宜，并为下一阶段的阅读提供参考；继而设置主问题"这是一张_____的网"，不断设问、不断深入，引导学生从表层认识逐渐生成深层次认识，实现了推动学生走向深度阅读的目标。

这两个案例较全面地关注到文本意义的丰富内涵和多维空间，教学内容的选择较为典范、科学。阅读本质上就是一种意义构建的过程。为实现学生高阶阅读素养的发展，教师需要选择蕴含生成空间和可探究空间的教学内容，并结合学生的认知特征进行综合建构。案例1教师关注到了"成长"和"朋友"这两大主题，探究了朋友对成长的关键意义，关注到了弗恩和威尔伯的成长历程，现实世界和幻想世界两条叙事线索的交错互文，拓宽了学生的思考广度。案例2中教师引导学生深入认识生命的价值和内涵，从这是一张美丽、有魔力的网到这是一张挽救了生命的网再到这是一张让生命变得有意义的网，引导学生从具象化的情节理解中不断抽绎总结，逐渐形成对"生命的价值"这一抽象概念的认识，在双重互动中推动学生认知的发展。整本书阅读指导课的开展要以推动学生高阶认知发展为目标，既要最大限度地开发教学内容，挖掘文本内涵，又要保证教学内容的典范性和科学性。

但这两个案例都存在教学活动繁复、未能高度统整学习任务的问题。以案例2为例，为更深入了解故事内容和人物的心灵世界，教师设置了畅聊故事内容，谈谈人物形象，品味魅力之网，谈谈读书感受等一系列活动，但缺乏统整性的学习任务和整体组织，前期教学活动和后续拟达成目标之间并未形成关联。下一阶段可尝试综合规划教学活动，如设置回答"这是一张_____的网"的主问题或者"为《夏洛的网》撰写一句话推荐语"的驱动性任务，以此为线索串联起各类语文实践活动，实现学生思维与阅读能力的进阶。

3．分享课案例呈现与分析

项目组选取了三个具有代表性的分享课教学设计案例，首先整理呈现三个设计的基本样貌，再结合各自特点进行详细分析。

（1）分享课教学设计案例1

表5-8　教学设计概况

课程名称	《夏洛的网》分享课	课时	1课时	授课教师	W教师
教学目标	1．了解小说故事情节，感悟人物之间的友谊。 2．交流阅读感受，加深对作品主旨的理解。 3．抓住书中打动人心的细节，引导学生懂得爱、友谊和生命的真谛，从而学会帮助别人。				

➤ 教学环节 1：谈话导入

　　师：《夏洛的网》是这学期我们班师生共读的第一本书。今天，我们坐在一起，来交流分享我们从这本书中收获的快乐和感动。分享课就是把自己在读书过程中的真实感受和收获说出来。希望我们都能自由、大胆地把自己的感受和收获说出来。

➤ 教学环节 2：厘清文章脉络，概括文章大意

《夏洛的网》这本书大约 10 万字，我们可以采用可视化思维工具——情节梯来梳理故事情节。故事情节的梳理围绕"威尔伯是如何从一只落脚猪成长为王牌猪的？"这一问题展开。学生在小组合作中完成"情节梯"（见图 5-2），并对照"情节梯"复述故事情节。

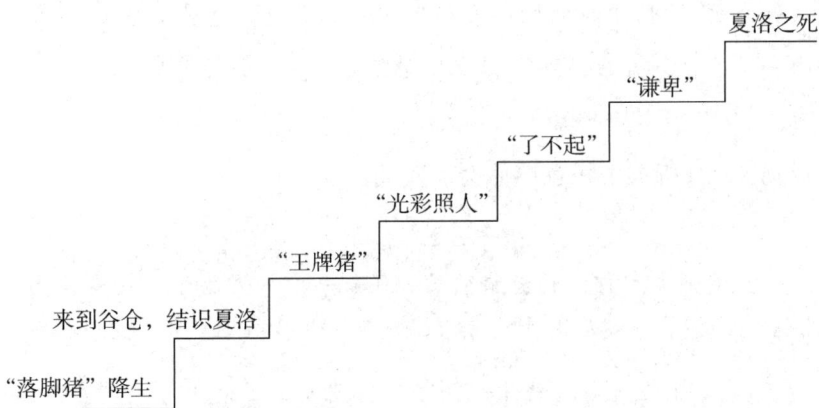

图 5-2　情节梯

➤ 教学环节 3：梳理人物关系，体会朋友的内涵

开展本教学环节的目的有二：其一，以梳理人物关系的方式，回顾书中内容；其二，分析人物形象，探索"何为朋友"。围绕目的，教师组织了如下三个学习活动。

·活动 1：精彩互动，回顾故事人物

师：书读百遍，其义自见。同学们读过几遍这本书了？你对这本书了解了多少呢？我们一起来做一组抢答题检验一下吧。同学们准备好了吗？

(1)是谁为了救落脚猪和爸爸理论并勇敢地夺下了爸爸的斧头，此后像照顾婴儿一样喂小猪奶喝，带它散步，还为小猪取了一个好听的名字？

(2)是谁看到屋顶上的蜘蛛，就想捉它，于是单脚站在猪栏上，没想到摔了下来，引爆了那枚臭蛋，此举竟然救了蜘蛛？

(3)是谁住在食槽底下，靠偷吃别人剩下的食物为生，夜晚出来活动，白天睡觉，当别人要它做事时，总是提很多要求才答应？

(4)是谁长得小小的，有八只脚，靠结网捕虫为生，可就是这样一个不起眼的生命，在关键时刻，用智慧和真诚救了小猪的命？

(5)是谁特别了解老鼠，能够抓住老鼠贪吃的弱点，诱惑老鼠到垃圾厂去啃一些字回来，最后又引诱老鼠跟随威尔伯来到集市？

·活动 2：分析书中角色，体会朋友的内涵

师：老师发现你们已经很熟悉和了解书中的人物了。接着请大家思考两个问题：

(1)威尔伯在成长过程中得到了哪些朋友的帮助？

(2)如果把这些朋友按照威尔伯最好的朋友、曾经的朋友、普通的朋友、酒肉朋友分为四类，每一类分别包括哪些人物呢？他们的哪些特征给你留下了深刻的印象？

最好的朋友：夏洛——深情、忠诚、勇敢、机智、善良、积极。

曾经的朋友：弗恩——善良、天真、可爱。

普通的朋友：老羊、鹅、鸡、牛——友善、本分。

酒肉朋友：坦普尔顿——冷漠、自私、贪吃、狡诈。

·活动3：结合生活实际，谈谈你心中的好朋友

师："同心而共济，始终如一，此君子之朋也。"（欧阳修《朋党论》）朋友是指路的灯，是雨中的伞，在我们遇到困难时，会毫不犹豫地伸出援助之手；在我们失意时，带给我们安慰；在我们高兴时，与我们同欢，但又会提醒我们，不要得意忘形。正如书中的夏洛，它用爱的大网，挽救了威尔伯的生命。在你的身边是否有像夏洛一样的朋友？或者你对待朋友是否像夏洛对待威尔伯一样？请结合你的经历，向大家介绍一下你的朋友吧！

➤ 教学活动4：体会人生真谛，感悟生命意义

《夏洛的网》这本书的教学难点在于让学生体会爱、友谊和生命的真谛。教师在回顾梳理了人物关系和关键事件后，引导学生阅读书中的段落，并围绕几个核心议题展开讨论。

"你为什么为我做这一切呢？"它问道，"我不配。我没有为你做过任何事情。"

"你一直是我的朋友，"夏洛回答说，"这事本身就是一件了不起的事。我为你结网，因为我喜欢你。再说，生命到底是什么啊？我们出生，我们活上一阵子，我们死去。一只蜘蛛，一生只忙着捕捉和吃苍蝇是毫无意义的，通过帮助你，也许可以提升一点我生命的价值。谁都知道人活着该做一点有意义的事情。"（第158～159页）

·话题一：生命是什么呢？夏洛的生命有意义吗？你能说说吗？

·话题二：夏洛一共编织了几张有文字的网？分别是什么字？它为什么要这么做？

随着分享课的结束，学生也读完了《夏洛的网》。趁着学生的阅读热情还未消退，教师顺势推荐 E.B. 怀特的另外两本儿童文学作品《精灵鼠小弟》和《吹小号

的天鹅》，以拓宽学生的阅读范围，深化学生的阅读体验。

(2)分享课教学设计案例2

表5-9 教学设计概况

课程名称	《夏洛的网》分享课	课时	1课时	授课教师	Z教师
教学目标	1. 回顾整本书，梳理威尔伯的成长轨迹，联系生活，思考弱者实现逆袭需要哪些因素。 2. 梳理威尔伯的朋友，引导学生走进文本，联系生活，加深对朋友的理解。				

➤教学环节1：导入

这一教学环节的主要目的在于检验学生对书中主要人物形象的理解是否深刻。在长时间的学习中，学生对书中主要人物的认识也逐渐模糊，猜人物的活动能够唤醒学生的感知记忆。活动以问答的形式开展，一个学生为出题人，另一个学生为答题人。出题人描述书中人物的特点，包括主要事件、人物性格、经典台词等，答题人通过线索迅速说出目标人物。

➤教学环节2：梳理威尔伯的"命运轨迹"

　　师：威尔伯的命运真是大起大落啊，作家 E.B. 怀特是个会讲故事的人，故事的情节跌宕起伏，非常吸引人。接下来，让我们绘制威尔伯的"命运轨迹"。

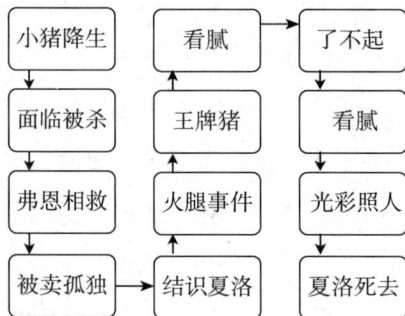

小猪降生	看腻 → 了不起

面临被杀	王牌猪	看腻
弗恩相救	火腿事件	光彩照人
被卖孤独 → 结识夏洛	夏洛死去

结合绘制的曲线图，尝试回答以下三个问题：

· 问题1：威尔伯遭遇过哪些危机？

- 问题 2：它是如何度过这些危机的？
- 问题 3：弱者实现逆袭需要哪些因素？

➤ **教学环节 3：讨论威尔伯的朋友，深化学生对朋友的理解**

师：在威尔伯被救助的过程中，出现了各种各样的角色。在这些角色中，你认为谁是威尔伯的朋友，理由是什么？现在请同学们快速浏览、翻阅，一会儿我们全班交流。

- 问题 1：夏洛、坦普尔顿、弗恩、老羊等是威尔伯的朋友吗？
- 问题 2：威尔伯的朋友可以分为几类？
- 问题 3：朋友的标准是什么？

➤ **教学环节 4：联系生活，畅聊好友观**

师：每个人都需要朋友，朋友的类型也是多种多样的，有的朋友能给予我们陪伴，有的朋友可以在我们遇到困难的时候帮助我们，有的朋友还能使我们改变。下面，我们也来简单写一写自己的朋友，可以是想对朋友说的心里话，可以是对朋友的谢意，还可以讲一讲自己和朋友之间的故事。

(3)分享课教学设计案例 3

表 5-10　教学设计概况

课程名称	《夏洛的网》分享课	课时	1 课时	授课教师	G 教师
教学目标	1. 阅读整本书后，交流初读印象。 2. 抓住书中打动人心的细节，感受友谊的珍贵，学会帮助别人，学会为别人付出，学会热爱生命，热爱生活。				

➤ 教学环节 1：前情回顾

在此课之前，学生已经基本完成了《夏洛的网》整本书的阅读，对书的主要人物、主要内容等都有了初步了解。但因为整本书阅读周期长，难免会有学生遗忘故事内容，所以在这一环节教师带领学生系统地回顾《夏洛的网》中的部分关键信息。

·回顾 1：结合人物表，回顾主要人物

师：我们读一个故事，或者一篇长的小说，首先得知道这个故事里有哪些人物，要理一理人物关系，记住这些人物的名字。这样，我们在读故事时就不会张冠李戴了；给别人讲时，也不会这个那个的，让人搞不清楚了。《夏洛的网》中有哪些人物呢？我们来看看人物表吧。

·回顾 2：结合章节目录，回顾故事情节

师：《夏洛的网》共有 22 章。假如你要向隔壁班的同学介绍这本书，请你结合目录，用最简洁的话语来介绍故事的基本内容。

·回顾 3：拓展资源，回顾作者

师：这本书的作者是谁？如果你觉得故事写得好，你得记住作者的名字，这是对他劳动成果的尊重。

出示课件：E. B. 怀特是美国 20 世纪最为成功的幽默作家和文化评论家。作为一个地道的纽约人，功成名就后，举家迁往一座乡间农庄，过着恬静的田园生活。他还是一个养猪好手。他写过三个非常出名的童话故事。我们读到的是《夏洛的网》，除此之外，还有《精灵鼠小弟》和《吹小号的天鹅》。

➤ 教学环节 2：探讨主人公的成长变化

探讨主人公威尔伯的成长变化，可以从梳理它在关键事件中的表现入手，围绕"威尔伯是不是一只名副其实的王牌猪"这个核心议题展开。

师：弗恩救下了落脚猪，给它取了个名字威尔伯。威尔伯在弗恩的照顾下一天天长大，到了朱克曼先生家的谷仓。一天，老羊带来了一个坏消息，冬天的时候，朱克曼先生要把小猪杀了做熏肉火腿。威尔伯吓得大哭。夏洛织了三张网——王牌猪、了不起、光彩照人，拯救了小猪威尔伯的生命，并在生命的尽头为威尔伯织下了第四张网——谦卑。读完了整本书，同学们觉得威尔伯成为夏洛心中的王牌猪了吗？

"当然，杀猪人人帮忙。我是只老羊，一年又一年，这同样的事情看多了，都是老一套。那个阿拉布尔拿着他那支二二口径步枪到这里，一枪……"

"别说了！"威尔伯尖叫，"我不要死！救救我，你们哪一位！救救我！"

"我没法安静，"威尔伯跑过来跑过去，尖叫着说，"我不要给一枪射死。我不要死。老羊说的是真的吗，夏洛？天冷了他们要杀我，这是真的么？"

威尔伯哇哇大哭。"我不要死，"它呻吟说，"我要活，我要活在这舒服的肥料堆上，和我所有的朋友在一起。我要呼吸美丽的空气，躺在美丽的太阳底下。"（第 50 页）

阅读了上面的文字，学生认为威尔伯表现出了胆小、懦弱，配不上"王牌猪"的称号。

威尔伯成了一只人见人爱的猪……威尔伯站在金色的阳光里，真是光彩照人。自从蜘蛛开始扶助它，它就尽力活得跟它的名声相衬。夏洛的网说它是王牌猪，威尔伯尽力让自己看上去是只王牌猪；夏洛的网说它了不起，威尔伯尽力让自己看上去了不起；现在网上说它光彩照人，它尽力让自己光彩

照人。（第110～111页）

阅读了上面的文字，学生逐渐认为"王牌猪"初见雏形，即威尔伯在外形上已经达到了王牌猪的要求。

> "唉，"威尔伯说，"我不会说话。我也不能像你一样说得那么好。不过你救了我，夏洛，我很高兴为你献出生命——我真心愿意。"（第159页）
>
> 威尔伯经常想到夏洛。它那个旧网的几根丝还挂在门口。每天威尔伯会站在那里，看着那张破了的空网，喉咙一阵哽塞。没有人有过这样一个朋友——那么深情，那么忠诚，那么有本事。（第166页）
>
> 整个冬天，威尔伯一直盯住夏洛的卵袋看，像是护卫它自己的孩子。……对威尔伯来说，它生活中再没有一样东西比得上这小圆球重要——不管是什么东西。它耐心地等着冬天结束，这些小蜘蛛诞生。（第169页）

读到这里，大部分的学生都认为夏洛已经是一只名副其实的"王牌猪"了，因为它已经从一只胆小懦弱、好吃懒做的落脚猪，变成了一只重视友谊、信守诺言的王牌猪。它不仅在外貌上光彩照人，它的心地更是在一次次苦难历练中变得"光彩夺目"。

➤ 教学环节3：拓展延伸，链接现实生活

> 师：同学们，说到这儿，故事虽然结束了，但我想大家与我一样，坚信夏洛与威尔伯之间的友谊远远没有结束，因为夏洛对威尔伯的爱超越了自己的生命，超越了整个时空。它从一开始编织的就不是一张普通的网，而是一张理想的、温暖的、爱的大网。其实，在我们身边，这样感人的故事还有很多，只要细细体味，就足以温暖我们的心。
>
> "你为什么为我做这一切呢？"它问道，"我不配。我没有为你做过任何事情。"
>
> "你一直是我的朋友，"夏洛回答说，"这件事本身就是一件了不起的事。

我为你结网，因为我喜欢你。再说，生命到底是什么啊？我们出生，我们活上一阵子，我们死去。一只蜘蛛，一生只忙着捕捉和吃苍蝇是毫无意义的，通过帮助你，也许可以提升一点我生命的价值。谁都知道人活着该做一点有意义的事情。"（第158～159页）

上述对话揭示了作者对友谊的思考、对生命价值的思考。你的身边是否有夏洛、威尔伯这样的朋友？你们之间发生过哪些让人难忘的故事，请在课后写出来吧！

以上是三位教师设计的《夏洛的网》分享课的内容，接下来对比三个案例，进行详细的分析与评价。

分享课旨在集中呈现学生主动建构的阅读成果，并通过合作探究与对话交流的方式增加学生思维的深度、高度和广度，促动深度阅读的发生。分享课的特质在于教学交互，这既是学生在表达需求的驱动下进一步梳理自我认知的过程，也是学生之间产生共鸣或是获得新的理解的过程。因此，教师要从整本书中找寻有意义的交流话题，以此为切入点，实现文本内部的串联贯通和不同主体间的深度交互。《夏洛的网》是一部极具人文教育意义的经典名著，关涉"成长""友谊""生命"等诸多话题。四年级学生对这些概念已有初步认识，教师借助故事情节和人物形象，可以引导其具象地理解这些概念，推动原有的认知结构不断扩充和完善。

分享课不仅是学生阅读心得的感性交流过程，还是基于科学探究的理性认知过程。分享课强调学生阅读的个性化收获，但教师不可放任自流，须合理科学地组织课堂，以实现促进学生深度阅读的目标。因此，教学设计的每个环节都应以此为导向。从第二轮教学设计来看，教师普遍关注到了《夏洛的网》中关于精神成长的教育价值，交流目标之一即定位在加深学生对友谊或生命意义的理解上。案例2中Z教师设计的教学目标相对聚焦：首先梳理威尔伯的"命运轨迹"，提升学生整合信息能力和阅读理解能力；其次在此基础上进行归纳分类，依托内容重构策略，概括威尔伯朋友们的不同类型；最后引导学生将文本内容与现实生活关联，推动学生在阅读过程中实现自我反思、自我完善，最终实现精神成长。这一教学目标实现了整本书阅读知识积累、能力提升、策略建构、精神成长四维教学价值的贯彻落实，但也存在不足之处，例如，第 1 个教学目标中"梳理威尔伯的成长轨迹"后的"联系生活，思考弱者实现逆袭需要哪些因素"存在分散教学目标之嫌。《夏洛的网》能否归类为"弱者逆袭"的故事值得商榷，威尔伯从"落脚猪"成长为"王牌猪"更像是一个在友谊帮助下成长的故事。案例 3 则较为精准地抓住了本书对培养学生情感态度价值观的重要意义——"抓住书中打动人心的细节，感受友谊的珍贵，学会帮助别人，学会为别人付出，学会热爱生命，热爱生活。"但整体来看这一目标太过宽泛，且缺乏具体的实施路径和可衡量的行为标准，难以组织有针对性的教学活动。

上述三个案例的共同目标是"梳理故事情节，加深学生对主题的理解"，所预设的作品主题聚焦于"友谊"这一大概念，但三个案例采用了不同的教学策略和教学活动。

案例 1 首先引导学生梳理故事情节，厘清文章脉络，概括"威尔伯是如何从一只落脚猪成长为王牌猪的"，在此基础上梳理威尔伯成长过程中出现的各个主人公，并按照"最好的朋友、曾经的朋友、普通的朋友、酒肉朋友"的分类框架，引导学生结合故事情节概括人物性格，再在对比分析中归纳"何为真正的朋友"。最后链接生活经验，指导学生结合个人感悟和现实生活经历反思"生命是什么呢?""夏洛的生命有意义吗?"等，引导学生学会感恩和自省。教学活动设计看似完整丰富，但缺乏驱动性任务和聚焦性主题，学生始终处于被动学习状态之下。

案例 2 教学环节 1 设置猜人物的游戏环节，引导学生快速回忆人物、情节，调动学生的学习兴趣;教学环节 2 梳理威尔伯的"命运轨迹"，并分析威尔伯遭遇的危机和逆袭因素，旨在梳理故事情节和内容，对文本形成整体认识;教学环节 3 讨论"谁是威尔伯的朋友"，加深学生对朋友的理解;教学环节 4 联系现实生活，书写自己的朋友。四个教学环节都紧扣教学目标，紧紧依托文本重点内容。但教学活动之间的逻辑性不强，活动与活动之间缺乏递进层次，并未形成合理顺畅的问题链。例如，最后的教学活动安排学生撰写有关朋友的小短文——"我们也来简单写一写自己的朋友，可以是想对朋友说的心里话，可以是对朋友的谢意，还可以讲一讲自己和朋友之间的故事)"，但前文有关"朋友"的讨论集中在"何为真正的朋友"，二者之间并不对应，这一读写结合的写作训练设置不太符合实践逻辑。

案例3教学活动设计分为三个环节：首先回顾《夏洛的网》中的部分关键信息，其次探讨主人公的成长变化，最后拓展延伸，链接现实生活。整个教学活动设计关涉的能力层级由低到高，板块清晰。但三个教学环节的割裂性较强，未能高度统整学习任务。教师在分享课中设置核心议题——"威尔伯是不是一只名副其实的王牌猪"，旨在在开放性的讨论中引导学生梳理威尔伯前后的变化，加深对主人公"成长"历程的思考。核心议题实际上包含了对威尔伯前后成长变化的分析和对夏洛的网(即夏洛对威尔伯的期待)的分析，这一议题的设置是可行且合理、能较深入渗透文本核心且有思考价值的。学生应先探究清楚夏洛所织的网上文字的深层内涵，在此基础上梳理威尔伯的成长经历和前后变化，概括其特质和形象，即它是一只什么样的猪，进而作出判断。但目前已有的前期活动——前情回顾，包括回顾主要人物、故事情节、作者等对推进这一问题解决作用不明显，教师并未明晰教学活动的逻辑主线，以教师主导下的文本解读串联代替了学生的阅读发现和阅读生成，而且也并未为学生提供思辨性阅读的支持工具和讨论空间，未能发挥引导学生逐步走向深度阅读的功能，因此后续活动的生成效果难以达成。

四、第二轮教学改进的效果评估

第二轮教学改进明确了三个目标：第一，帮助教师掌握行之有效的整本书阅读教学策略，第二，精进教师的整本书阅读教学设计，第三，巩固基于教师工作坊的教学改进实施模式。本节重点从专家、教师和教研员三个群体的角度分析第二轮教学改进的效果，效果评估的证据主要来自对这三个群体的访谈。

(一)专家视角下教师参与第二轮教学改进效果的评估

专家视角下的教学改进效果评估主要从宏观层面反馈其对本轮教学改进的看

法。专家的评估主要源自教师和教研员参与教学改进活动时的表现。项目组对专家访谈的内容进行了整理，得出了如下几点结论。

1. 教师的学习投入有从认知领域向实践领域转变的趋势

认知领域的投入是指教师在参与教学改进时投入水平较高，但是这种投入还停留在意识层面，具体表现为有高涨的学习热情。实践领域的投入是指教师尝试将在教学改进活动中习得的知识、能力运用到日常教学设计和教学实践中，具体表现为花费更多的时间解读《夏洛的网》，尝试将整本书阅读策略融入教学设计中等。这种从认知向实践的转变实际上代表了从理论向实践的转化。

> 这轮教学改进专题讲座的主题为"整本书阅读教学的几个行之有效的策略"。之所以确定了这个主题，是因为前期调研和第一轮教学设计反映出教师对教学策略的迫切需要。这种"迫切"只有在真正将理论付诸实践之后，才能够体会。在听了本轮教学改进的几节课后，我深深地感动于教师们的行动力。他们能够在最短的时间内，将讲座的要点融入教学设计，并在课堂上进行实践。虽然呈现的效果有差异，但这种实践精神反映了一种好的倾向。

从上述反馈来看，改进专家对教师的实践能力给予了充分认可。只有将更多的时间和精力投入教学设计、课堂实践中，才能够提升教学能力，发挥教学改进的作用。

2. 教师的整本书文本解读能力和阅读策略的迁移运用能力有待加强

第一轮教学改进专题讲座的主题是文本解读，第二轮教学改进专题讲座的主题是教学策略。这两个主题涵盖了整本书阅读教学最重要的两个方面，即明确"读什么"和"怎么读"。从第二轮的教学设计来看，教师对《夏洛的网》文本的解读能力较第一轮教学设计有了长足进步。从文本解读的角度来看，教师仍旧受制于专家介绍的几个标准角度，缺少独立探索：

> 从这次的教学设计来看，老师们对文本解读的深度、准确性有了提高。

但是，解读的角度、使用的解读方法跟第一轮相比并没有实质性的发展。这种标准化的解读虽然满足了《夏洛的网》这本书的解读要求，满足了四年级学生的理解水平，但是在后续的教学中，换一本书、高一个年级，就不一定适用。

由上述反馈可知，教师需要进一步掌握独立解读整本书的能力，需要尝试探索新的文本解读视角。同样，在阅读策略的使用上，教师也表现出策略同一化严重的问题：

再看看第二轮改进后老师们的教学设计，里面运用的策略也基本一致。这些策略只是在整本书阅读实践中被检验有效的策略，具有广泛性。但是，教师在使用这些策略的时候不能忽视学情和自己的教学专长。在听课的时候就有明显的感觉，班级里的学生并不适合某些教学策略，教师也并不适宜使用某些教学策略。因此，教师要有迁移策略的能力，即在满足自身需求、学生需求的条件背景下，合理地调整教学策略。

从上述访谈内容中可以看出，专家对教师照搬教学策略存在担忧。所谓教学有法，教无定法，教师要根据客观条件合理调整教学策略，使之符合学情、教情。一味地生搬硬套只能让学生失去学习动机，教师也会逐渐丧失整本书阅读教学的热情。

(二)教师视角下第二轮教学改进效果的评估

教师视角下的教学改进效果评估主要围绕课程感知损耗问题展开，继续使用CHAT理论来分析教师对正式课程的感知表现。

1. 整本书阅读教学策略转换存在困难

与专家的反馈一致，教师自己也意识到在设计与实施教学时，难以内化专题讲座内容。以CHAT理论模型呈现，如图5-3所示。

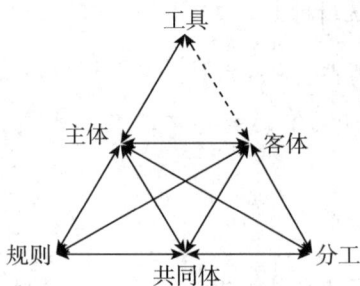

图 5-3　教学策略转换困难(一)

在 CHAT 理论模型中从工具到客体这条路径上，教师存在理解与实践上的困难。在第二轮改进中，"工具"是指改进专家在第二轮专题讲座中讲授的关于"整本书阅读教学策略"的内容，"客体"是指教师在设计教学和实施教学中运用整本书阅读教学策略的能力。接受培训的大部分教师反馈，在自己的教学设计和教学实施过程中，难以有效落实或运用整本书阅读教学策略。例如：

> 专家在讲座的时候结合《夏洛的网》举了很多运用整本书阅读教学策略的案例。当时觉得自己在教学中也可以模仿着用。但是等到真正实践的时候，我发现很多策略我都没有办法做到像专家展示的那样完美。（**您觉得是什么导致不完美的?**）一个是不熟练，平时上课的时候很少用这些策略，所以在刚用的时候不好掌控；另一个是学生不配合，专家举的例子都有一个前提，就是学生都认认真真地读了这本书，但是我们班的学生读进去的很少，所以策略就推进不了。

从上述访谈内容中可以看出，教师存在的问题与前文专家发现的问题高度一致。受自身专长和学生学习能力差异的影响，教师在教学中难以推进整本书阅读教学策略。这恰恰证明教师存在生搬硬套的做法，即不能根据自身特点和学生特点调整整本书阅读策略。因此，CHAT 理论模型的矛盾呈现应该作出如下调整（见图 5-4）。

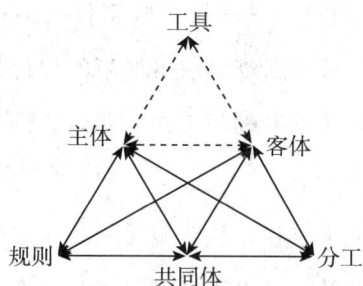

图 5-4　教学策略转换困难（二）

在第一个模型中，矛盾点出现在"工具"与"客体"上，忽视了教师"主体"的能动性和创造性。通过对访谈内容的进一步挖掘可知，矛盾更为突出的是教师接收到的整本书阅读教学策略与实施上的整本书阅读教学策略的不对等，即"工具"与"主体"、"主体"与"客体"之间转化的矛盾。

2. 评价规则的模糊影响了积极性

在组织教师工作坊活动时，与第一轮相比，第二轮活动开展的流程明显规范、教师参与的积极性明显提高。但是仍旧有部分教师游离在活动之外。经过观察，项目组发现，这些教师分为两类：第一类是从活动开始就表现出抗拒心态，全程不愿参与工作坊活动；第二类是在活动进展到某个阶段时，开始游离于学习共同体之外。经过分析第二类教师的访谈内容，项目组发现，评价规则的模糊导致其丧失了参与动机。在 CHAT 理论模型中，该类教师的表现如图 5-5 所示。

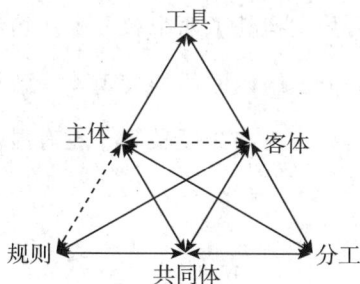

图 5-5　教学策略转换困难（三）

在这个模型中，"规则"是指评价教师参与教师工作坊表现水平的标准，"客体"是指教师能否全程参与到整本书阅读教师工作坊活动中，"主体"是参与教师工作坊的教师。模型显示，教师因难以获得清晰的评价指标，或者并未得到满足个人期待的及时评价，而逐渐脱离教师工作坊团队。访谈中有教师表示：

> 上次活动我表现得不积极，被我师父批评了，这次我就想着要努力融入进去。但是不管我怎么做，或者说做得好与不好都不会被大家发现，我提供的一些办法，也许因为我是个年轻老师，也没人采纳。一次，两次……我也就不想参与了。

从教师的反馈中可以看出，有许多教师的学习或参与动机来自外部的肯定，而不是内部的需要。与激发学生的学习动机一样，教师的学习动机也需要靠外界的鼓励和认可来激发。因此，在组织教师工作坊活动时，为了保证这些教师能够参与到活动中，组织者必须要平等关照，给予年轻教师、依靠外部动机的教师鼓励和肯定。

(三)教研员视角下第二轮教学改进效果的评估

与第一轮评估的视角相同，对第二轮教学改进效果的评估，教研员仍旧从教师参与和教研机制两个角度开展。

1. 教师参与程度提高，参与深度较第一轮有显著增强

接受访谈的两位教研员分别担任了两个教师工作坊组长的职务。在组织教师工作坊活动时，两位教研员依据组内教师的表现，一致认为同第一轮相比，第二轮活动中教师的参与程度提高，参与深度较第一轮有显著增强。

> 我所在的组里有刚入职的老师，有参与过一轮的老师，还有一些经验更丰富的老师。跟上次相比，这次明显在参与的积极性上有了很大的提高。上一轮，一些经验丰富的老师不太愿意参与进来，年轻老师也不敢大胆发表意见，所以整个活动都死气沉沉的。但是这次明显不一样了，年轻老师也敢说

话了，经验丰富的老师也愿意发表意见了。（那您觉得是什么因素致使这些老师转变了呢？）我觉得是因为我们全区中小学都在积极推进整本书阅读。课程内容发生了变化，教师在上课的时候发现有许多以前经验解决不了的问题，所以他们带着问题来这里寻求答案。（您的意思是，教学中产生的新问题激发了教师的参与热情？）是的，因为在我们组里讨论最热烈的话题往往是实践问题。

从这位教研员的反馈中可以看出，教师的参与热情较第一次有了显著的提高。该教研员认为，教师在整本书阅读教学实践中遇到了难以解决的问题，而这些问题激发了教师的参与热情。同样，对于参与深度的问题，教研员也给出了类似的原因。第一次教师工作坊的活动之所以欠缺参与深度，是因为教师缺少必要的讨论条件，即没有体验、没有抓手。因此，在后续开展整本书阅读教学教师工作坊活动时，需要基于教师的实践经验和实际困难来组织活动。

2. 教研机制得到进一步明确和巩固

在开展第二轮教学改进前，对教研员的调研结果显示基于教师工作坊的教研行动路径需要进一步明确。针对这一需求，项目组在组织本轮教师工作坊活动时，着重规范了工作的实施流程，并让教研员和部分骨干教师参与到活动流程的制定与规划中，目的在于让他们能够更直接地了解、掌握组织教师工作坊的流程，并在后续的自主实践中能够顺利运用。

这次我全程跟着专家团队策划了教师工作坊活动，了解了内部的一些运作程序和设计思路。这种融入性参与让我反思了自己在尝试组建教师工作坊时的不足。对比下来我发现，在流程上我们能够基本保持步调一致，但是在内容上我们还差很多。我在前期的内容准备、应对紧急情况的方案预设上存在不足。

从上述教研员的访谈反馈来看，全程参与教师工作坊活动的组织与筹划能够帮助教师更加了解实施流程。在与自己组建教师工作坊的经历进行对比后，教研员能够更加深刻地体会到自己的不足，并在后续的组织实施中有所精进。

【本章小结】

本章聚焦于小学语文整本书阅读教学改进的第二轮实施。首先，通过对学生、教师和教研员的前期调研，了解了各个群体在整本书阅读学、教、研等方面存在的问题与实际需求，明确了第二轮教学改进的目标。其次，本轮教学改进的主题围绕整本书阅读教学策略展开。其中，前期策略包括内容预测策略、图像转化策略，中期策略包括以场面为主的教学策略、以线索为主的教学策略、以结构为主的教学策略，后期策略包括内容重组策略、联结现实策略。在对教师提交的教学设计和课堂教学实录进行深入分析后发现，第二轮教师的教学设计在文本内容解读上、在基本课型结构上都有长足进步。通过对改进专家、样本教师、教研员的访谈，我们发现：第一，教师比第一轮时更愿意实施整本书阅读教学，但是在教学策略的转化能力上还有待提升；第二，教师对何为优秀的整本书阅读教学标准认识模糊，导致评价偏移，削弱了参与积极性；第三，在教师工作坊活动中，教师的参与程度明显提高，但是如何将专家组织的工作坊活动转化为教研员组织的工作坊活动，在方式方法上还有待进一步巩固与明确。这些反馈建议为第三轮教学改进提供了设计依据。

第六章　第三轮教学改进的情况

【本章提要】

本章聚焦小学整本书阅读教学改进项目的第三轮，也是教学改进的最后一轮。第三轮教学改进与前两轮教学改进一样，也需要对学生、教师、教研员进行前期调研，以确定本轮教学改进的目标。同时，征询实验学校和样本教师建议，明确第三轮教学改进的主题，组织第三次教师工作坊活动等。因此，本章由四节组成：第一节整体介绍本轮教学改进活动实施过程；第二节明确本轮教学改进的主题；第三节结合教师的第三轮教学设计，分析其特点与不足，明确改进的重点与过程；第四节呈现第三轮教学改进的效果评估。

一、第三轮教学改进的实施过程

本轮教学改进活动在组织开展前要完成以下几项工作：前期调研、明确目标、制定实施方案等。

(一)前期调研

本轮教学改进是在前两轮教学改进的基础上展开的，因此前期调研要充分展示学生、教师、教研员三个群体在第二轮教学改进后的变化以及对第三轮教学改进的期待。

1. 学生层面的调研

因为前两轮教学改进已经分别对学生整本书阅读的基本情况以及学生对教师教学行为的感知等维度展开调研，所以在第三轮教学改进的前期调研中，项目组紧密围绕"教师在教学时整本书阅读教学策略的使用情况"和"整本书阅读教学的评价方式"两个问题展开。

(1)明显感知到教师使用了多种整本书阅读教学策略，教学策略发挥了激发动机的作用

第二轮教学改进专题讲座的主题围绕行之有效的整本书阅读教学策略展开。教师在教学设计中也大量选用了合适的整本书阅读策略来辅助教学。也有学生明确指出感知到了教师使用了大量的整本书阅读教学策略。例如，当被问及"你是否清晰地感知到教师在上课时运用了整本书阅读教学策略"时，学生的回答如下：

> 我感觉到了，我班老师在上课的时候就跟以前不一样了。（能具体说说哪里不一样了吗?）老师以前上课的时候就是一个自然段一个自然段地讲，让我们积累好词好句，但是讲《夏洛的网》的时候，老师还让我们看插图，让我们看目录。到最后，还让我们挑着看。（挑着看是指，比如挑出跟威尔伯相关的内容仔细读?）对对，我挑的是夏洛……

从这名学生的阐述中可以看出，教师在开展整本书阅读教学时能够有意识地运用培训中讲授的教学策略，也能够让学生清晰地感受到教学方式、教学风格的转变。除了采用访谈的调研方式外，本次调研还针对"你是否清晰地感知到教师在上课时运用了整本书阅读教学策略"这一问题设计了一个简单的调查问卷。问卷包含两个题项，第一个是"在这一个月整本书学习中，你的语文老师是否使用了整本书阅读教学策略?"，第二个是"在这一个月的整本书学习中，你的语文老师最常使用哪些整本书阅读教学策略?"。

在接受问卷调查的 84 名学生中，有 86% 的学生感知到自己的语文老师在这一个月中使用了整本书阅读教学策略。其中内容预测策略、图像转化策略的使用频率最高，均为 64.3%，内容重组策略和联结现实策略使用的频率次之，分别为 56.6% 和 49.7%，而以场面为主的阅读策略和以结构为主的阅读策略使用频率较低，前者占 29.8%，后者仅占 12.7%。由此可以推断，教师使用整本书阅读教学策略常在导读课环节，而在推进课中较少使用整本书阅读教学策略。

（2）学生缺少整本书阅读成就感，后续阅读动机不足

前两轮教学改进分别关注了整本书的内容解读、整本书阅读教学策略两个维度，一个重视教什么，另一个重视怎么教。但是对整本书阅读教学评价的问题没有以专题讲座的方式呈现。在前两轮的调研中有教师和学生反馈，基于整本书阅读教学的过程性评价是当前教学评价中面临的困难之一。有学生在访谈中表示自己的阅读表现没有得到教师的及时关注：

> 我觉得我读得又多又好，上课的时候我也积极举手回答问题，但是老师总是表扬别人不表扬我。（你是觉得，因为你读得比别人多，所以应该得到老师的表扬吗？）不是，我是觉得老师提问的问题我都能回答，虽然不一定都回答正确。（所以你是说老师对你的回答没有提供回应？不管这个回应是好的还是不好的。）是的，我就是这个意思。

从上述反馈中可以看出，该名学生没有从教师口中获得及时有效的评价。当缺少教师的评价反馈时，学生持续阅读的动机就有可能被削弱。例如：

> 我也是，我感觉老师不像以前那么爱鼓励我了。而且，我觉得最大的不同是，老师也不说好，也不说不好。有时候说好，就不往下说了；有时候说不好，也不告诉我怎么才能变好。我都不知道往下怎么读了。

从这名学生的反馈中可以发现，在开展整本书阅读教学后，教师的评价语言变得单一了。教师对学生及时性的评价和指导缺少指向性，导致学生逐渐失去了继续阅读的兴趣。动机的缺失对后续持续开展整本书阅读教学，发展学生阅读能力，培养学生阅读习惯等都将产生不利影响。

2. 教师层面的调研

教师层面的调研采取访谈的方式，围绕两个问题开展。第一个问题是："经过上一轮教学改进，您在整本书阅读教学策略的运用上有哪些方面的进步，还有

哪些困惑?"第二个问题是："结合自身教学实践经验,您希望在新一轮教学改进中获取哪些方面的知识?"项目组通过梳理教师的访谈内容,获得了如下两点结论。

(1)掌握并尝试运用了整本书阅读教学策略,但是在推进阅读时策略的使用略生疏

第二轮教学改进专题讲座的主题围绕行之有效的整本书阅读教学策略展开。教师通过培训、教学设计、教学实践,初步掌握和运用了相关策略。从教师提供的教学设计来看,在导读课、推进课、分享课三种课型中,教师均运用了相应的教学策略。

> 经过上一次的讲座,我在设计和修改教学设计的时候,按照课型和教学目标,有意识地融入了专家提到的一些教学策略。在上课的时候,这些策略也确实发挥了一定的作用。例如,借助插图梳理情节这个策略,学生看到插图后就能够迅速说出插图背后的故事,把插图连起来就能大概说清楚故事的原委,这比以前一步步引导学生总结故事内容有效多了。

从这位教师的反馈来看,经过上一轮的改进,教师已经能够理解、掌握、运用整本书阅读教学策略。这证明教学改进有了一定成效。但也有教师反馈在实施教学策略时有一定困难:

> 我在上课的时候也运用了大量策略,但是我发现在导读课和分享课上教学策略更容易使用。后来经过反思,我发现,这两个部分的策略更具象,而推进课上的教学策略属于比较抽象的那种,不是很好把握。

这位教师的反馈和前文学生层面的反馈具有同一性。教师在推进课中使用整本书阅读教学策略的频率远低于在导读课和分享课上使用教学策略的频率。这背后反映的是教师对这一环节教学策略掌握和运用的能力不足,需要在反复的教学

实践中强化方法策略的运用能力。

(2)掌握整本书阅读教学的过程性评价方法，从而提高整本书阅读教学的效益

整本书阅读作为《义务教育语文课程标准(2022年版)》提出的新课程内容，虽然在一线教学中已经有了大量的实践经验，但是在教学评价，尤其是在课堂教学情境中的过程性评价方面还缺少系统的梳理和有效性论证。经过两轮教学改进后，教师对如何评价学生的整本书阅读成效存在困惑：

> 教《夏洛的网》这本书，我们可能前前后后要用半个月的时间。这种长周期的课该怎样监控学生读没读、读得怎么样？这些情况如果我不了解的话，就是不了解学情，我就很难往下设计教学。而且，学生读的进展也不一样，有的学生一个星期就把书读完了，有的学生一个星期只能读三分之一。阅读进度把握不准，上课的时候就很有可能有一批学生跟不上。

从上述反馈中可以看出，该教师对于整本书阅读教学评价存在担忧。一方面，教师不知道该用何种方法评价学生的整本书阅读能力；另一方面，教师担心在无法掌控学生阅读进展的情况下，会影响到教学的效益。教师的这些担忧，在学生的反馈中有所印证。因此，本轮教学改进将重点落在如何评价整本书阅读效果上。

3. 教研员层面的调研

第三轮教学改进教研员层面的调研主要围绕整本书阅读教学教师工作坊模式的有效性展开。在第一轮教学改进中，项目组构建了整本书阅读教学教师工作坊，并尝试开展了第一次工作坊活动。在第二轮教学改进的前期调研中，教研员表示教师工作坊的实施路径需要进一步强化。在完成了第二轮教学改进后，教研员对教师工作坊的组织和实施机制有了进一步的认识。经过一段时间的实践，教研员表示已经适应，并尝试创造性地开展教师工作坊活动：

> 经过上一次全程参与教师工作坊的策划活动，我们对教师工作坊的组织

和实施机制有了更全面的认识。回去以后，我们自己又精心设计了三次教师工作坊活动，效果一次比一次好，甚至我们还能创造一些符合我们实际需要的工作坊活动。老师们的反馈也很积极。

对比前两轮的反馈，可以发现教研员对教师工作坊的态度有了明显的转变。从最开始的模糊认识，到初步实施时的不知所措，再到现在的自信晓然，可以看出教研员已经基本掌握了以教师工作坊为基础的教研机制。本轮教学改进将进一步优化教师工作坊实施机制，帮助教研员和教师建构对教师工作坊实施模式更完备的认识。

(二)明确第三轮教学改进目标

经过对三个群体的前期调研发现，目前存在的问题和对新一轮教学改进的期待比较集中，可以总结为两个方面：第一，提高整本书阅读教学策略的应用能力，尤其是在阅读推进课型中；第二，了解并学会运用整本书阅读教学评价策略。

综上所述，根据既有组织教学改进的经验，以及相关利益群体的要求，明确了第三轮教学改进的目标：

①强化整本书阅读教学策略的应用能力。

②介绍整本书阅读教学的评价策略及其运用方法。

第一个改进目标在本轮的教学设计调整中落实，第二个改进目标在本轮的教学改进专题讲座中完成。

(三)设计第三轮教学改进的实施方案

围绕第三轮教学改进目标，小学语文整本书阅读教学改进项目组设计了具体的实施方案，如表 6-1 所示。

表 6-1　第三轮教学改进实施方案

实施环节	主要目标	内容概述	参与人员
前期调研	了解第二轮教学改进的实施效果	采用问卷调查、访谈等方式，了解学生、教师和教研员在第二轮教学改进结束后的变化	项目组成员、实验学校学生、样本教师、区域教研员
专题讲座	讲授整本书阅读教学评价策略	围绕"整本书阅读教学的评价策略"这一关键议题，组织专题讲座，重点在于让教师掌握整本书阅读教学中的几个行之有效的评价策略	项目组成员、实验学校全体教师、样本教师、区域教研员
教师工作坊活动	开展第三轮教师工作坊活动	带领教师在实践中运用评价策略，巩固教师工作坊的实施流程	项目组成员、样本教师、区域教研员
课后作业	巩固所学，应用所学	撰写第三轮教学改进反思日志，根据专题讲座和教师工作坊活动经历修改教学设计	实验学校全体教师、样本教师、区域教研员

二、第三轮教学改进的主题

通过对学生、教师和教研员三个群体的前期调研，项目组明确了第三轮教学改进的主题——"整本书阅读教学的评价策略"。因此，在第三轮教学改进中，项目专家聚焦整本书阅读教学的评价策略，先介绍整本书阅读教学中几个主流的评价方法，再结合具体教学案例讲解评价策略的运用方法。

(一)档案袋评价法在整本阅读评价中的应用

基于整本书阅读教学的特质，结合过程性评价的相关要求，教师可以尝试采用档案袋评价法，真实、有效地评价学生整本书阅读学习的效果。在整本书阅读的话语体系中，档案袋评价法是指系统地收集表征学生在整本书阅读学习过程中的能力与努力的证据的一种评价方法。这些证据包括学生整本书阅读学习成果与学习过程的记录、多元主体评价的记录、教师指导记录等。

1. 档案袋评价法在整本书阅读中的表征

(1)完整记录学生的学习过程

整本书阅读教学突破了传统单篇阅读教学的样态，呈现链状的过程性特征。档案袋作为学生阅读成果的载体，其内容体现了学生整本书阅读学习过程。在档案袋中，不仅要呈现完成的作品，而且也纳入制作完成作品过程中产生的种种资料①，即需要纳入能够体现学生阅读过程、阅读体验、阅读反思等的过程性资料，刻画学生整本书阅读学习过程链条，为全面评估学生阅读能力与核心素养发展水平，提供动态、完整的依据。

(2)为过程性评价提供观测平台

对学生能力与素养的评估需要依托外显的学习成果，而整本书阅读学习是一个完整过程，难以通过阶段性的评价方式衡量。档案袋中呈现的评价材料具有表现性特征。这就要求教师要综合运用多种评价工具，将隐性发展的学习能力外显为可观测的评价材料。档案袋中不仅包含最终生成的学习产品，还包括如批注、注释等过程性学习材料。同时，对学生阅读能力的分析与呈现，还应考量其影响因素的作用。因此，在档案袋中，教师还要开发课堂观察量表，将学生的阅读投入以量化的方式呈现，以此评估学生的阅读动机、阅读行为以及阅读策略。综上，档案袋评价法能将学生隐性发展的整本书阅读能力与素养最大程度外显，为过程性评价提供观测平台。

(3)实现对学生学习程度持续性的个性化监测

如前所述，受个体认知差异的影响，学生完成整本书学习任务时，会呈现个性化的阅读体验。档案袋以学生个体为单位，组织个性化学习过程材料，避免了班级授课制下，阅读体验泛化的弊端。档案袋建立的主体是教师和学生。学生是整本书阅读的主体，教师则起到引导作用。依据师生共建原则，档案袋中呈现的材料，应包含教师对学生个性化阅读成果的评价及过程性指导。这种"一对一"的评价指导，为监测学生阅读能力个性化发展创造了可能。同时，整本书阅读对学

---

① 钟启泉. 发挥"档案袋评价"的价值与能量[J]. 中国教育学刊，2021(8).

生语文能力与核心素养的培养作用不是一朝一夕能够实现的。学生阅读能力具有动态性，需要对其能力做持续性检测。档案袋的建立具有长期性、持续性，只有通过跟踪完整的整本书阅读教学过程，持续性地收集学生的学习成果，才能捕捉学生能力的发展趋势。

2. 档案袋评价法在整本书阅读过程性评价中的应用策略

(1)依据评价维度，开发阅读档案评价工具

档案袋中主要包括两部分内容，一是阅读产品，二是阅读过程材料。针对不同内容，应开发与之相匹配的评价工具。

首先，阅读产品指向学生在完成整本书阅读阶段性任务时，所生成的学习成果，可以是阅读计划书、阅读札记、阅读反思等文字形式的成果，也可以是整本书宣传海报、好书推介视频等特色学习成果。无论是何种阅读产品，都应该从教师和学生两个主体的视角开发评价工具。以阅读计划书为例，学生评价量表应着重观照阅读计划设计的合理性与可行性；教师评价量表则需要透过现象，观测其背后隐匿的规划设计能力。

其次，阅读过程材料指向学生在完成任务过程中的情感投入、行为投入和认知投入表现。情感投入主要指学生参与整本书阅读学习的态度和动机，行为投入主要指学生在整本书阅读学习中投入的时间和阅读的数量，认知投入则指向学生阅读整本书所使用的阅读策略。对于情感投入，教师可以通过观察学生的课堂学习行为加以评估；对于行为投入，教师可以开发调查问卷，对学生的阅读时间、阅读量等进行调查；对于认知投入，教师可以将学生在书中的圈点批注、读书交流会上的具体表现、课堂上的讨论与发言水平作为证据，综合评估学生阅读策略的使用质量。

(2)依据教学阶段，组织多元评价内容

整本书阅读教学课程可分为导读课、推进课和分享课三种课型，每个课型都发挥着不同的作用。其中，导读课主要以激发学生阅读兴趣为目标；推进课主要使用多种阅读策略，培养阅读品质；分享课则重在检视阅读成效，交流阅读心得。在建构档案袋时，可依据不同课型特征组织多种评价内容。

在导读课中，依据激趣的目标，着重观测学生在开展整本书阅读教学前的情感投入水平，即评估学生的整本书阅读学习动机和学习兴趣。基于此，教师可以依据相关课堂观察量表，真实记录学生在参与导读课各个环节时的具体表现。同时，教师在组织导读课活动时，可以利用书中的目录、序跋、注释等引导学生整体感知整本书内容，将"整本书宣传海报"作为阶段性任务成果，放入档案袋中。

在推进课中，教师应着重考量学生的整本书阅读学习效果，具体表现为对人物和情节的把握程度、对阅读策略的使用水平、阅读品质的层级等。在组织档案袋内容时，可以将绘制的人物关系图谱、撰写的情节提要作为评估学生对人物和情节的把握程度的依据，将学生在书中圈点批画的照片、制订的阶段性阅读计划、撰写的阅读反思与感悟、制作的阅读卡片等作为评估学生对阅读策略的使用水平的依据，将能够表现学生阅读投入发展水平的量表、问卷调查结果作为评价学生阅读品质的依据。

分享课的主要目的是总结整本书学习经验，检视整本书学习效果。因此，在档案袋中需要具体呈现学生多样化的总结性学习成果。学习成果的呈现方式多种多样，可以是以故事新编、阅读总结为代表的纸质学习产品，也可以是以辩论、演讲、推介为代表的活动记录，还可以是短视频、演示文稿等多媒体资料。除此之外，在档案袋中还要呈现教师对学习结果的评价、学生自评与学生互评等。

（3）依据评价内容，个性化分析学业水平

整本书阅读的学习具有过程性特征，学生能力的发展也呈现链状样态，档案袋整体呈现了学习过程中的表现性评价内容。这些内容，或显性或隐性地刻画了学生的能力发展路径。对于隐性的评价内容，教师需要采用外显的思维评价框架来分析。项目组以 SOLO 分类理论为工具，举例说明其在分析评价内容时的操作方法。

首先，标注能力表现，明确认知水平。在评价学生的学习成果时，首先要做能力编码。通过观察、分析编码的类型与关系，结合 SOLO 分类理论，明确学生认知能力水平。下面以"撰写人物性格分析报告"整本书阅读任务为例，具体阐释如何对学生的学习成果进行编码分析（见表 6-2）。

表6-2　学习成果编码分析

认知水平	编码表现	能力水平说明
前结构	没有围绕学习任务展开	学生未能有效理解任务要求，不能明确观测到学生的认知能力水平
单点结构	围绕一个人物的一个方面	学生只能围绕一个人物的典型性格展开分析，没能从宏观层面整体分析人物性格的成因与表现
多点结构	围绕多个人物，或一个人物的多个方面	学生能够同时观照多个人物的性格表现，或一个人物的多个性格表征，却没能从更深层面挖掘其背后的影响因素
关联结构	发现人物与人物之间的关系、人物与其他要素之间的关系	不仅能够呈现人物性格，还能够结合历史背景、人物关系等具体方面分析人物性格成因
拓展抽象	挖掘人物性格成因，结合生活经验具体论述	在深入分析人物性格成因的基础上，还能够将文本与生活经验结合起来，创造性地表达自己的见解

其次，借助多轮水平厘定，刻画学生认知水平发展路径。运用SOLO分类理论分析学生认知水平，需要与学生的学习过程相结合。学生在不同阶段完成的学习成果，都需要采用统一的分析框架和标准，以厘定其认知水平。点状的分析结果在档案袋的连接作用下，形成链状的能力发展线，清晰地呈现出学生在完成整本书阅读学习全过程中的能力发展路径。教师可以基于学生能力的发展趋势，及时地、个性化地干预学生的学习行为，实现促进学生能力的个性化发展。

档案袋评价法能够有效评估学生整本书阅读学习能力的发展。但是在实践层面，档案袋评价法的落实仍旧存在一定困难。在未来，需要进一步探索档案袋评价法在整本书阅读过程性评价中的实践路径。

（二）基于 CHAT 理论的整本书阅读教学课堂评价

整本书阅读的关键指向在于从完整的言语实践活动中，发展学生的语文课程核心素养。这就要求教师将学生的阅读学习置于文化活动环境中，从活动理论的构成要素角度实现对学生课堂学习行为的过程性评价。CHAT 理论可以成为建构整本书阅读教学课堂评价模型的理论基础。

1. 基于 CHAT 理论构建课堂教学过程性评价模型

以 CHAT 理论为基础，结合学习任务群的基本特征构建"整本书阅读课堂教学评价模型"，如图 6-1 所示。

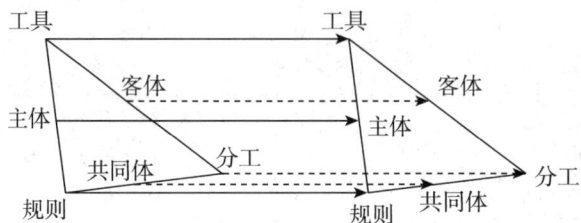

图 6-1　整本书阅读课堂教学评价模型

"整本书阅读课堂教学评价模型"主要由三个主要构件组成。首先，从模型的宏观层面来看，三棱柱状的模型整体构成了整本书阅读的目标，学生在参与言语实践活动任务的过程中，实现核心素养的逐步发展；其次，从模型的中观层面来看，模型由两个或多个 CHAT 理论基础模型构成，代表针对相同现象而开展的多层次、纵深向度的研讨、探究与学习；最后，从模型的微观角度来看，伴随着课程内容的深化，CHAT 理论模型的六个要素也随之发展，相同要素种类间的线性联系则代表了学生参与言语文化实践活动时语文能力的发展路径，路径的形成过程、发展样态则成为课堂教学过程性评价的关键所在。

综上所述，整本书阅读课堂教学过程性评价的观测要点可以是宏观层面的课程目标的达成情况，可以是中观层面的学习任务的完成水平，可以是微观层面的学生参与学习任务的进程与表现，三个层面共同构成了立体、多维的课堂教学评价模型。

2. 基于课堂教学过程性评价模型的评估指标

"整本书阅读课堂教学评价模型"从理论层面构建了 CHAT 理论与"整本书阅读"学习任务群之间的关系，并用以指导课堂教学过程性评价的开展。就实践层面而言，单纯的评价模型难以真正指导教师在教学中的运用，难以准确评估学生参与整本书阅读实践活动过程中的真实表现。这就需要基于评价模型进一步解构评估要素，构建评估指标。

评价模型由宏观、中观和微观三个层面构成，从课堂教学过程性评价的实施逻辑来看，微观层面的评估指标的总和能够反映中观层面的表现水平，中观层面的表现总和能够预测宏观层面的素养发展水平。基于此，项目组从微观层面入手构建了"整本书阅读教学"学习任务群课堂教学过程性评价指标体系，具体指标及内涵阐释如表 6-3 所示。

表 6-3　"整本书阅读"学习任务群课堂教学过程性评价指标体系

要素	水平一	水平二	水平三	水平四
客体	有完成学习任务的意识，但不能完成任务	能够简单完成整本书阅读的学习任务	能够有计划、有逻辑地完成整本书阅读的学习任务	能够有计划、有逻辑、有创造性地完成整本书阅读的学习任务
主体	有参与学习活动的意识，缺乏参与活动的行动	能够被动地参与到学习活动中	能够积极主动地参与到学习活动中	能够积极主动、有创造性地参与到学习活动中
共同体	有加入共同体的意识，缺乏加入学习小组的行为	能够在调控下组建共同体	能够自行组建共同体	能够根据个人特征主动选择和组建共同体
工具	有使用学习工具和资源的想法，缺少使用工具的能力	能够在教师和同伴的指导下使用学习策略和学习资源	能够根据学习活动的需要选择和使用学习策略与资源	能够根据学习活动调控、收集、创造学习资源
规则	有了解规则的想法，却不能准确理解规则	能够在教师和同伴的要求下遵守规则	能够自主、积极地遵守规则，并能够帮助他人了解规则	能够在遵守规则的基础上，根据实际需求创造规则

续表

要素	水平一	水平二	水平三	水平四
分工	有分工的意识，缺少担任任何角色的能力	能够在教师和同伴的要求下担任特定的角色	能够根据自己的能力和兴趣选择最适合自己的角色，并圆满完成学习活动	能够在活动开展的过程中根据任务需要，适时调控自己的角色，并圆满完成学习活动

3. 整本书阅读课堂教学过程性评价模型的运用

为了提供更直观的参考，项目组以《夏洛的网》为例，展示"整本书阅读"学习任务群课堂教学过程性评价模型的使用方式。

（1）评估微观要素，衡量参与过程

完成《夏洛的网》整本书阅读，需要完成一系列学习任务。每一个学习任务的组织都需要符合整本书阅读目标的要求，且需要学习主体的积极参与，而这些都是评估学生参与学习任务的能力的重要维度。教师需要为每一名学生建立《夏洛的网》整本书阅读学习档案卡（见表6-4），详细记录学生在微观层面的表现情况。

表6-4　学习档案卡

评估维度	表现水平	调整建议
客体		
主体		
共同体		
工具		
规则		
分工		

学习档案卡共分为三列。第一列是评估维度，规定了评估的内容；第二列是表现水平，需要根据"'整本书阅读'学习任务群课堂教学过程性评价指标"中的水平划分填写对应水平；第三列是调整建议，不同学生在相同维度、相同水平下的具体过程性表征仍旧存在个体异质性，教师可以在调整建议栏中给出个性化的指

导建议。

(2)综合微观要素，评估语文能力掌握水平

在评价模型中，中观层面考查的是学生对课程内容承载的语文能力的掌握水平，由六个微观维度构成。对中观层面能力的评估需要统筹微观层面各个维度的表现水平。需要明确的是，中观层面并非完全囊括六个微观要素，而是要根据课程内容的实际需求具体组织微观要素种类，再综合微观要素表现水平，最终拟合成学生的语文能力掌握水平(见表6-5)。

表6-5 语文能力掌握水平中观评估表

微观要素	表现水平	中观表现水平	调整建议
客体			
主体			
共同体			
工具			
规则			
分工			

(3)统筹中观水平，评估课程目标掌握水平

在评价模型中，宏观层面考查的是学生在完成"整本书阅读"学习任务群的学习后，所发展的核心素养水平，由多个中观层面模型构成。因此，教师在评估学生核心素养发展水平时，需要统整中观层面的表现水平，进而拟合成最终的宏观表现水平(见表6-6)。

表6-6 课程目标掌握水平宏观评估表

中观维度	宏观表现水平	调整建议
中观维度1		
中观维度2		
……		

整本书阅读是语文课程的重要内容，与其他学习任务群相比具有特殊性。基于 CHAT 理论构建的课堂教学过程性评价模型，关注学生的行为实践，能够有效评估学生在阅读整本书时的过程性表现。布卢姆在动作技能领域提出的教育目标分类理论，为区分学生的表现水平提供了依据，为教师运用评价模型提供了支持。当然，本研究中提出的评价模型还需要实践的进一步检验，未来可在整本书阅读教学实践中进一步论证评价模型的可行性。

三、第三轮教学设计的呈现与分析

本节主要结合第三轮教学设计，总结设计的特点与不足，并挑选具有代表性的设计案例进行呈现与分析。

(一)设计的特点与不足

本部分通过梳理第三轮教学设计，呈现教学设计的特点与不足。

1. 第三轮教学设计的特点

经过前两轮的学习和改进，教师优化了教学目标、教学活动和教学内容，本轮整本书阅读教学设计呈现出以下特点。

(1)紧扣名著文本，明确教学目标

明确的教学目标在教学中起着重要的作用。在本轮教学设计中，教师对教学目标的设置充分体现出教师对阅读文本本身、对学生现实生活、对知识能力等的关注。教师围绕名著文本，联系学生日常生活，设置明确的教学目标，适配相应的教学活动。

首先，教师紧紧围绕《夏洛的网》一书的文本内容，以"故事情节""人物评析""主题讨论"等要素为重要抓手设置教学目标，既检验学生文本阅读情况，又引导学生进行阅读后的进一步思考。例如，"通过评析主要人物形象，形成情感共鸣，升华书中'爱'的主题"这一教学目标的设置，主要以文本细节为抓手，引导学生分析和鉴赏人物形象，体会人物的情感，从而领悟本书的主题。其次，教师密切联系学生的日常生活实际和感悟，挖掘名著深层意义内涵，围绕"友谊""成长"等主题设置整本书阅读教学目标，如体悟成长、分享和辨别真正的友谊等。《夏洛的网》为四年级学生的名著阅读书目，结合学情，《义务教育语文课程标准(2022年版)》对第二学段(3～4年级)学生在"阅读与鉴赏"方面提出"阅读整本书，初步理解主要内容，主动和同学分享自己的阅读感受"的要求，在"表达与交流"方面提出"能清楚明白地讲述见闻，说出自己的感受和想法"的要求。在分享课中，教师设置教学目标时，注重引导学生由名著文本联系个人生活，分享自己的感悟和想法，目标明确，要求清晰，同时回应了课程标准的相关要求。最后，教师围绕教学目标设置适配的教学活动。清晰明确的教学目标，指导教师设置相应的教学活动，适配的教学活动则能帮助教师更好地实现教学目标，二者相辅相成、互相促进。例如，在完成"人物评析"的教学目标时，教师根据课程安排选用绘制人物关系图、制作人物名片、组织人物竞猜活动、撰写人物颁奖词等有趣的活动，引起学生的阅读和分析兴趣，进而完成评析人物的教学目标。

(2)回归文本内容，设置教学活动

《义务教育语文课程标准(2022年版)》对第一学段的学生提出"学习默读"的要求，在第二学段则要求学生"初步学会默读，做到不出声，不指读"，同时提出"学习略读，粗知文章大意"的要求。第二学段的整本书阅读教学，要让学生学习精读和略读结合、默读和朗读结合。这就要求教师充分回归文本，引导学生在整本书的阅读实践中，体验阅读方法，掌握阅读方法。在本轮的整本书阅读教学中，教师多采用精读、略读、朗读、默读等多种读书方法，设计整本书阅读推进课和分享课的教学活动，引导学生多次回归名著本身，多阅读、多感悟。针对略读和默读，教师采用人物竞猜的形式，带动学生回顾人物故事和情节发展。针对精读和朗读，教师选择适合的文段，邀请学生阅读、欣赏，并且分享对这些文段的体会，其中，针对《夏洛的网》一书，教师常选取两位主人公关于二者关系的讨论的对话作为精读和朗读的语段，引导学生读原文，体会主人公的情感，并且结合自己的生活经历，分享对成长、友谊、生命等方面的感悟。

(3)对话交流分享，串联教学活动

针对四年级学生开展的整本书阅读教学，其课堂主要以对话形式呈现。教师应当从倾听、串联、优化三个方面构建课堂建设性对话。教师倾听学生的发言内容，将对话与课堂内容、不同学生、学生此前发言等建立关联，并在此过程中反思、重构自己的思维方式。

在本轮的整本书阅读教学中，教师在课堂教学活动中，主要采用提问的方式引导学生阅读、体悟和表达。例如，关于人物竞猜的对话由教师主导，学生配合，进行知识内容方面的复习和检测；关于人物分析的对话则由教师引导，学生表达，进行理解、分析层面的训练。这样的对话串联起四年级的整本书阅读教学的课堂。

《义务教育语文课程标准(2022年版)》整本书阅读第二学段的学习内容如下："(1)阅读表现英雄模范事迹的图书，如《小英雄雨来》《雷锋的故事》等，讲述英雄模范的动人故事。(2)阅读儿童文学名著，如《稻草人》《爱的教育》等，感受作品传达的真善美，用自己喜欢的方式讲述故事大意。(3)阅读中国古今寓言、中国神话传说等，学习其中蕴含的中华智慧，口头或书面分享自己获得的启示。"再结合第二学段"阅读与鉴赏"的目标——"阅读整本书，初步理解主要内容，主动和同学分享自己的阅读感受"，可以发现，整本书阅读教学不仅关注整本书的阅读输入，也注重在阅读中锻炼学生的表达和交际能力。名著《夏洛的网》以成长、友谊、生命等为主题，契合了课程标准对整本书阅读的学习内容的要求。在本轮的整本书阅读教学中，教师在对话中引导学生复述故事情节，并以特定主题，如"谁是你生活中的'夏洛'""书中哪个地方最让你感动"等为切口，引导学生表达阅读感悟与生命体验。

(4)多元教学策略，提高教学效益

《义务教育语文课程标准(2022年版)》要求第二学段的学生"能初步把握文章的主要内容，体会文章表达的思想感情……能复述叙事性作品的大意，初步感受作品中生动的形象和优美的语言，关心作品中人物的命运和喜怒哀乐，与他人交流自己的阅读感受"。

在本轮的整本书阅读教学中，教师充分利用多元化阅读教学策略，设置多样化阅读教学活动，促进学生对整本书的深入阅读和理解。

针对《夏洛的网》一书，结合其人物刻画、情节设置方面的特征，教师充分运用内容重构策略，采用人物竞猜活动和绘制人物命运曲线图等任务帮助学生全面勾勒人物形象，运用情节梯完整呈现事件过程，运用集中文段赏析的方式与学生共同讨论精彩的环境描写。结合四年级学生的学习特点，在整本书阅读教学中，教师反复使用捕捉闪回策略，着重关注重复出现的动作、场景，要求学生找出相关词句，并进行总结和分析。例如，针对夏洛四次编织网上文字的情节，教师设置特定教学活动，分析夏洛织网的行为及其内心活动，引导学生体悟夏洛的人物形象和整本书的主题表达。同时，针对四年级学生，教师有意识地采用对照阅读的策略，通过选择特定对比角度，引导学生对比人物形象，以探究和理解不同人物的立体形象和丰富内涵。在课时安排的最后，教师进一步介绍《夏洛的网》一书的作者信息，同时引导学生阅读同类儿童文学名著，以实现以一本书的阅读带动多本书的阅读的效果。

（5）提问带动思考，促进思维提升

整本书阅读要求阅读整本书，不能只读表面，要全面、立体、深刻地读。通过读整本书，全面地了解书中的人物形象、作者所表达的思想感情；通过读整本书，与之产生情感交流，了解作者的观点看法，并联系自身的阅读经验和生活体验，进行思考和判断。在整本书阅读教学中，教师带领学生通读整本书，把握主要内容、整体情节等；细读、研读重要章节，发现蕴藏于其中的思想情感、观点态度、思维方式、写作技巧等；整理整本书，梳理、整合整本书的阅读成果。针对四年级学生进行的《夏洛的网》整本书阅读教学，其课堂以信息、知识—情感、理解—分析、表达为大致顺序展开。在《夏洛的网》整本书阅读教学推进课中，在用封面和人物表导入后，教师通过呈现前几章的重要情节内容，引导学生展开回顾和梳理，并展示部分重点文段，以提问带动思考，引导学生进行情感触摸和感悟，继而对后续情节进行合理猜测。在整本书阅读分享课中，教师以人物竞猜、情节梯的形式引导学生回顾文本内容，用人物分类、人物关系图引导学生展开思考，进行分类、联结，最后以人物形象分析作结，结合前面的思考过程，对人物进行深度评析。在这样的整本书阅读教学中，教师由浅入深，引导学生以信息、知识的层面为基础平台，采用分类、联结等方式，对其中所蕴含的情感进行深入分析，进而得出自己的理解和判断，由此促进学生思维能力的锻炼和提升。

2. 第三轮教学设计的不足

(1)教学活动的思维纵深性有待提升

在本轮整本书阅读教学中，教师擅长结合目录、插图等要素带领学生梳理故事情节和人物形象，并且将这些故事情节或人物形象进行分类，引导学生思考故事情节的发展或者人物形象的作用，还有意识地使用了罗列、分类等策略以提升学生的思维能力。但整本书阅读教学的课堂仍然呈现分散状，不同教学活动之间缺乏内在联系，一个教学活动还未走到思维的进阶点就撤离并开始下一个活动，思维纵深性还有待提升，还未能达到"罗列—分类—概念化—理论化"的课堂模式。教师在设计整本书阅读教学时，要将良构问题和劣构问题相结合，设置批判性的思考，即有创造性的理解和思考，教师可以设计具有矛盾性的问题，如巧设悬念与适当剧透，以此激发学生思考、分析、归类整本书内容，提高阅读与表达能力。以《夏洛的网》分享课为例，学生谈影响威尔伯的事件时，教师应适时梳理并将学生的发言提炼到黑板上，再进行加工，实现分散性思维到聚合性思维的转变。接下来，教师可以引导学生分类，帮助学生意识到弗恩与夏洛的出现是必然的，正是因为有了他们，威尔伯才能活下去。但是不管是弗恩、夏洛抑或是老羊都是重要他人，是外在因素，威尔伯的成长依靠的还有自己。如何处理自己、他人的关系，这就是概念化。只有教师对文本的解读够深刻，并且设置层层递进的教学活动，才有可能在具体的实施中引导学生走向深入。

(2)对个性化表达及评价的关注不足

在这一轮《夏洛的网》整本书阅读的课堂教学中，教师主要引导学生在课堂上以回答提问、分享感悟和思考的方式进行口语表达。在回答提问环节，主要以人物竞猜等有固定答案的形式开展，属于较为基础的口语表达。在分享感悟和思考方面，教师带领学生讨论了"威尔伯的人生可以只有帮助者吗?""你认为什么是友谊?""你认为什么是成长?"等具有一定思辨性的主题问题。在教学设计中，教师主要存在如下两方面的问题。其一，对于一部分开放性问题，教师习惯于预设问题答案，这极有可能影响在课堂教学中对学生进行引导。其二，针对开放性问题，学生会结合自身的经验进行思考从而得出自己的结论，具有极强的个性色彩，而在教学设计中，教师却未能制定学生课堂个性化表达的评价标准。整体表现即教师对学生个性化口语表达及其评价的关注有待加强。

此外，教师认识到阅读与表达相辅相成，明确整本书阅读对学生的交际与表达有重要意义，但呈现在教学设计中，却只对口语表达有足够的重视，较少关注学生的书面表达。《义务教育语文课程标准(2022年版)》对第二学段的学生提出书面表达的要求："观察周围世界，能不拘形式地写下自己的见闻、感受和想象，注意把自己觉得新奇有趣或印象最深、最受感动的内容写清楚"，"尝试在习作中运用自己平时积累的语言材料，特别是有新鲜感的词句"。课堂固然应以口语表达为主，但教学设计应该有多种形式，如写作、制作人物名片等，兼顾锻炼学生的书面表达能力。整本书阅读无疑是学生积累新的语言材料和表达自己的见闻感受的重要渠道，教师应当加以充分利用。

(二)设计的重点与过程

1. 教学设计的重点

围绕名著《夏洛的网》，教师本轮的教学设计重点主要包括以下几方面。

第一，引导学生整体把握《夏洛的网》的主要情节，梳理大致内容，复述故事梗概。《夏洛的网》是一部关于成长、友谊、生命的童话故事。蜘蛛夏洛通过织网，拯救了好朋友小猪威尔伯，而夏洛的生命则走到了尽头；小猪威尔伯带着感恩之心抚养了夏洛的子孙。全书共22章，熟悉和把握这部书的动人故事，是整本书阅读教学开展的基础要求。基于此，学生需要进一步深入文本，除了了解主干剧情，还要进一步把握书中的具体情节，如蜘蛛夏洛为了救小猪威尔伯，一共在网上织了四次文字，这些文字分别是什么等。深入书中细节，是整本书阅读教学推进的重要内容。

第二，引导学生了解《夏洛的网》一书中的主要人物，把握、分析主要人物的形象特点。《夏洛的网》中出现了众多人物，有重情重义、聪明睿智的蜘蛛夏洛，有不屈服于命运、善良可爱的小猪威尔伯，此外还有弗恩、勒维、老鼠坦普尔顿等。把握人物所对应的情节，从情节中提炼人物形象特点，在此基础上对人物进行评价分析，并形成自己的理解和认识，是整本书阅读教学的重要一环。

第三，引导学生理解《夏洛的网》一书所要表达的主旨，并能够从个体经验出发形成自己的思考和感悟。例如，从"成长"主题切入，教师可以引导学生关注小猪威尔伯前后的变化等，并引导学生的认识从故事文本自然地过渡到自身、当下，在学习中收获知识，也获得成长。

第四，引导学生掌握整本书阅读的方法策略，品味《夏洛的网》一书的语言艺术，借鉴、习得书中清新明快、富有童趣的表达方式，提高语言文字运用能力和阅读素养。教师引导学生掌握阅读整本书时所需的阅读技巧，如通过封面、目录、插图等辅助文本的阅读，通过勾连关键词帮助记忆、连缀故事主要情节等。同时，教师也应在教学中把握好语文课程本位，带领学生通过朗读、摘录等方式积累语言表达经验，借助对文本语言的分析洞悉作品人物形象、深化对作品主旨的理解，关注学生在小组交流、课堂发言中语言表达的清晰性、逻辑性。

围绕上述教学设计的重点内容，教师精心设计了教学过程，以多元丰富的形式、紧密关联的环节架构课堂。

2. 教学设计的过程

在教学设计的导入环节，教师常用的方式有：直入主题；介绍《夏洛的网》一书，以电影《夏洛的网》的片段及相关多媒体资源为引子；结合学情，以读书对谈方式引导学生进入课堂学习等。这几种导入方式能够较好地激发学生的学习积极性，并带领他们快速进入文本情境。

在教学设计的主体部分，教师围绕情节梳理、人物形象分析、故事主旨把握等方面进行设计，穿插着对阅读策略的指导和对语言运用的教学。

在对情节梳理的教学中，教师通常设置"接力说故事""图说故事""读书闯关竞赛"等环节，或让学生结合插图，用简练的语言叙述插图所表达的内容，或以小组合作竞争的方式调动学生的学习兴趣，引导他们在趣味活动中完成对故事主要内容的回顾。

在对人物形象分析的教学中，教师大多以"人物竞猜"活动导入，学生从书中任选一个角色，进行简单描述，可以是人物性格，也可以是人物所经历的重要事件，其他学生根据描述猜测人物，进而对文本中的主要、次要人物形成初步认知。接着教师设置"人物分类"等环节，带领学生寻找关键人物的突出特点，在浅层认知上进一步拓展。然后教师设置多种活动带领学生进行人物评析，让学生说出最喜欢或最不喜欢的人物，或者小组探讨"令你印象最深刻的人物是哪一个，原因是什么"，又或者让学生分角色朗读文本，体会人物的性格特点、行事风格等，进而形成对人物形象的更深入认识。

在对故事主旨把握的教学中，教师可以核心问题为引领，触发学生的思考和感悟，如"夏洛生命结束时你有什么感受？""你觉得夏洛织的是一张怎样的网？"等，引导学生在探求答案的过程中形成自身对生命意义和价值的思考，明确生命的意义在于奉献、创造价值等主旨。又如，"在威尔伯的生命历程中，只有帮助者可以吗？说说你的看法"这一问题，以劣构的、开放的形式，引导学生重读作品、在文本中寻找答案，明确成长需要内外因素的多重作用、内在的动力对个体成长尤为重要的主旨。教学设计以问题链的形式依次出现，学生在文本内外、个体学习与交流互动之间建构起对文本的深层次理解。

最后，在教学设计的拓展环节，教师带领学生超越文本、链接生活，并指导学生的生活。例如，围绕"友谊"的主题，教师设计如下任务——"生活中像夏洛这样无私地帮助朋友的人还有很多，在你读过的、听过的或者看过的故事中找一找"，引导学生将阅读中的感动延展到生活的多个侧面。又如，教师推荐同作者的其他作品《精灵鼠小弟》《吹小号的天鹅》，引导学生进一步感受作者的行文风格、写作特点，也为后续开展对比教学打下基础。

（三）案例的呈现与分析

项目组选取第三轮教学改进后的 5 份典型教学设计予以呈现并进行分析。因为是教学改进的最后一轮，所以直接呈现教师的原始教学设计，以更为直观地展示教学设计的内容。

1. 典型案例 1

(1)教学设计

➤ 课程的基本信息

表 6-7　教学设计概况

课程名称	《夏洛的网》分享课	课时	1 课时	授课教师	W 教师
教学目标	1. 借助插图，厘清文章脉络，概括文章大意。 2. 借助插图，理解四张网之间的联系。 3. 抓住书中打动人心的细节，懂得爱、友谊和生命的真谛，从而学会帮助别人，学会为别人付出，学会热爱生命，热爱生活。				

➤ 学情摘要

因为是分享课，所以学生已经初步完成对《夏洛的网》整本书的阅读，对书中的主要人物、情节和主题有了基本了解。然而阅读周期较长，学生难免遗忘具体内容和情节，因此，将教学的重点放在借助插图回顾故事，并引导学生理解四张网之间的关系上，将教学难点设定为引导学生理解友谊的真谛。

➤ 基本流程

图片导入　梳理情节　理解关系　感受友谊　体悟生命　联系生活

➤ 实施流程

· **图片导入**

今天我们一起通过插图交流、分享我们从这本书中收获的快乐和感动。分享课就是把自己在读书过程中的真实感受和收获说出来。希望我们都能把自己的感受和收获说出来。

· **梳理情节**

借助插图，厘清文章脉络，概括文章大意。

1. 威尔伯是怎样从一只落脚猪成长为王牌猪的？

2. 对照情节梯来复述这本书大致讲了一件什么事。

小结：夏洛用网上文字改变了威尔伯将要变成熏肉火腿的命运。威尔伯在夏洛死后悉心照顾夏洛的子女。

·理解关系

借助插图，理解四张网之间的关系。

夏洛一共编织了几张有文字的网？分别是什么文字？它为什么编织这几张网？（学生从书中找出相关语段进行品读、感悟）

·感受友谊

1. 威尔伯在成长过程中得到了哪些朋友的帮助？

2. 如果把这些朋友按照威尔伯最好的朋友、曾经的朋友、普通的朋友、酒肉朋友分为四类，每一类分别包括哪些人物呢？他们的哪些特征给你留下了深刻的印象？请大家完成学习单中的思维导图，根据思维导图梳理朋友关系并汇报交流。

3. 教师总结：

(1)最好的朋友：夏洛（深情、忠诚、勇敢、机智、善良、积极）。

(2)曾经的朋友：弗恩（善良、天真、可爱）。

(3)普通朋友：老羊、鹅、鸡、牛（友善、本分）。

(4)酒肉朋友：坦普尔顿（冷漠、自私、贪吃、狡诈）。

4. 比较而言，你认为什么样的朋友才能称得上是真正的朋友？请大家自由交流，畅所欲言。

5. 教师总结："同心而共济，始终如一，此君子之朋也。"正如书中的夏洛，它用爱的大网，挽救了威尔伯的生命。

·体悟生命

1. 有人说《夏洛的网》是一部阐述生命意义的书，你认同这个观点吗？读完这本书后，你觉得作者向我们传递的"生命的意义"是什么呢？

2. 同学们都在说夏洛的生命虽然短暂，但有意义。谁能详细说说夏洛短暂的生命有哪些意义？

·联系生活

夏洛代表了生活中帮助我们的那些人。结合身边的人与事说一说谁是你的夏洛，你又是谁的夏洛。

(2)案例分析

围绕《夏洛的网》这一儿童文学名著，W 教师进行了分享课的教学设计。该教师带领学生梳理情节脉络，探讨友谊的价值和生命的意义，具有以下几大亮点。

第一，开门见山，以插图吸引学生的注意力，并指出课堂开展形式，对学生提出要求。"今天我们一起通过插图交流、分享我们从这本书中收获的快乐和感动。分享课就是把自己在读书过程中的真实感受和收获说出来。希望我们都能把自己的感受和收获说出来。"在课堂导入语中，教师首先用插图这一工具，吸引学生的注意力，然后指出本节课的课堂类型——分享课，并对学生提出课堂要求——把自己在读书过程中的真实感受和收获说出来。插图可以迅速吸引四年级学生的注意力，明确的教学目标和学习要求则可以帮助学生快速抓住课堂重心。

第二，借助插图和情节梯梳理文章脉络。教师以学生比较感兴趣的插图为切入口，要求学生借助插图梳理"威尔伯是怎样从一只落脚猪成长为王牌猪的？"；又以情节梯为辅助工具，要求学生"复述这本书大致讲了一件什么事"。这里主要运用了内容重构策略，采用了复述的形式。教师以插图和情节梯为辅助工具，既可以调动学生的积极性，又降低了学生复述的难度。

第三，教师抓住夏洛编织的四张有文字的网，创造性地运用了捕捉闪回策略，强调了重复出现的动作和场景，抓住其重复的核心要义。教师设计的第三个教学活动为"借助插图，理解四张网之间的关系"，要求学生找出"夏洛一共编织了几张有文字的网，分别是什么文字"，并要求学生分析"它为什么编织这几张网"。夏洛编织有文字的网是一个重复出现的场景，教师要求学生对这个重复出现的场景进行重点分析，进而串联起整本书，同时以网上文字为重要出发点对友谊的价值、生命的意义等主题进行探索。

第四，教师有意识地学习和采用了"罗列—分类—概念化—理论化"的课堂模式。教师要求学生找出威尔伯的朋友，并将其按照最好的朋友、曾经的朋友、普通的朋友、酒肉朋友分为四类，再利用思维导图梳理朋友关系，并探讨什么样的朋友是真正的朋友。教师用人物分类、人物关系图引导学生展开思考，进行分类、联结，对人物进行评析。在这样的整本书阅读教学中，教师由浅入深，引导学生以信息、知识的层面为基础平台，采用分类、联结等方式，对其中所蕴含的情感进行深入分析，进而得出自己的理解和判断，由此促进学生思维能力的锻炼和提升。

第三轮教学设计的优点已经呈现得非常明显，但仍有可以进一步完善的地方。W教师的教学设计在思维的连贯性和渐进性方面有待加强。教师设置了六个主要的教学活动，围绕友谊的价值和生命的意义两个话题展开，但两个话题的设置不具有连贯性和渐进性，活动一是为后续所有活动进行情节内容的铺垫，活动二、活动三、活动四的主要话题皆为友谊，活动五突然要学生以感悟生命的意义为主要话题，而活动六又回到友谊的话题，这样的设置使得活动五的主题出现得比较突兀，不具有思维发展的连贯性。

2. 典型案例2

(1)教学设计

➤ 课程的基本信息

表6-8　教学设计概况

课程名称	《夏洛的网》推进课	课时	1课时	授课教师	X教师
教学目标	1. 运用内容重构策略回顾整本书内容，深化阅读体验。 2. 梳理威尔伯的成长经历，分析其成长变化的原因，引发对人生意义的思考。 3. 分析小说中的环境描写，了解环境描写在整本书中的作用。				

➤ 学情摘要

本教学设计是阅读推进课末端，学生已经初步完成了对《夏洛的网》整本书的阅读，对书中的主要人物关系、情节和作者想要传递的价值观念有了基本的了解。但是因为是初步阅读，所以学生对书中的主要情节可能存在感知混乱的现象，对作者的创作主旨可能存在理解偏差，对书中的一些经典片段可能缺少精深的阅读与分析。因此，在本教学设计中，将教学重点设定为"深入分析威尔伯成长变化的原因"，将教学难点设计定为"了解环境描写在整本书中的作用"。

➤ 基本流程

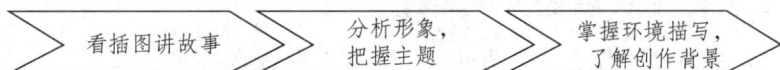

看插图讲故事　➤　分析形象，把握主题　➤　掌握环境描写，了解创作背景

➤ **实施流程**

·看插图讲故事

1. 精彩的故事情节肯定给你留下了深刻的印象，我们来进行"看图接力说故事"的活动吧。

（出示书中第 3 页、第 7 页、第 51 页、第 93 页、第 155 页和第 172 页的插图）

2. 每个小组选择两幅插图，先用一两句说出插图的内容，然后写在贴纸上作为批注。

3. 对照插图，小组讨论写的批注是否恰当，修改不恰当的批注，最终确定每幅插图的批注。

4. 把每幅插图的批注连起来说一说。（要求说连贯、说通顺，可以加入少量关联词和顺序词）

5. 总结：在重要人物出场时或是在故事的主要情节处才会适当配图，因此，读懂插图也是读懂一本书的方法。

·分析形象，把握主题

1. 从这本书中你认识了哪些人物？小组内交流。

(1)小组讨论：先选择你最感兴趣的一个人物，接着打开书找到描写这个人物的句子把它画出来，最后在这句话的旁边批注（动作、语言、感受等）。

(2)按照人物顺序展开交流。

顺序：弗恩、威尔伯、夏洛、坦普尔顿。

例如：弗恩是一个有爱心的人，她细心照顾小猪，认为生命是平等的，没有高低贵贱的区别。

2. 探讨：是谁改变了威尔伯的命运？

(1)"他人"因素。

观点 1：夏洛为威尔伯编织的"四位一体"的网改变了威尔伯的命运。

在这个因素下，学生要思考两个问题：第一，四个词语的顺序能够调换吗？第二，作者通过这四个词语想告诉读者什么？

观点 2：在坦普尔顿有条件的帮助下，威尔伯的命运发生了变化。

在这个因素下，学生要阅读描写坦普尔顿的文字，在体悟人物形象中分析坦普尔顿的作用。

句子1："让它死掉算了，"老鼠说，"我才不在乎呢。"

句子2："明天下午我上垃圾场去一趟。要是能找到杂志，我啃点纸片带回来。"

结合上述内容，学生要思考两个问题：第一，如何看待坦普尔顿对威尔伯的帮助？第二，坦普尔顿是一只怎样的老鼠？

(2)"自我"因素。

威尔伯的成长也有自我因素的影响。《夏洛的网》这部书中关于威尔伯哭泣的描写有多处。在这些哭泣的背后，我们见证了威尔伯从"落脚猪"成长为"王牌猪"，见证了威尔伯从一只经不起食物诱惑的猪成长为一只愿意为朋友牺牲一切的猪。

教师总结：一个人的成功，别人的帮助固然重要，但最重要的还是自己不放弃，努力成为最好的自己。

·掌握环境描写，了解创作背景

1. 这本书中还有许多关于谷仓四季的描写，你找到了吗？作者为什么要描写谷仓四季？

句子1：田野上，房子周围，谷仓里，林子里，沼地里——到处都是小鸟在谈情说爱，在唱歌，到处是鸟窝，是鸟蛋。

句子2：第二天有雾。农场里什么东西都湿嗒嗒的。草地上看上去像一张魔毯。那片芦笋地像一片银光闪闪的森林。

句子3：在农场里，初夏的日子是一年当中最快活最美好的日子。丁香花开，让空气芳香扑鼻。接下来丁香花谢了，苹果树又紧接着开花。蜜蜂围着苹果树飞来飞去。

教师总结：环境描写交代故事背景，暗示人物心情。环境是人物活动的场所，环境描写可以使人物性格更突出、感情表达更强烈。

2. 简介创作背景

《夏洛的网》的创作灵感源于一个发生在作者 E.B. 怀特农场里的很特殊的事件：有一次 E.B. 怀特养的一头猪病了，为了救治这头猪，他费尽心血，寻医问药，与这头猪共度了三四个十分焦虑的日子。最后这头猪还是死了。本来这也没什么大不了的，因为这头猪没有病死，迟早也是要被宰杀的。可是 E.B. 怀特对此颇有感触，随即写下了散文《猪之死》，表达了他前所未有的感悟。《猪之死》开头所写道："春天，买上一头正在发身的猪仔，喂过夏秋，当酷寒天气来临时，宰掉——这是我非常熟稔的一种方式，自古以来一直是这样的。这是大部分农庄都一板一眼地实行的一种悲剧。这种屠杀，因为早有预谋，所以够得上一级罪愆。屠刀下去，迅疾而干脆利落，最终以烟熏火腿而隆重结束，从来就没有人对此行为存有过任何疑问。"E.B. 怀特不仅对此存有疑问，而且他决心要拯救一头小猪的性命，于是便有了《夏洛的网》的故事。他还为孩子们写了《精灵鼠小弟》与《吹小号的天鹅》，它们同样成为儿童与成人共同喜爱的文学经典。

（2）案例分析

围绕《夏洛的网》这一儿童文学名著，X 教师进行了推进课的教学。该教师带领学生回顾故事情节，梳理威尔伯的成长经历，分析小说中的环境描写，具有以下几大亮点。

第一，教师运用了内容重构策略，运用插图来复现故事情节。教师采用"看图接力说故事"的形式开启课堂。学生选择插图，描述内容，并进行批注，师生共同对插图的批注进行评价和修改，最后学生连图成文，教师总结插图在整本书中的重要作用。教师在运用内容重构策略的时候，以插图为提示点，"看图接力说故事"既新颖有趣，又将难度控制在学生的能力范围内。在复现故事情节时，教师有三个细节处理得很好：一是先口头表达，再落实到书面表达的做法，兼顾了两种表达形式；二是加入了评价与修改这一环节，其既是完成本次课程的需要，又能在无形中促进学生养成评价与修改的好习惯；三是总结了插图的作用，第二学段的学生从阅读绘本等儿童读物逐渐过渡到阅读叙事性作品，掌握插图和书本文字的关系，对学生的整本书阅读无疑非常有利。

第二，教师充分发挥主导作用。首先，引导学生从罗列整理，到分类分析，再到结构整合。例如，在交流人物这一重要因素时，学生先进行独立的阅读和批注，在课堂上再次回到名著本身，然后分享交流，总结人物形象特征。其次，师生共同探讨一个话题：是谁改变了威尔伯的命运？教师带领学生依次分析每个重要人物形象，并对其背后所代表的因素进行分类。最后总结"一个人的成功，别人的帮助固然重要，但最重要的还是自己不放弃，努力成为最好的自己"。这一教学模式，充分实现了从罗列到分类再到概念化的思维发展序列，从而引导学生走向深入的思考。

当然，本教学设计仍然有可以进一步改进的地方。第一，在第三个教学活动中，教师出示了作品中对"谷仓四季"的描写，引导学生讨论作者描写谷仓四季的原因。但是由于课堂重心在前两个特别是第二个教学活动，因此教师对环境描写的分析不细致，也没有设计合适的教学活动来引出、探讨和总结，并且该环节与前后的教学设计不能连贯成为一个整体。第二，在该教学设计中，教师并未重点关注学生的创造性的、个性化的表达。第二个教学活动本为学生感悟本书人物形象、表达主旨的重要切入口，但教师过于关注对学生分析思维的引导，忽视了学生情感、想法、观点的个性化表达与评价。

3. 典型案例 3

（1）教学设计

➢ 课程的基本信息

表 6-9　教学设计概况

课程名称	《夏洛的网》推进课	课时	1 课时	授课教师	H 教师
教学目标	1. 借助插图梳理故事情节，初步感受夏洛与威尔伯的友谊。 2. 运用提取、串联关键词的方法，进行文本内容重构，丰富对友谊的认知。 3. 通过回归文本，深化对友谊的理解。				

➢ 学情摘要

本教学设计是阅读推进课中端，学生已经初步完成了对《夏洛的网》整本书的阅读。对书中的主要人物关系、情节和作者想要传递的价值观念有了基本了解。本教学设计将教学重点设定为重构整本书内容，深化整本书理解，将教学难点设定为理解"友谊"。

➤ **基本流程**

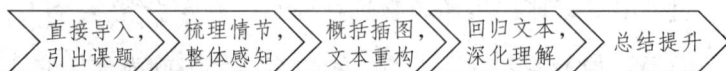

➤ **实施流程**

· **直接导入，引出课题**

同学们，最近一段时间我们一直在读 E. B. 怀特写的《夏洛的网》。书中夏洛与威尔伯的友谊深深地打动了我们，这节课让我们再次走进这本书，一起来交流内心的感动，分享阅读的收获吧。

· **梳理情节，整体感知**

我在读这本书的时候发现书中有许多插图，并从中挑选了一些能够体现主要情节的插图，我们一起来看一看吧！请同学们仔细观察，挑选自己喜欢的插图，找到相关章节读一读，并试着用简练的语言介绍一下相关情节。

· **概括插图，文本重构**

每幅插图用一个词语或短语概括，你会用哪个呢？我们来交流一下吧。

在同学们的交流中，我们概括了每幅插图的关键词，共 11 个。现在请同学们从这 11 个关键词中任选几个，可以是 6～8 个，可以是 3～5 个，甚至是 1～2 个来概括一下本书的主要内容，请先想一想，然后写一写。

· **回归文本，深化理解**

夏洛用自己的一生来帮助威尔伯，使威尔伯彻底摆脱了被宰杀的命运。在夏洛与威尔伯的友谊中，威尔伯只是一味地索取吗？威尔伯是怎样对待夏洛的呢？如果再用一个词语概括威尔伯对夏洛的态度，你会用哪个词语？为什么？现在，请同学们打开书，从书中找出相关句子，并在旁边简单做批注，然后小组交流一下。

·总结提升

《夏洛的网》告诉了我们获得友谊的秘诀。那么，在威尔伯的生命中，除了有夏洛这样死心塌地的朋友，还有老羊、坦普尔顿等，你认为它们是威尔伯的朋友吗？为什么？想知道答案的同学再次捧起这本书，去书中寻找答案吧。

（2）案例分析

H教师设计的《夏洛的网》整本书阅读教学推进课，逻辑清晰，环节紧凑。本教学设计抓住了书中能够体现主要情节的关键插图，引导学生观察插图、用关键词或短语概括插图，并让学生选择、串联关键词，借助关键词连缀故事情节。

书中的插图精美生动，符合学生的认知特点。以插图为切入点带领学生梳理、把握故事情节，不但能够激发学生的学习兴趣，还能够让学生形成深刻的记忆。

通过让学生以关键词概括插图内容，锻炼了学生整合信息的能力；提取、串联关键词，重构文本内容，提升了学生的逻辑思维和概括能力。

关键插图、关键词作为"小切口"，却实有"大作用"，在帮助学生对文本形成逻辑性认识之余，更在无形中教会学生阅读整本书的关键技巧，后续学生在阅读其他书籍时，便能够借助插图厘清作者创作思路，通过在阅读中批注关键词句来形成自己个性化的阅读经验，对学生阅读素养的提升意义深远。

通过插图、关键词的"点"串联起学生阅读的"线"，将"厚书""读薄"，是这份教学设计的亮点。设计中可进一步完善的地方主要有以下几个方面。

第一，H教师的课主要锻炼的是学生的复述、概括等能力。关键词的数量不同影响学生概括的要点，进而影响对文本主题升华的效果，也体现了对学生信息建构能力的不同要求。关键词一次比一次少，意味着难度一次比一次大，授课中教师要根据学生的学习情况恰当设计不同梯度的要求。

第二，在教学目标表述方面，可以略作调整。由单一的复述概括能力提升到以复述概括为手段；由单一的信息碎片整合到挑战升级的信息重构，提升思维，丰富学生对友谊的认知。上一轮的设计中，H教师制定的目标主要集中在信息整合层面上，没有让学生进一步进行信息重构。教师组织学生挑选其中几个关键词串联一段话，可以引发学生思考：要选择哪几个词？运用什么逻辑顺序把它们串联起来？而教师通过学生对信息重构后的内容串联，就可以从中得知学生是从哪个角度思考的，这样教师的反馈评价也会更有针对性，更能引发学生深入文本的再探索。通过上述调整，课堂的条理更加清晰，既提升了学生的复述概括能力，又发展了学生的思维能力，还能在语言和情感上给予学生收获。

4. 典型案例4

(1)教学设计

➤ 课程的基本信息

表 6-10 　教学设计概况

课程名称	《夏洛的网》推进课	课时	1 课时	授课教师	Z 教师
教学目标	1. 梳理故事情节，提升语言表达能力。 2. 通过概括章节内容、交流阅读感受、探讨疑问，感知整本书的主题。 3. 通过猜测故事后续情节的发展，激发继续阅读的兴趣。				

➤ 学情摘要

学生已经初步完成对《夏洛的网》前 11 章内容的阅读，对书中的主要人物关系、情节和作者想要传递的价值观念有了基本了解。但因为只阅读了前 11 个章节，对故事的全貌还欠缺了解，所以可能对作品的主题存在理解偏差，对一些经典的文字片段缺少精深的阅读与分析。因此，本教学设计将教学重点设定为激发学生继续阅读的兴趣。将教学难点设定为梳理整本书的内容，深化对整本书的理解。为了更好地开展教学，学生提前完成了前 11 章的阅读记录单，课前以小组为单位交流、修改、补充了故事章节，并尝试就已经阅读的部分提出困惑。

➤ 基本流程

直接导入　　回顾梳理　　探讨疑问　　激趣推进　　提出建议　　教师总结

➤ 实施流程

·直接导入

阅读是一件很有趣的事。这段时间，我们一直在读《夏洛的网》这本书，在阅读前 11 章的过程中，我们不仅梳理了章节内容，也写下了阅读感受，还提出了自己的疑问。这节课咱们就停下来，一起想一想，聊一聊。

· 回顾梳理

1. 以小组为单位重点探讨交流一个章节的主要内容和阅读感受。

2. 小组代表依次展示章节主要内容和阅读感受，其他小组可以质疑、给予评价和补充不同想法。

教师从概括方法、语言表达、回归文本、遵从原文方面给予评价和指导。

· 探讨疑问

1. 组内讨论可以解决的问题，并把已解决的删去。

2. 在黑板上张贴学生遗留的问题清单。

3. 梳理问题清单，尝试分类（如根据章节、人物、主题等标准进行分类）。

4. 教师发答题卡，小组选择 1～2 个问题，集体讨论，回顾相关章节内容，搜寻与答案相关的语句并做好批注，组织语言，梳理出问题的答案。

5. 小组派代表在全班交流，可相互补充，发表看法。教师在这一过程中着重关注学生对文本的解读、思考、梳理、引用，以及语言表达的流畅性和准确性。

· 激趣推进

出示第 11 章夏洛织出"王牌猪"的片段，让学生预测后续情节。

1. 夏洛织出网上文字——"王牌猪"创造了奇迹，它可以成功救下威尔伯吗？

2. 威尔伯再次遇到困难时，夏洛一个人帮它足够吗？还有谁会成为它的朋友呢？

· 提出建议

《夏洛的网》就像一座宝库，它的纯净闪耀着智慧的光芒，它的故事细节饱含着感人又温馨的情感，它的文字蕴含着丰富的人生哲理。通过今天的交流，在接下来的阅读过程中，你打算着重关注这本书里的哪些内容呢？

1. 关注生动优美的语句，体会作用。

2. 关注故事和人物的语言，多角度思考人物形象特点。

3. 把新的体会批注在文本旁边或记录在阅读单上。

· 教师总结

读中有所思，才能有所悟。欲知故事如何，请大家捧起《夏洛的网》接着阅读吧，期待下次的聊书时光！

(2)案例分析

该教师带领学生在交流讨论中梳理了章节内容，在展示汇报中分享了阅读感受，对于学生在阅读中产生的问题，教师也一一进行了梳理，提炼出有价值的问题，并与学生一起在思考与阅读中将其解决。这位教师的教学设计完整，能够关注学情，能够调动学生阅读的积极性和思考的主动性。

这份教学设计以"问题"为核心。授课前，教师先让学生们完成前 11 章的阅读记录单，并进行小组交流，尝试在组内解决小组成员提出的疑问，把不能解决或有争议的问题记录下来，留待课堂中师生共同探讨。这一环节便可让学生之间充分交流，并基于文本形成对几类典型问题的初步认识，让学生带着解决问题的目标和进一步探索的渴望进入课堂学习。在授课时，教师又引导学生读出黑板上的问题清单，并尝试分类，这一步骤能够进一步提升学生的思维能力，让学生学会将前期多样无序的问题进行归类和整合。在确定好集体讨论的问题之后，教师引导学生回归文本，梳理出问题的答案，并交流看法。这一过程能够让学生反复深入文本，在文本精读中寻找答案。

在教学之中，"问题意识"无疑是重要的，而问题的产生、问题的归类整合和问题的解决，贯穿整本书阅读的全过程，需要教师的精心设计和耐心引导。教师需要平衡好整体与个体的关系，处理好"发散性思维"和"收束性思维"的关系。

由于个体差异性和阅读体验的多样性，学生的问题必然是五花八门甚至天马行空的。面对全班学生"发散性"极强的问题，教师先要耐心对待，倾听每一名学生的声音，紧接着便可以引导学生以"收束性"的视角，来重新审视这些问题，剔除无关的、不值得讨论的，留下有深度、具有讨论价值的。教师在进行教学设计时可以有预设，准备一两个具有建设性和典型性的主问题及其子问题，并且根据学生梯度进行适时调整。学生的思维要能够"放出去""收回来""上得去"。当学生能力尚有欠缺时，不妨引导他们着重关注几个典型问题，把握了解决典型问题的一般思路和方法后，再引领学生向更具难度的问题迈进；当学生能力较强时，教师便可带领学生进一步开拓思维的广度和深度。

5. 典型案例 5

（1）教学设计

➤ 课程的基本信息

表 6-11　教学设计概况

课程名称	《夏洛的网》分享课	课时	1 课时	授课教师	G 教师
教学目标	1. 捕捉威尔伯的重要经历，感受威尔伯的成长历程。 2. 体会书中人物角色的成长，深层次地领悟成长的意义。				

➤ 学情摘要

学生已经全部完成了对《夏洛的网》整本书的阅读。对书中的主要人物关系、情节和作者想要表达的主题有了基本了解。但因为阅读周期较长，学生可能对故事情节有所遗忘，加之四年级学生对成长、生命等宏大主题的理解存在认知局限，所以可能对作者的创作主题存在理解偏差，对一些经典的文字片段缺少精深的阅读与分析。因此，在本教学设计中，将教学重点设定为回顾梳理故事情节，了解主要人物的性格特点；将教学难点确定为领悟成长的意义。

➤ 基本流程

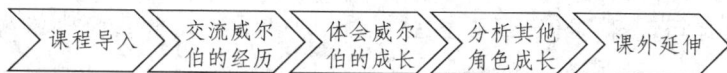

课程导入　交流威尔伯的经历　体会威尔伯的成长　分析其他角色成长　课外延伸

➤ 实施流程

· 课程导入

师：同学们，《夏洛的网》这本书我们已经读完了。在封底上，你一定看到了这样一段文字：

《夏洛的网》是美国作家 E. B. 怀特（1899—1985 年）所著的三部被誉为"二十世纪读者最多、最受爱戴的童话"之一。

结合你的阅读体会，试着说说为什么《夏洛的网》会得到如此高的赞誉。

师：接下来让我们看看书的目录，回忆章节中的内容。我们能否定义这本书的主题之一是成长呢？

师：书中的人物形形色色，你觉得成长指的是谁的成长？

·交流威尔伯的经历

师：请大家再看目录，回想有关威尔伯的章节内容，并结合阅读作业单来谈一谈哪些事对威尔伯的成长起到了关键作用，为什么。试着用文中的话来讲一讲。

1. 学生结合书中章节，谈论威尔伯的关键人生经历。

2. 教师结合学生表达的内容，提取关键词，写在黑板上。

3. 将黑板上的关键词依据一定标准分类，如可以按照"重要他人"和"自己"的标准进行分类。

4. 按照上述分类标准，结合黑板上的关键词，试着说说威尔伯都经历了什么吧。

·体会威尔伯的成长

师：让我们来看夏洛即将死去的时候，面对死亡，小猪威尔伯说的话，并试着说说威尔伯在这时发生了哪些改变。

"我不会说话。我也不能像你一样说得那么好。不过你救了我，夏洛，我很高兴为你献出生命——我真心愿意。"

师：从前听到死的消息都要哇哇大哭的威尔伯，此时已经能够独立直面困难。威尔伯的变化还表现在决定将卵袋带回谷仓，向坦普尔顿求助的时候。它对坦普尔顿说："我对你庄严保证，只要你把夏洛的卵袋拿下来，从今以后，当勒维给我喂食的时候，我一定让你先吃。我让你食槽里爱吃什么挑什么吃，在你吃够之前，我绝不碰食物"。

教师画出曲线图来体现威尔伯的成长轨迹并总结：孩子们，时间一天天地过去，在一次又一次的历练中，威尔伯从赢弱到健康，从孤独到有朋友陪伴，从依赖他人到独立，从接受他人付出到回报他人，从惧怕死亡到勇敢坚强，真正实现了蜕变和精神的成长。

·分析其他角色成长

师：在书中成长的不只有威尔伯，还有夏洛、坦普尔顿、弗恩——成长属于书中的每一个角色，成长也属于生活中的你、我、他。在分享与阅读的过程中老师也感受到了你们的成长。观看一段微视频（内容包括学生的阅读状态——从刚开始的读不进去到后来的全情投入、阅读作业单、交流分享的情景、为情节设计的漫画等）。

·课外延伸

除了《夏洛的网》，还有许多以成长为主题的书，比如《绿山墙的安妮》《小王子》《小鹿斑比》。看看这些书中的主人公遇到了哪些人，经历了哪些事，这些人与事对他们的成长起到了哪些作用。阅读影响成长，阅读改变人生，让我们开启阅读之旅吧，去书中寻找不一样的人生。

（2）案例分析

该教师的教学设计，紧紧围绕"成长"这一核心主题，引导学生把握主人公的成长经历，并从中领悟成长的意义。在《夏洛的网》一书中，小猪威尔伯是主角之一，教师选择小猪威尔伯这一角色，带领学生梳理它的生活经历，并将其中的主要事件进行罗列和分类。通过罗列和分类，学生能够意识到哪些事件中别人给予了威尔伯帮助，哪些是威尔伯靠自己的努力获得的成长，进而明白"成长"过程中"重要他人"和"自身努力"两方面都很重要。教师在设计时能够做到循循善诱、层层深入，学生的理解过程也有了层阶性，对自身努力重要性的理解也更为深彻了。

设计待精进之处主要有：第一，可进一步把握语文课程本位，重视从语言文字运用出发进行整本书阅读的教学，例如，通过让学生找到小猪威尔伯成长前后的语言、动作、神态等描写，或是形容词、副词的运用等，前后对比，引导学生更深刻地领会威尔伯的"成长"。

第二，引导学生学会举一反三，提升思维能力。在教学设计中，教师以小猪威尔伯的成长为例，带领学生一同进行分析和思考。在分析完小猪威尔伯的成长之后，教师不妨让学生再寻找 1~2 个书中的角色，带着学会的分析方法，在没有教师引领的情况下，小组合作或自主探究，探索其"成长"历程，亦可将不同角色的"成长"进行对照，比较其异同点等，将"成长"这一主题向更高层次、更广维度去"挖掘"。

第三，"导入"环节不妨更紧密地围绕"成长"进行设计，或是让学生基于故事文本概括出"成长"主题，或是以生活中的"成长"引入《夏洛的网》中角色的成长。如此，便能使教学设计更具连贯性、一致性。

四、第三轮教学改进的效果评估

第三轮教学改进达成了两个目标：第一个是深化了教师对整本书阅读教学策略的使用，第二个是帮助教师了解和掌握了整本书阅读教学的评价策略。本节重点从专家、教师和教研员三个群体的角度分析第三轮教学改进的效果。效果评估的证据主要来自对这三个群体的访谈和问卷调查。

(一)专家视角下教师参与第三轮教学改进效果的评估

专家主要从宏观层面反馈对本轮教学改进的看法。专家的评价主要源自教师和教研员参与教学改进活动时的表现。项目组通过对专家访谈内容进行整理，得出了如下几点结论。

1. 教师已经基本掌握了整本书阅读教学的策略

通过评估第三轮教学设计，结合教学改进后与教师的访谈内容可以确定，教师已经基本掌握了整本书阅读教学策略的使用方法。在教学设计中，无论是导读课、推进课还是分享课，教师都能够合理融入教学策略。在教学改进现场，教师在展示课中也能够根据现场学生的需求，迅速调整课程实施节奏，选用最合适的整本书阅读教学策略。例如：

> 在听课的时候，给我印象最深的是 W 教师。一开始在我收到的她的教
> 学设计中，她计划在推进课里使用"精读事件片段，回顾故事情节"的策略。

但是因为授课班级不是自己班级，对学情的前期掌握不准确，现场发现学生很难通过文字来串联故事情节，所以她马上改变策略，使用插图和目录来帮助学生回顾情节。

W教师的反应说明：第一，W教师掌握了多种整本书阅读教学策略；第二，W教师已经能够熟练地运用整本书阅读教学策略了。这也直接证明了经过三轮教学改进，教师的教学能力得到了发展，尤其在整本书阅读教学策略上，已经从最初的了解发展到现在的熟练运用。

2. 教师了解了整本书阅读评价方法，但需要丰富实践论证

在本轮教学改进中，项目组向教师介绍了几种有效的整本书阅读教学评价工具，并结合案例介绍了使用方法。通过观察教师第三轮的教学设计，也看出很多教师有意识地将过程性评价策略运用到教学中。但在与教师的谈话中，专家发现，教师对于这些评价工具的使用，还需要在实践中历练。例如：

> 过程性评价方法很重要，也是教学过程中的一部分，但在教学设计中我们很难对其有清晰、直观的感受。不过在听课的时候，我有一个非常明显的感受：授课教师的评价用语发生了非常大的转变。同时，有几位教师还设计了学习单，这正是收集过程性评价材料的好办法。但是在看到评价单的时候，我发现教师对于方法的使用还是过于浅表了。比如，在评价单中只有认知维度的评价，缺少非认知维度的评价，如阅读动机、投入水平等。

从专家的反馈来看，经过第三轮的培训，教师已经能够有意识地使用整本书阅读评价策略。但是因为实践经验的缺失，还存在许多不足。这些不足需要在后续的教学实践中逐渐弥补。

3. 教研员基本具备了独立组织教师工作坊活动的能力

与以往组织整本书阅读教学教师工作坊活动的流程不同，本次工作坊活动完全由教研员和学校的骨干教师组织。改进专家以旁观者的身份对他们组织教师工

作坊活动的效果进行监控打分。评价的维度包括：程序的完整性、程序的流畅性、内容的科学性、内容的指导性、内容的系统性、学员的参与度、组织的有效性。教师工作坊分为三个，综合打分结果如表 6-12 所示。

表 6-12 　对教师工作坊的评价

单位：分

评价维度	教师工作坊 1	教师工作坊 2	教师工作坊 3
程序的完整性	5	4	5
程序的流畅性	4	4	4
内容的科学性	4	3	4
内容的指导性	3	3	3
内容的系统性	3	4	2
学员的参与度	4	4	4
组织的有效性	4	4	4

从打分结果来看(单项满分为 5 分)，三个工作坊在组织活动的程序上基本能够达到完整、流畅的要求。相比之下，教师工作坊活动在内容设计上还有待加强，尤其是"内容的指导性"和"内容的系统性"两个维度。"内容的指导性"是指教师工作坊的活动内容能否起到指导教学实践的作用；"内容的系统性"是指教师工作坊的活动内容是否前后呼应，自成一体。但是从整体得分来看，基于教师工作坊的整本书阅读教学研修机制已经基本建立，并能够在区域范围内得到有效实施。

(二)教师视角下第三轮教学改进效果的评估

本轮教师视角下的教学效果评估不仅评估了学生阅读能力的发展情况，还采用 CHAT 理论分析了教师在参与教学改进活动时的矛盾。项目组经过系统分析得出如下结论。

1. 学生的阅读能力得到了一定发展

从教师的视角评估学生阅读能力是否得到发展，主要关注两个维度的变化。第一个是学生的阅读能力是否得到发展，第二个是学生阅读的非认知能力是否得到发展。

从学业水平来看，在最后一轮教学改进结束后，项目组对四个班级的学生进行了阅读能力测试。通过与第一轮阅读能力测试结果比较发现，四个班级学生的阅读成绩均有显著提高，其中 A 班级提高了 2.44 个标准分，提高最少的班级平均也提高了 1.01 个标准分。同时，对这四个班级的教师进行访谈后得知，在平时的测试和作业中，学生的阅读能力表现较未改进前都有了明显的提升。除此之外，农村学生和城镇学生的阅读能力差异明显缩小等。由此可以得出，整本书阅读教学改进对推动阅读教育公平具有重要意义。

观照学生阅读的非认知维度的变化发现，学生在阅读的行为投入上有了显著的变化。比如，学生的阅读时间较之前更长了，这可能与开展整本书阅读教学改进后学生日常作业的变化有关。学生的阅读种类也逐渐向文学名著等有利于阅读能力发展的书籍方向转变。由此看出，整本书阅读教学改进带给学生的不仅是阅读能力的提高，还有阅读素养的发展、阅读习惯的养成、阅读品质的提高。

2. 整本书阅读教学评价方法需要进一步内化

本轮教学改进专题讲座的主题为整本书阅读教学的评价策略。与第二轮教师面临的困境相似，虽然教师在教学实践中有意识地使用了评价策略，但是在评价有效性、熟练性上有所欠缺。以 CHAT 理论模型评估教师参与工作坊活动的表现得知，教师虽然在讲座中获得了整本书阅读评价策略的知识，但是如何将知识运用到教学中，进而达成教学目标，教师还缺乏实践经验。

图 6-2 呈现的是教师在本轮教学改进中存在的发展困境。其中"工具"是指教师通过专题讲座获得的评价策略知识，"主体"是指参与整本书阅读教学改进的教师个体，"客体"是指教师能否在教学中有效运用整本书阅读评价策略。通过对教师的深度访谈得知，教师虽然能够从培训中捕捉评价策略知识，但是因为缺少实践经验，在教学设计和教学实施中难以将策略有效地转化为实践。

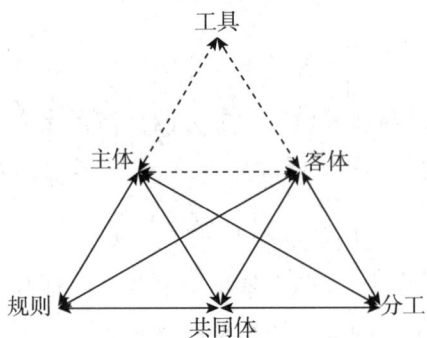

图 6-2　教学评价策略转换困难

(三)教研员视角下第三轮教学改进效果的评估

教研员视角下的教学改进效果评估主要从教师工作坊的组建与实施角度展开。

在专家视角的评估中,教研员具备了独立组织教师工作坊活动的能力。同样,在深度体验了整本书阅读教学教师工作坊的组建、活动的实施等所有环节后,教研员也认可了基于工作坊的教研模式。

> 这次全程独立策划和组织了教师工作坊活动,原来不清楚的地方在这次独立操作中都明确了。专家在一旁边观察边指导的方式也让我能够迅速进入状态。但是仍旧有一些问题,比如专家提到的内容的设计缺少系统性,这样会导致教师在参与的时候不知道为什么要这么做,也不知道做完后对自己的教学有什么帮助,以及怎样转化到自己的教学设计中。这些都是需要后期我们在不断的实践中解决的。

从以上教研员的反馈来看,独立组织教师工作坊活动能够帮助他们更加了解实施流程,在组织内容和形式上都有所精进。总体来看,基于教师工作坊的教研机制已基本建立完成,教研员可以在后续的实践中完善、丰富该机制。

【本章小结】

　　本章聚焦小学语文整本书阅读教学改进的第三轮实施。首先，通过对学生、教师和教研员的前期调研，了解了各个群体在整本书阅读学、教、研等方面存在问题与实际需求，明确了第三轮教学改进的目标。其次，本轮教学改进的研修围绕整本书阅读教学的评价方式展开，其中包括档案袋评价法在整本书阅读教学中的应用、CHAT 理论在整本书阅读教学课程评价中的使用。在对教师提交的教学设计和课堂教学实录进行深入分析后发现，教师在文本解读上、在教学策略的使用上，以及在教与学方式的改变上均发生了显著的积极变化。从对改进专家、样本教师、教研员的访谈中发现：第一，教师已经基本掌握并能相对恰当地运用整本书阅读教学策略，但是在评价上还要在实践中形成经验。第二，在三轮教学改进结束后，学生的阅读能力、阅读动机和阅读投入水平都有十足进步。第三，教研员已经基本掌握了整本书阅读教学改进的研修组织方式，可以在教研中独立运用。以上内容证明，小学语文整本书阅读教学改进活动取得了阶段性成功。

下 篇

小学语文整本书阅读
教学改进的成效

　　本篇聚焦"小学语文整本书阅读教学改进实施成效"这一核心议题，总结教学改进的实施经验，提炼出两个行之有效的操作模型。第一个模型是从教学改进机制层面提出的模型——基于 U-S 框架的整本书阅读教学改进推进模型。该模型主要总结了以高校和区域学校为主体，联合开展教学改进活动的运行机制。第二个模型是从教研层面提出的模型——基于活动理论的整本书阅读教师工作坊研修模型。该模型将活动理论与教师工作坊相结合，力图从教师学习实践共同体的角度为开展有效的校本研修活动提供参考与指导。

第七章　整本书阅读教学改进的成果

【本章提要】

在三轮整本书阅读教学改进活动的实施中，生成了两个有效的改进成果。第一个是构建了基于 U-S 框架的整本书阅读教学改进推进模型。第二个是形成并完善了基于活动理论的整本书阅读教师工作坊研修模型。第一个模型从宏观层面论证了高校理论引领和区域实践指导相融合的教学改进模式对学校教师教学能力发展的有效促进作用。第二个模型是在实践中形成的符合地域教育发展特色的教学研修机制。本章重点阐述这两个成果的理论基础与实践方式。

一、基于 U-S 框架的整本书阅读教学改进推进模型

(一)U-S 合作的基本内涵

U-S(University-School)这一概念发轫于 20 世纪 80 年代的美国，是一种在教师教育改革的现实需求下进行的实践探索，强调大学与中小学之间的合作关系。在关于二者合作关系的讨论中，频率较高的描述是合作(cooperation)、协作(collaboration)与伙伴合作(partnership)。学界关于合作关系的描述较为多样，因此，在对 U-S 这一概念进行界定之前，应先厘清此间有关"合作"的不同定义。

对于大学与中小学之间的合作关系，卡甘(Kagan)认为，这种合作应该被定义为某一组织的结构或组织之间的结构，在这个结构里面，资源与权力共享，人们一道努力实现单凭一个人或一个组织所不能达到的共同目标。[①]赫斯(Hess)将这种合作视作一种利用不同组织的资源、能力、权利、兴趣、人力来构建一个全

---

① Sharon L. Kagan. United We Stand：Collaboration for Child Care and Early Education Services[M]. New York：Teachers College Press，1991.

新的组织实体，以促使共同目标得以实现的过程。①美国学者布鲁纳（C. Bruner）则将合作定义为一种用来达成个体无法或者说至少不能有效地实现某个目标的手段，强调合作是达到效果的手段，而不是效果本身。②

在对合作概念的辨析上，豪德（Hord）将合作分为协作与合作两个不同层次。他指出，协作是指为了制定基本政策，每个参与者分担相应的权利和义务，而合作是指两个个体和机构拥有各自的目标，两者达成合作协议，从而保证各自目标的顺利实现。③

基于对"合作"的不同取向的界定，不同学者对大学与中小学的合作的定义也各有偏重：古德莱德（Goodlad）与霍姆斯小组（Homes group）认为，大学与中小学合作是大学和中小学这两个性质差异明显的机构，在促使自身利益得到更好发挥的同时追求共同问题的联合应对。这种关系的理想状态是一种"共生"关系的达成，这种关系具有三个显著特点：合作各方要存在差异性；合作目标需要满足各方的利益；伙伴关系具有无私性，要致力于满足对方的利益。④ 葛瑞（Gray）指出了这种合作关系的五个特征：依靠一个持续的给予和付出的过程，合作双方要跳出思维定式，考虑对方的意见，共同寻求解难的方法；合作包含共同的决策；对于未来的发展方向，大家共享责任；合作是一个逐渐出现、发展的过程；透过彼此的协商和互动，双方建构未来协作的规范和原则。⑤

从国内对其相关定义来看，王建军、黄显华将合作的概念归纳为：合作双方

① Elisabeth Hess Rice. The Collaboration Process in Professional Development Schools：Results of a Meta-Ethnography，1990－1998[J]. Journal of Teacher Education，2002，53(1).

② Charles Bruner. Thinking Collaboratively：Ten Questions and Answers to Help Policy Makers Improve Children's Services[M]. Washington，DC：Education and Human Services Consortium. 1991.

③ Kenneth A. Sirotnik，John I. Goodlad. School-University Partnerships in Action：Concepts，Cases，and Concerns[M]. New York：Teachers College Press，1988.

④ Kenneth A. Sirotnik，John I. Goodlad. School-university Partnerships in Action：Concepts，Cases，and Concerns[M]. New York：Teachers College Press，1988.

⑤ Barbara Gray. Collaborating：Finding Common Ground for Multiparty Problems[M]. SanFrancisco：Jossey-Bass，1989.

对于合作目标和远景的共识、价值观念的交流与磨合、角色与权力关系的重构等不仅是合作的组成部分，亦是保证合作得以成功的关键特质；合作是平等互惠的，是为了双方的利益，而且这种利益是同时发生的；合作需要双方的努力与投入。① 崔允漷从广义和狭义两方面分别对合作进行了界定。从狭义上理解，伙伴关系是指不同组织之间基于平等合作的正式关系，其核心特征在于伙伴之间的平等、合作和关系的持续性。从更宽泛的意义来理解，凡是出于共同的愿景，为满足伙伴各方的利益而进行互动的关系都可被称为伙伴关系。② 从实际情况来看，操太圣、卢乃桂认为，中小学的教师受训于大学，师范生在中小学度过实习生涯，大学为中小学教师提供工作坊和各种或长或短的课程等，这些都可以看作大学和中小学合作的具体表现。③

可见，关于 U-S 的概念，国内外学者在不同角度也都对之有不同的理解与侧重，在一定程度上反映出其对大学与中小学合作关系的不同关注与价值追求。结合实然状况，我们认为，当前的大学与中小学的合作关系可以看作双方基于共同的目标或愿景，在平等互惠的原则下，协作实现互利共赢的活动。从中小学的视角来看，这种合作关系能够为解决其教学问题，为教师及学生发展提供有力支持；对大学而言，这种合作关系则能在通往实践的路径中使其相关理论研究更具现实意义，提高教师教学与科研能力，丰富师范生的职前教师教育。双方都能以促进教师专业发展和学校变革，最终达到完善研究者的教育理论建构、促使理论研究更加符合实践、以实践调适理论研究的目的。④

就 U-S 合作的参与者而言，在大学与中小学合作的组织中，参与者主要涉及大学教师（教育理论研究者及学科专家）、师范生或研究生、中小学教师、中小学

① 王建军，黄显华. 教育改革的桥梁：大学与学校伙伴合作的理论与实践（教育政策研讨系列之 45）[J]. 香港教育研究所，2001.

② 崔允漷. 基于伙伴关系的学校变革[J]. 当代教育科学，2006(22).

③ 操太圣，卢乃桂. 院校协作脉络下的教师专业发展：赋权与规训的争执[J]. 高等教育研究，2002(6).

④ 罗丹. 课程改革背景下大学和中小学合作的动因与模式[D]. 长春：东北师范大学，2006.

校长。大学包括师范类大学，还包括综合类大学，中小学包括小学以及初中、高中。其中，大学教师有着丰富的理论基础，能为学校带来理论知识以及反思精神。中小学教师和校长来自实践一线，生活在实践一线，是丰富的实践文化的土壤。①

(二)U-S 合作的类型

就实际而言，U-S 的合作探索并没有相对固定的模式，各专业组织的设计以及各地区的具体实行各有不同，其协作范围与项目也各具特色，并且可能因发展阶段、伙伴对象、地理位置、学生背景的不同而导致协作目标、内容及运作产生一定差异，并最终在其合作关系形态中呈现出来。② 项目组对大学与中小学合作的具体样态进行梳理，并以不同的标准或取向对其进行划分。

1. 以合作层次为依据

以合作层次为划分依据，大学与中小学的合作可分为协作型合作、共生型合作以及有机合作三种。③ 其中，协作型合作通常是指个体间的联系，如咨询、短期项目等，更多情况下是一种一方给予、一方接受的服务传递，是在协议之下的权利体现与责任承担。共生型合作则明显带有更多的互惠性质。在这种合作中，双方的关系明显更深了一层，彼此都能提供对方所需的辅助或资源。例如，大学可以为中小学提供教师工作坊或在职培训，中小学则能为大学解决实习生的安置问题。在这种共生型合作中，虽然合作双方是相对平等的，但是一旦双方满足了各自的动机和目的，伙伴关系往往也就宣告终结，合作也便随之停止了。与上述两种合作不同，有机合作将大学与中小学的关系推向了合作的更深处。这种合作旨在解决双方的共同问题。在有机合作中，功能是联合共有的，双方在合作项目中平等地投入，各组织的人员一同分担责任，以一种持续、完整、密切的形式合

---

① 罗丹. 课程改革背景下大学和中小学合作的动因与模式[D]. 长春：东北师范大学，2006.

② 张晓莉. 美国教师教育中大学与中小学合作的体制与机制研究：以专业发展学校为中心[D]. 长春：东北师范大学，2013.

③ Kenneth A. Sirotnik, John I. Goodlad. School-University Partnerships in Action：Concept，Caese and Concerns[M]. New York：Teacher College Press，1988.

作推动项目进行，共同追求需要达成的既定目标。

2. 以合作内容为依据

基于合作内容的不同导向，可将大学与中小学的合作分为教职员导向合作、学生导向合作、任务导向合作、机构导向合作和全面革新合作五类。[①]

教职员导向合作旨在促进教师的专业发展，主要包括三个方面：协助新手教师完成社会化，掌握专业知识并融入教师队伍；维持教师教育教学热忱，鼓励其勇于挑战、开放创新；促进中小学教师与大学教师全面持续接触与合作。

学生导向合作期望通过大学与中小学合作的形式，改进学生的学业表现，缩小学生之间的学业水平差距。

与学生导向合作不同，任务导向合作并不强调个人的发展，而是以任务推进为重心。密歇根大学与浩特高中(Holt Senior High School)自1989年建立起的合作关系就属于任务导向合作。在具体实践中，任务导向合作的常见做法有教师教育机构与中小学合作进行课程开发、课程大纲研究、评价方式革新、教学成效评估设计、教学方案优化等。

机构导向合作以中小学为对象，旨在促进其在合作过程中实现教育革新。例如，当某所中小学处于一定发展危机之中，且恰有大学愿意为之提供指导与支持时，双方就可以采取这样一种合作方式，通过加强在职教师培训、提升教师教育教学能力、注重激发学生动机等措施帮助处于困境中的中小学扭转局面。机构导向合作虽然能使中小学获益，但是在此合作中，大学以专家的身份介入，合作过程与结果仍是不平等的，不利于教育系统的全面革新。

全面革新合作注重在教师教育机构与中小学之间建立长期稳定的合作关系，合作内容丰富，多以大学与中小学在社会中的角色、中小学的教育目标、功能及内容，教育公平及教育卓越等为合作主题。

3. 以合作性质为依据

根据合作性质的不同，巴奥特(Biott)将大学与中小学合作分为执行式合作与

---

① Su Zhixin. School-University Partnerships：Ideas and Experiments(1986—1990)[M]. Seattle，WA：Center for Educational Renewal，University of Washington，1990.

发展式合作。

执行式合作又称专家主导式合作。该合作采用施予、教授、示范和执行模式，强调由行政人员确定教学目标，并需在固定时间和空间中完成任务，侧重短期目标与短期成效。在这种合作模式中，大学中的专家或科研人员往往被视为理论权威，中小学教师则更像是将理论转化为教学实践行为的操作工具，是一种一方自为权威、先入为主的主导型合作。

发展式合作也称交互性合作，强调合作双方的主动性、自愿性及自动自发性，在时间与空间的选择与安排上也具有较强的灵活性，实施策略以提问、咨询、讨论与发展为主。该策略充分认识到合作的发展性，注重合作双方长远目标的实现。在发展式合作中，大学并不以专家或指导者的身份将合作方案或计划强加于中小学并要求其执行，而是通过询问、讨论等策略，在平等的对话中与中小学一同开发切实可行的方案。因此，就大学与中小学合作双方在合作中的地位而言，这是一种真正平等的合作方式。

(三)U-S 合作的取向与机制

波·达林(Per Dalin)认为，在 U-S 合作中，主要存在有三种不同取向，分别为技术取向、政治取向与文化取向。① 其中，技术取向主张将教学与变革过程视作一种技术。在变革过程中，技术取向注重以研究、发展、采纳的方式将研究成果转化为具体的应用技术，并交由教师贯彻执行。含有技术取向的 U-S 合作中的双方常以一方为另一方提供所需的专业服务或支持的角色出现，因此也难以以平等合作的方式推进研究或课程发展。政治取向则主张从权利、权威与利益竞争等概念的视角审视教育变革，认为个人利益与集体利益在本质上是冲突的，因此为了推动教育变革，就需要在一个互动的过程中进行协商。因此，基于政治取向的 U-S 合作是一个互动进化而非线性或理性的决策过程，有赖于合作双方拥有的权利与相互信赖的利益。该取向强调目标与策略在实际情境中根据学校不同的发展

---

① 波·达林．理论与战略：国际视野中的学校发展[M]．范国睿，主译．北京：教育科学出版社，2022．

处境因地制宜地进行动态调整。文化取向则是基于不同组织间具有差异性的文化背景以及差异之下的矛盾而成的，认为教育变革中出现的种种冲突与误解都与大学和中小学之间不同的文化背景及矛盾有关，故而尤为强调双方的文化融合。对于 U-S 合作中的不同倾向，李子健认为，鉴于教育改革涉及彼此的因素之间相互影响的特性，因此，若要全面发展伙伴计划，宜采取一个综合的取向，从技术、政治及文化等多层面去启动变革。①

据系统理论的相关描述，"机制"主要是指系统内各子系统与要素之间的相互作用、相互联系、相互制约的形式、运动原理，以及其内在的、本质的工作方式。U-S 合作中所探讨的合作机制，主要是指大学与中小学形成合作组织系统中的各个环节即要素在共同研究的过程中相互联系、分工合作、协调耦合，从而形成特定功能并能推动双方合作高效运作的一种方式。② 具体而言，就是大学专家、研究者与中小学教师及相关教育工作者之间通过协调，建立积极的合作关系并最终实现合作目标。在 U-S 合作中，主要有以下两种机制。

1. 目标机制

在 U-S 合作中，尤其重要的就是确立合理明确的目标，并对人员、职责与任务进行合理配置，建立相应制度，在科学的流程中保证目标的顺利实现。倘若目标过于泛化，或在合作过程中时常变换，则易使教师感到困惑，也易使合作效率与效果大打折扣。同时，鉴于合作的形式，合作目标也应由参与者共同制定，并具有可执行性与操作性，在对中小学教师现有水平有所考量的同时，也应具有一定挑战性，以在合作的过程中超越其当前水平。

2. 动力机制

在合作中，须有一定动机驱动才能使合作双方更好地实现合作目标。动机作为驱使人们活动的缘由，包括意图、愿望与心理冲动等，分为内源动机与外源动机。就内源动机而言，它包括个人的兴趣、好奇心以及自我效能或自信心等个人

---

① 李子建. 课程、教学与学校改革：新世纪的教育发展[M]. 香港：中文大学出版社，2002.

② 王常泰. 关于大学—中小学伙伴合作机制的研究[D]. 南京：南京师范大学，2008.

因素，具体到 U-S 合作中，便是教师对课程或教学所怀有的兴趣以及主动参与探索、研究，提升个人专业水平，实现个人目标的动机。外源动机则指因为追求外在的奖励或避免惩罚而产生的动机，因此，为了能更大限度激发合作参与者在 U-S 合作中的积极性，便需通过鼓励、奖励、限制、惩戒等手段，激活参与者的不同需要，从而保证合作目的的达成。

(四)U-S 合作的典型案例及延伸

U-S 的合作机制在英国、美国等国家早有实践，且积累了丰富的经验。

1. 英国教师教育"U-S"合作

英国一直以来的"大学主导型"教师培养模式在长期积弊下，不仅加剧了理论与实践的二元分离，在教师培养的质量上也颇受争议。于是，在新的教育教学改革主张下，英国教师教育开始尝试回应大学与中小学两种本位的教师教育的整合问题，新型的教师培养模式随之出现，并在政府的大力支持下，于不断实践探索中趋于成熟。在英国的教师教育改革中，尤为注重教师职业技能与教师胜任力，并将其作为教师教育的根本取向之一。教师胜任力，也称教育胜任力，是指教师个体所具备的、与成功教学有关的一种专业知识、专业技能和专业价值观。对此，英国曾专门出台相关标准，从多个维度对其进行规定。而在培养教师胜任力的路径选择上，英国选择了大学与中小学相结合的道路，在"共生"理念的基础上，注重合作双方的平等协商，共同制订计划、实施管理，相互尊重，彼此沟通，教师培养的质量与数量都有较好发展。

2. 美国教师教育 U-S 合作

20 世纪 80 年代，教师教育改革成了美国教育教学改革的一大重心，在当时促成了如教师专业发展学校(PDS)等 U-S 合作模式的出现。直至今日，教师专业发展学校仍是美国教师教育合作的主要方式，也是一直以来大学与中小学合作培养教师的典范。此处提及的教师专业发展学校并非普遍意义上的独立学校，而是在现行中小学建制内的一种功能性建设，通常以中小学为基地，兼顾教师教育与中小学改革，强调教师的专业发展，注重大学与中小学的有效合作。① 在合作中，美国教师专业发展学校希望能在多方的共同努力下，弥合教育理论与教育实践之间的差距，以 U-S 合作为途径，针对一线教学中的真实教学实践问题，结合大学的教育理论支持与中小学的实践经验积累，在理论与实践之间搭建有效平台，使之相互契合，为高质量教师培养奠定基础。从结果来看，美国教师专业发展学校使大学教师与中小学教师针对具体理论或实践问题共同进行研究，也确实在一定程度上实现了教育理论主体与实践主体的融合。

此外，随着 U-S 合作的经验积累及合作模式的增多，在英美典型 U-S 之外，也开始衍生出一些其他的称谓，如 U−D−S(D＝district，区域行政部门)、U−A−S(A＝administration，教育行政部门)、U−N−S(N＝non-government organization，非政府组织，包括企业、基金会、慈善会)。在我国，也出现了一些大学与中小学合作计划或合作模式，如香港中文大学的大学与学校伙伴协作中心提出的伙伴协作计划和优化教学协作计划，上海师范大学师资培训中心的"伙伴合作，共同发展"模式，以及首都师范大学开设的教师发展学校等。

通过对 U-S 的概念及相关研究进行梳理不难发现，纵向来看，在教育教学改革的导向作用下，基于不同的现实需求，U-S 合作都会呈现出新的革新取向或衍生出新的模态；横向而言，U-S 合作又会结合不同地区或不同参与主体进行调整，从而产生各有侧重的具体合作模式。可见，U-S 合作是一个多维构成，且会受到来自不同层面的多种因素的影响，是一个多方相互作用的有机形态。值得注意的是，虽然 U-S 合作在真实情境中会因取向或划分标准的不同而呈现出多样化的模式与样态，但在实际操作与运用时，不应以线性或片面的眼光将复杂的教育问题唯一化、简单化，而是应该就具体的情景脉络和实际需求，作出相应的判断和选择。教育是一个具有整体性、系统性、开放性、多组成、多层次的极其复杂的系统。在变革中，各个要素相互作用，动态生成。变革的过程复杂而多变，因

---

① 罗华玲，周雪梅．美国教师专业发展学校(PDS)成功经验对我国教师教育改革的启示[J]．继续教育研究，2007(5)．

此，不论是何种取向和类型，都不可避免地带有一定的局限性，我们要做的是，要尽可能有效地克服每种取向和类型的局限性，只有这样，才能应对真实教育情境中的复杂性问题。①

(五)基于 U-S 合作的整本书阅读教学改进

1. U-S 合作在教师培训中的理论指导

教师培训作为大学与中小学合作中较为常见的一种合作形式，对师资队伍建设发挥着至关重要的作用，一直以来也是中小学教师专业能力发展的一条重要途径。2008 年以来，中央财政加大了对义务教育阶段教师培训的投入，各省(区、市)根据地区实际状况也探索了各具特色的教师培训模式。当前，我国各省(区、市)中小学教师培训体系中的培训方主要包括各级教研员和所属教研室、教师进修学校、以省市级教育学院为代表的教育培训机构、以省级师范大学和师范学院为代表的高等教育机构等。对参训教师的培训诉求进行调查的研究发现，在教育教学理论、学校及课堂教学管理、班主任工作、学科教学、教学方法及策略等十项培训内容的选项中，对教学方法及策略、学生发展及心理健康和学科教学的选择明显高于其他选项，它们是一线教师最希望从教师培训中学到的三类内容。② 可见，教师对与教学直接相关的培训内容抱有更高的学习兴趣。从 U-S 合作中有关动机的相关讨论来看，这也意味着教师对此有着更高的内源动机。对教师而言，在整本书阅读教学中，教师往往会在知识结构与教学能力上面临相较以往更大的挑战，因而也更需要相关理论与教学技能培训为教师在整本书阅读教学的设计与实施方面助力。③ 在过去的几年里，就有不少高校围绕整本书阅读教学面向中小学教师开展了相关教研活动，如北京师范大学于 2019 年开展的"新课标·新

---

① 杨朝晖."U-S"伙伴合作关系问题研究述评[J].首都师范大学学报(社会科学版)，2009(3).

② 陈向明，王志明.义务教育阶段教师培训调查：现状、问题与建议[J].开放教育研究，2013(4).

③ 关舒文，吕立杰.整本书阅读：价值向度、现实困境与当代突围[J].中国教育学刊，2019(9).

教材"中学整本书阅读教学名家精讲班，华东师范大学于 2022 年开展的"努力构建阅读整本书的经验"专项培训讲座等。

2. U-S 合作在现实问题中的教学诊断

在当下的整本书阅读中，尚有许多亟待解决的现实问题，如处于青春期的中学生受功利化、娱乐化阅读风气影响而对经典阅读兴趣不足①，教师在整本书阅读相关教学开展中缺乏计划性与指导性，阅读课型单一缺乏多元性②，等等。当前整本书阅读开展中呈现的许多困境，都是教师在教学一线需要直面的现实问题。但是，虽然中小学教师大多能直观感受到整本书阅读教学在实施中的问题并深受其困，但能够在整本书阅读教学过程中不断地对其进行积极主动的计划、检查、评价、反馈、控制和调节的教师在教学一线并不普遍，能对诸类教学困境进行分析并从中找到突围之径的中小学教师亦不在多数。③其中有教研能力的限制，很多时候，中小学教师往往也会因缺少足够的教研时间而难以对现实的教学问题有较为深入细致的探究。同时，从已有的文献来看，大多是来自高校学者的研究或学位论文，因此，大学在 U-S 合作中对整本书阅读教学的诊断价值就得到了更具现实意义的彰显。

在以整本书阅读为主要课题的 U-S 合作中，大学能以更科学、专业的视角及方法对中小学的整本书阅读教学进行诊断，能够针对整本书阅读教学开展过程中浮现出的诸种问题进行分析，运用量化、质性或混合研究方法开展实证研究、案例研究等，对现状及问题进行更深入的分析与探讨。以基于一定目的所进行的教育测量为例，随着认知心理学与测量技术的发展，许多研究者开始关注个体信息加工系统的内部过程，对教育领域产生了很大影响。教育者们对教育测量也产生了新的期望，不再局限于对学生未来成功与否的预测，同时也注重将其用于诊断

---

① 徐鹏. 整本书阅读：内涵、价值与挑战[J]. 中学语文教学，2017(1).

② 张晓莉. 美国教师教育中大学与中小学合作的体制与机制研究：以专业发展学校为中心[D]. 长春：东北师范大学，2013.

③ 林崇德，申继亮，辛涛. 教师素质的构成及其培养途径[J]. 中国教育学刊，1996(6). 顾小清，祝智庭，庞艳霞. 教师的信息化专业发展：现状与问题[J]. 电化教育研究，2004(1).

学生目前学习状况并更有效地激发学生争取更大进步。[①] 通过对学生及教师在整本书阅读教学过程中的相关表现进行分析，便能得出不同因素对教师开展整本书阅读相关教学或对学生进行整本书阅读学习活动的影响如何，并进一步探究其作用路径与影响机制，从而能厘清各种因素在具体情境中对学生在整本书阅读中所体现出的相关能力或素养的影响，为中小学教师开展教学改进提供借鉴或参考。例如，有学者就曾以某地区为例，通过现状调查，从阅读环境与氛围、家庭阅读理念以及学校及教师的引导与跟进这几个方面对农村初中语文整本书阅读的教学问题进行剖析，并从不同角度为其建构起教学策略与建议。只有如此，才能在真实的教学中做到有的放矢、对症下药。

3. U-S 合作与校本开发

学生的整本书阅读往往需要较长时间。在教学中确保前后阅读状态的连贯性，梳理前后获得的信息，形成相对完整的阅读感受是整本书阅读的应然样态。在此过程中，推动认识过程逐渐完善，促进学生综合运用各种阅读策略与综合能力进阶亦是许多教师所追求的一种目标。[②] 然而，整本书阅读在教学中却时常出现教学内容较为随意、教学方式过度结构化等问题，在一些教学实际中，整本书阅读教学的完整有效开展尚且难以得到保证，更遑论能切实有效地实现学生相关素养的提升了。[③] 基于此种现实，有学者提出，整本书阅读教学的出路在于"校本化"以及在其基础上的"班本化"[④]，将整本书阅读纳入校本课程的建构范围，以更科学、更体系化的视角进行整体设计，则能为整本书阅读教学的规范开展与学生素养的有效提升提供切实保障。

校本课程作为中小学新课程计划中不可缺少的一部分，是在学校本土生成的，体现各校的办学宗旨、适于学生的特别需要和本校的资源优势，且与国家课程、地方课程紧密结合的一种具有多样性和可选择性的课程。校本课程具有关联

① 张敏强. 20 世纪教育测量学发展的回顾与现状评析[J]. 教育研究，1999(11).

② 吴欣歆. 阅读整本书，整体提升语文学科核心素养[J]. 中学语文教学，2017(1).

③ 李卫东. 整本书阅读教学的几种偏向[J]. 中学语文教学，2018(1).

④ 张小兵，倪峰. 走进操作层面的"整本书阅读"[J]. 语文教学通讯，2016(25).

性、校本性和可选择性。① 近年来，校本教研开始引起许多学者的关注，在国内有关 U-S 合作的相关研究中，不乏如李子建、李显华主编的《校本课程发展、教师发展与伙伴协作》等，从理论与实践相结合的视角对大学与中小学合作下的校本课程相关发展进行讨论。对于校本课程的开发，崔允漷认为，校本课程开发实质上是一个以学校为基地进行课程开发的开放民主的决策过程，即校长、教师、课程专家、学生以及家长和社区人士共同参与课程计划的制定、实施和评价活动，包括课程选择、课程改编、课程整合、课程补充、课程拓展和课程新编等活动。校本课程要能反映出学生的需要与教师的意愿，是教师行使课程权力、参与课程的一种重要表现形式。②其中，大学一方可以结合地区或学校实际为课程开发提供理论或技术支持。例如，陈胡涛就曾在对上海地区整本书阅读教学现状进行分析的基础上，结合"过程模式"与"泰勒模式"为整本书阅读课程化提出具体建议，为尚处在"模糊""非理性""非自觉"状态下的整本书阅读提供一个具体的、可操作的、清晰的"范式"。③ 概言之，校本课程的开发作为一项需要综合考虑共性与特性，对开发过程的完整性、规范性与科学性都有较高要求的任务，不仅需要中小学教师基于教学实践自我反思、提出校本研究的具体问题并进行同伴互助之外，也需要来自大学的研究人员等"局外人"的参与，以避免校本研究成为同水平反复。④如此，教师才能在批判反思外部专家的建议或开发的课程的基础上，根据具体的教学情境和学生水平提出进一步完善的建议。这一过程不仅适合于"教师作为研究者"的相关理论，也有利于促进教师主动研究实践中的具体问题，从而更深度地参与到课程实践中。⑤

———————————

① 廖哲勋.关于校本课程开发的理论思考[J].课程·教材·教法，2004(8).

② 崔允漷.校本课程开发：理论与实践[M].北京：教育科学出版社，2000.

③ 陈胡涛.上海地区"整本书阅读教学"现状、问题及对策[D].哈尔滨：哈尔滨师范大学，2020.

④ 罗丹.课程改革背景下大学和中小学合作的动因与模式[D].长春：东北师范大学，2006.

⑤ 王常泰.关于大学—中小学伙伴合作机制的研究[D].南京：南京师范大学，2008.

二、基于活动理论的整本书阅读教师工作坊研修模型

(一)活动理论的基本内涵

活动理论的中心是"活动","活动"同时也是活动理论解释心理发生及发展问题的逻辑起点。从哲学的角度看,活动理论最早可以探源至黑格尔。在 19 世纪,黑格尔的古典哲学指出:除了与人的生理系统有直接关系,人的意识还与对历史文化的积极同化、主体征服客体的活动有紧密联系。活动理论的哲学根源还可以追溯至马克思的辩证唯物主义。马克思指出实践的本质是人能动改造物质世界的对象性活动,解释了物质与意识的关系。无论是黑格尔还是马克思,都不约而同地将活动作为立足点来分析人类的进程。

二十世纪二三十年代,苏联基于马克思主义哲学尝试对心理学进行重构。在这一系列学术辩论中,心理学家们达成"意识和活动不可分离"的共识。这对于以往仅仅从生理角度分析人的思维和意识而言具有重大的突破,是对唯心主义哲学观点的批判。1922 年,鲁宾斯坦(Rubinshtein)在此基础上,将属于哲学范畴的"活动"引入心理学领域,人类活动于是作为基本的单元被纳入心理分析中。此后,活动理论经由以维果茨基(Vygotsky)、列昂节夫(Leontyev)为代表的俄国学者丰富、完善。20 世纪 70 年代,活动理论逐渐由俄国引入世界各国。根据芬兰学者恩格斯托姆(Engeström)的整理,活动理论的发展可以被划分为三代。第一代活动理论的核心是维果茨基的中介理论。第二代理论的领导者为列昂节夫,个体与社会的关系成为其关注的重点。列昂节夫正式提出活动理论,认为活动有"活动""行为""操作"三个模式。第三代活动理论的代表是恩格斯托姆,其提出活动系统的六个要素,即主体、客体、工具、共同体、规则、分工。六个要素之间通过相互作用,形成了生产、交换、分配和消费四个子系统。此后第三代理论不断丰富、发展。①

---

① 吕巾娇,刘美凤,史力范. 活动理论的发展脉络与应用探析[J]. 现代教育技术,2007(1).

活动理论对于解决人发展动力的问题具有重大的启发作用，尤其是活动理论将人的认识和心理的研究落实在活动上，指出人作为主体在与周围环境相互作用的过程中，其心理得以发展。简言之，即活动理论认可了人的认识、思维、情感、价值观和态度等都源自主客体的相互作用。从教育教学的角度来看，学生参与的活动本质上也是主客体相互作用的中介。这启示了要想较为正确地理解学生的发展，首先需要正视学生是作为主体进行活动的，而不是消极、被动的教育对象。

活动理论不是抽象、孤立的，其实质是一个概念的系统，由一系列相关的思想构成。其较为重要的思想有如下几点。

其一，内化、外化的思想。依据活动理论，活动分为内部活动和外部活动，二者不可分割。其中，外部活动转化为内部活动的过程就是"内化"。因为内化的过程，人可以通过想象、考虑来进行问题的理解、思考和解决等，并且不需要对真实事物进行操作。"外化"则指内部活动转化为外部活动的过程。当需要对内部活动进行调整时，需要借助外化来进行衡量和协调。同时，活动的环境会对内部活动和外部活动之间转换的时间点、形式产生影响。尤其是在合作时，人们需要更灵活、外显地进行内化、外化，从而促使人在行动上实现和谐。

其二，工具中介的思想。依据活动理论，主体与环境进行交互需借助工具，而非直接进行。所谓"工具"，可以划分为内部人造物和外部人造物。它们分别作为心理工具和物质工具对人的行为进行调节。活动理论指出，工具作为中介，也发挥着决定人与环境交互形式的作用。在人类发展过程中，工具作为手段，在被创造的同时还可以对知识进行积累，调节人与环境、人与物质、人与人之间的关系。

其三，活动的层次结构。活动理论主张活动的组成部分不是静态的，而是受环境影响而不断变化的。活动包含三个层次，分别是目的性层次、功能性层次和常规性层次。于目的性层次而言，主体的动机成为活动的驱动力，客体对活动进行导向；于功能性层次而言，活动的基本组成部分被称为行为，行为所指向的目标需要由不同的活动来实现、达成；于常规性层次而言，一系列的操作构成完整的行为，而操作没有自身的目标，需要一定条件的加持。因此，对于无意识的操作而言，需要有意识的驱动，在实践的过程中不断内化，最后实现自动化。总之，三者的关系可以解释为，活动可以分解后形成行为，行为最终分解后形成操作。

依据活动理论，活动系统由主体、客体、工具、共同体、规则、分工六个基本要素构成。为了从整体的角度理解系统，需要对系统内的构成要素进行分析。

1. 构成要素之一：主体

活动的主体通常指在活动中扮演主动角色，承担主导任务，处于活动中心的个人或团队。[①] 对于活动设计者而言，理解主体的动机可以有效地把握活动系统有效运作的驱动力。教学活动由"教"和"学"的两类活动组成，这两类活动不是孤立的，而是在教学的过程中实现统一，同时又具有各自的特点。依据活动理论，"教"与"学"实质上对应着主导和主体的关系。在教学实践中，二者构成了双向的关系，既相互作用又互为依存。在活动理论的视角下，教学活动中唯一的主体是学习者，主导则是教师。因此，在教学活动中，教师发挥的作用是，依据教学目标设计教学活动，并辅之以适当的教学工具、手段，促进教学活动的有效展开。由此看来，对于教学活动开展的效果与教学目标达成的情况而言，需要关注学习者自身的能动作用，尊重学习者的主体地位。

2. 构成要素之二：客体

客体是活动的导向，也是主体所追求的产品，可以是物质的也可以是精神的。由客体到结果的产生、转变和创造隐含着主体进行活动的意图和目的，因此客体也具有促进主体开展活动的激励、驱动作用。在学习活动中，学习者作为主体，学习的内容则是客体，教材便是学习内容的载体，作为辅助参与到学习者的学习活动中。

3. 构成要素之三：工具

工具是由客体到结果这一转化过程中所使用的事物，即主体作用于客体的手段，分为心理工具和物质工具两种。作为主客体的中介，工具存在于主客体相互

---

① 项国雄，赖晓云. 活动理论及其对学习环境设计的影响[J]. 电化教育研究，2005(6).

作用的过程中。在活动过程中，当现有的工具无法解决当下的问题时，主体会根据实际对工具进行调整和改造，从而使工具更加完善，并用以解决当下的问题。作为实体的工具，也承载着人类的经验与智慧，被留存下来。虽然主体可以对工具进行能动改造，工具的使用也可以促进人们活动方式的形成，但是主体解决问题的能力还是会受到工具的限制。学习者在学习过程中所用到的字典、文具等构成了学生与学习内容之间的中介。一定程度而言，工具是学习内容的制品。

4. 构成要素之四：共同体

活动系统中参与人员的集合体被称为共同体，由若干个体或小组组成，共同体内部一般会有自己的共识、习惯与规则。[①] 共同体一般共享客体，但是共同体的自我建构会将不同的共同体区分开来。个体从本质上来说不能独立开展活动。例如，在协作学习活动中，学习小组即基本形式，学习者通过小组进行沟通、交流和合作，通过小组协作完成任务，达到学习目标。共同体会对活动主体产生影响，并提供一定的资源和帮助。

5. 构成要素之五：规则

规则也称法则。法则指的是制约行动和在活动系统内交互作用的显性及隐性的规则、标准和习俗。[②] 在活动系统中作为主体和共同体的中介，规则发挥着调节二者关系的作用，对主体活动范畴进行限制。规则分为显性规则和隐性规则两种。显性规则一般由共同体成员决议而形成，以书面的形式记录，有明确的标准和外在的形式。隐性规则虽然没有确切的要求，但是经由成员在活动中无意识地凝聚，常常作为观念、态度、价值观等被成员认可并遵循。例如，在协作学习活动中，教师或小组对协作活动的要求、制定的标准等就是显性规则，协作小组内部在活动过程中形成且被认可的交流方式、协作态度等就是隐性规则。

6. 构成要素之六：分工

在活动过程中，主体处在共同体中，需要经过一定分工才能对客体进行较为

[①] 余亮，黄荣怀. 活动理论视角下协作学习活动的基本要素[J]. 远程教育杂志，2014(1).

[②] 项国雄，赖晓云. 活动理论及其对学习环境设计的影响[J]. 电化教育研究，2005(6).

合理、有效的转化。同样是发挥调节作用，与工具、规则不同，分工是共同体和客体之间的中介。因此，分工作为活动系统的构成要素之一，指的是对任务、权利和地位进行分配，分别对组织的横向和纵向发展起到促进作用，从而使组织得以调节和变化。关于分工的方式，可以是成员协商着自下而上地制定，也可以由共同体自上而下地制定。在协作学习活动中，对学习任务的分工就是分工的一种。

(二)教师工作坊的基本内涵

"工作坊"(workshop)作为舶来品，其原始意义指个体手工业者的小规模工作场所，与有一定规模的标准化大工厂是相对的。而工作坊教学最早源自建筑工程设计行业。德国的包豪斯学院采用形似"导师－学徒"的制度向学生传授理论性知识和技术性知识。在日常的教学中，学生在固定的场所中进行实践学习，此特定的空间所被定义为"工作坊"，这一教学模式也被称作"工作坊教学"。"工作坊"概念应用于社会科学领域，不再局限于作坊、车间和工厂等，最早在 20 世纪下半叶。美国的劳伦斯·哈普林(Lawence Harplin)将"工作坊"的概念应用到都市计划之中，使其成为不同立场、族群的人思考、探索和相互交流的一种方式，成为一种鼓励参与、创新及找出解决对策的方法。[①] "工作坊"也延伸出新的含义，即多人的、共同参与的过程及场域空间。此后，"工作坊"的概念被引入教育教学领域，并在高等教育领域，尤其是建筑学、产品设计、环境设计等领域得到了应用和推广。由于在高等教育领域取得较好成果，有学者便尝试将"工作坊"模式应用于基础教育。

教师工作坊是具有合作性质的研学组织，也是一种互助的学习模式。教师工作坊内的教师往往具有共同的目标，不仅仅进行单一的理论学习，更强调成员教师参与、互动以及体验的动态过程。因此，教师工作坊也是一个教师学习、实践的共同体。在教师工作坊中，活动主体涵盖所有成员，一般由一定区域内 10～20 位教师参与组成。通常情况下，依据分工的不同，教师工作坊的成员主要包

[①]　葛桦."实践教学工作坊"的设计与应用[J]. 教育理论与实践，2011(18).

括坊主、专家、助学和一线教师等。其中,坊主是在相关领域富有经验的骨干教师或学科带头人,要求理论知识充足、教学技能卓越,并且作为工作坊的核心,负责研学主题的确定、活动流程的梳理与落实等;专家一般由教研员、骨干教师担任,作为团队的辅助;助学即学校管理者或培训机构工作人员,一般为兼任;一线教师作为主要参与者,也可细分为执行成员和观察成员。

在坊主的有序组织、引导下,教师们在较为固定的地点和具体的时间,聚焦某一个学科议题,或是针对教学中实际存在的问题,开展研修、探讨、交流、观摩、点评、反思等活动,营造自由、平等、积极的研学氛围,以期形成解决方案,解决教学问题,满足教学需求,促进成员的知识提升和经验积累,对教学实践和学生学习发挥积极影响,甚至是产生辐射效应,即促进区域范围内整体教育质量的提高。

1. 教师工作坊研修主题类型

研修主题的选择会直接影响"工作坊"整体工作的目标、实施方式和最终成果。教师工作坊的主题通常有两个指向,分别是教育教学中的实际问题和教师自身发展遇到的问题。

首先,教育教学中的实际问题。教师工作坊中的参与教师基本来自一线,相比于教育教学的专业研究者,一线教师更频繁、更切实地处于具体的教育教学场景中。因此,教育教学活动中产生的一系列现实问题成为工作坊研修主题的重要来源。作为研究展开的重要依托,教育教学场景中不仅蕴含大量待研究的问题,启发教师工作坊进行探索,也对工作坊提出了反馈的需求。即工作坊最终的研讨成果,需要对教育教学实践进行反哺,以解决真实的教育教学问题,"以点带面"地促进区域教育整体发展。教育教学现实问题的挖掘,往往来自教育教学实践中的"二元矛盾"。滋生问题的"两难"情境一般包含"理想与现实的落差"和"价值观之间的冲突"。前者指向理想型的完美课堂与实际效果之间的差距。古德莱德曾提出五种课程形态,其分别是理想的课程、正式的课程、领悟或理解的课程、运作的课程、经验的课程。其中,"理想的课程"是教育教学专家、教育研究机构或学术团体提出的"应然"的理想课程。"正式的课程"、"领悟或理解的课程"与"运作的课程"分别是教育部门规划的课程、教师自身领悟或理解的课程以及实际呈现、落实的课程。"经验的课程"即指学生在课堂中实际体验到的课程。从"理想的课程"到"经验的课程"，在所难免地会存在设想与效果之间的差距，几种课程形态的差距中蕴含着大量具有研究价值的问题。后者指向价值取向的对立。在教育教学一线中，有学校、教师、学生、家长以及社会等行为主体，不同的行为主体持有的观点、价值观和目标有较大的差异，难免出现冲突，甚至是对立。如此"两难"的境地，是一线教师日常会面临的困境，且凭借教师个体的力量，难以得出平衡多方需求的问题解决模式。因此，教师工作坊将这些主体间的矛盾作为研究对象，可以借助团队的力量，研发出具有借鉴意义的具体操作模式或解决方案，为一线教师提供对策，缓解教育教学实际中的阻碍和限制。

其次，教师自身发展遇到的问题。教师工作坊的研修的主要目的之一是提升参与教师的专业素养和技能。针对不同发展阶段的教师群体，工作坊所面临的问题也有所不同。依据美国学者司德菲（Steffy）的教师生涯发展模式，教师的发展分为五个阶段，分别是预备生涯阶段、专家生涯阶段、退缩生涯阶段、更新生涯阶段和退出生涯阶段。根据人文心理学派的自我实现理论，处于不同阶段的教师，分别会展现出不同特质和能力水平。在不同阶段之中，或不同阶段衔接的时期，教师或多或少会面临职业生涯发展的瓶颈问题。为了帮助教师实现专业发展阶段的过渡，当教师工作坊应用于教师培养时，其研修主题应与教师自身发展中遇到的问题相关联。

2. 教师工作坊实施模式

教师工作坊的一般工作包括主题研讨、磨课评课、案例分析和示范演练等。由于不同工作坊群体在目标、主题、成员特长、现实教学问题等方面存在差异，具体的运作模式可分如下几种。

其一，系列跟进式。系列跟进式的实施过程，首先需要明确研修目标，在目标的指引下，过程被划分为不同的阶段。其次根据每个具体的阶段设计子研修主题，在实施的过程中及时进行反思和交流，在上一阶段总结的基础上进行下一阶段工作的展开。随着每个阶段的顺利进行，聚焦于某种理论或方法的研究、实践不断得到深入。在长期的探索下，最终形成了系统的活动模式和解决策略。

其二，多点聚焦式。多点聚焦意味着，针对一个问题或主题，不同教师的视角、观点和方法在实施过程中得到交叉、整合，其实质是团队成员分别从不同的角度、方面对同一个问题进行尝试探索，以期形成解决问题的方法。这一实施模式，可以较为有效地促进团队中的教师在实践中持续思考，将思考运用于实践，进而在不同观点的碰撞和学科知识的交融中，形成深刻的反思和经验总结。

其三，短程互助式。所谓"短程"，指的是时长的缩短和内容的精悍。在确定主题和问题后，聚焦目标展开活动，一般几次甚至一次活动就可以完成目标或解决议题。"互助"指团队中的教师互相满足具体的实际需求。教师可以根据自身需求，自主选择参加。

其四，自上而下式。"自上而下"特指实施路径是由顶层出发至基层的实施模式。这一模式下工作的展开，首先由坊主确定研修主题，并在坊主的主持下召开会议，根据会议精神确定活动流程、成员分组和任务分配，形成活动的具体方案。在方案的指导下，各组各成员执行计划。这一模式的优势在于，成员和小组可以各司其职，实现资源的有效利用，提高工作坊的运作效率。但有时难以兼顾教育教学中实际存在的微观问题。

其五，自下而上式。"自下而上"的路径与"自上而下"相反，通常先由一线教师发现问题，并向团队提出；针对该问题，"工作坊"的成员进行交流和讨论，集合团队的力量提出最优方案；在教学中尝试实践方案，并检验其可行性和有效性；最后根据实践数据，"工作坊"修改和完善方案，直至形成较为可靠、有效和系统的解决方案。

3. 教师工作坊组织原则

典型的教师工作坊一般以坊主为核心，以其他参与成员为主体，构成一个学习共同体。共同体内的教师成员可依据自身的优势、特长和需求来承担任务和扮演角色。在团队关系中，坊主作为组织者，与成员之间的关系是民主、平等的。在主持人的组织下，教师工作坊围绕培训教师、主题研讨、教学实践等目的展开活动，参与教师自主、积极地探索和解决问题。从而提高参与教师的能力、素养，促进范围内整体教育质量的提高。因此，根据实际的工作流程，"教师工作坊"的组织原则为共同性原则、互补性原则和参与性原则。

教师工作坊的组织原则首先体现在共同性上。教师工作坊作为基本的单位，可以发挥整合成员兴趣、需求、能力和资源的作用，统领成员教师围绕明确的目标开展研究、设计、分享和训练等活动，以此达成团队的共同目标。成员之间秉持尊重与信任的原则，以民主协商的方式，有序地参与。问题的解决依赖于成员教师之间的合理分工，这种协作的形式，同时也是促进教师成长的重要手段，是团队保持高效、凝聚的有效保障，团队合作的效益得到最大化。可见，教师工作坊的运作不是源自个人的努力，而是需要整个团队的合作与参与。

教师工作坊的组织原则还体现在成员的互补性上。由于工作坊成员之间具有较大差异性，工作坊需要对整体的系统性与成员的个性进行调和、平衡，整体和个体的互补也成为教师工作坊运作的重要特点之一。同时，个体与个体之间的互补性也十分鲜明。成员之间不是从属关系，而是互补互助的关系。通过平等的对话、沟通与合作，成员发挥各自优势，在体验和参与的过程中，互相促进彼此的自主发展，从而推进团队的整体发展与共同进步。

参与性也是教师工作坊的组织原则之一。所谓"参与性"强调的是全体成员能够集中地参与教师工作坊的培训、讨论、研究工作。教师工作坊的运行不仅依赖于坊主，而且要求成员的群体性参与。"群体性参与"并不是机械、随意的，而是在明确分工的前提下，发挥平台的交际作用，即成员能够全程以工作坊为依托的平台进行沟通和反思。值得强调的是，成员的参与应该在组织的带动下，具备较高的积极性和自主性，而不是消极、被动的。

（三）活动理论视域下的教师工作坊要素分析

教师工作坊作为一个整体，可以通过理解分析活动理论中的主体、客体、共同体三个核心要素与工具、规则、分工三个调节要素，以活动理论为基础构建教师工作坊研修的模式。① 参照活动理论分析教师工作坊研修模式中的参与主体，以及各个要素之间的关系，有助于更合理地指导教师工作坊研修模式的构建，充分挖掘教师工作坊的价值。本节将根据活动系统的要素对教师工作坊活动的要素进行阐释。

1. 学习主体

教师工作坊的主要角色有坊主、辅导教师和参与教师，他们构成了教师工作坊的学习主体。富有经验的骨干教师或学科带头人作为坊主，在团队中凭借自身充足的理论知识、丰富的实践经验和突出的教学技能负责引领教师工作坊活动的展开。辅导教师的身份类似于"助教"，发挥督导、协助的作用，辅助成员参与并完成学习活动，完成学习目标。参与教师由不同水平和不同资历的一线教师组成，具有提升自身专业素养的诉求，作为学习者参与教师工作坊的活动。依据活动理论厘清教师工作坊研修活动的主体之间的关系，可解释为参与教师在坊主的引导和辅导教师的支持下开展活动、完成任务，从而提升自身专业素质。

2. 学习客体

教师工作坊的研修活动聚焦于特定的主题，成员们基于解决问题的目的，通过阐述的方式进行交流，包含讨论案例、阐释理论、总结反思等。但是教师工作坊的学习不止步于此，参与教师还需要将所学知识迁移至实践中，对学习成果进行检验，进而产生新理解。因此，在教师工作坊中，学习的内容作为学习的客体，需要工作坊成员以目标为导向，对其进行完整的观察、体验、理解与应用等。经由这些过程，客体才能够转化为富含意义的理论或有效的实践。教师工作坊的学习模式为参与教师提供了转化学习客体、提升自身知识储备和能力技巧的环境与机会。

3. 学习共同体

依据活动理论，教师工作坊的群体具有过程上的整体性、系统上的开放性和

---

① 张思，刘清堂，熊久明.认知学徒制视域下教师工作坊研修模式研究[J].中国电化教育，2015(2).

成员的组织性。过程上的整体性指的是教师工作坊作为共同体在运行机制上具有内化和外化统一的特点。科学的运作过程实质上就是一个从外到内、由内而外的过程，即外部活动与内部活动相互作用、转化。系统上的开放性指的是内容、过程、空间、关系和成果的开放。开放性为活动提供了更多的可能性，确保活动全过程的动态发展、具备更好的延展性。成员的组织性表现在教师工作坊依据一致的目标，经由科学、民主的分组对共同体进行管理。由此，成员与共同体之间的关系得到凝聚。

实践、动机和合作是共同体模型中三个促成要素。[①] 从实践要素的角度看，教师工作坊的研究主题源自一线教师的教学实践，工作坊研究的成果又在实践中被检验和应用。可以说，实践对于教师工作坊的共同体而言是不可或缺的。从动机要素的角度看，参与教师工作坊的教师都对于提高自身专业素养抱有期待，并且希望通过研修寻求解决现实问题的方案，从而迁移运用于教学问题。因此，动机要素在教师工作坊中发挥着激励和导向作用。从合作要素的角度看，教师工作坊作为共同体，成员在目标上具有统一性，因此需要通过共同协作、解决问题，从而完成目标。构建合作共赢的活动环境是教师工作坊活动正常开展的重要条件之一。

4. 学习工具

学习工具作为学习主体和学习客体的中介，是学习活动中的技术资源，为学习活动的开展提供支持。在教师工作坊中，较为常见的几种学习工具包括提供交流的媒介、存储知识的资源库、成员自身的知识技能、评价反馈的量表等。这些都有助于教师工作坊活动顺利地开展。

5. 活动规则

在活动规则的引导下，教师工作坊活动得以有序展开。在活动规则的指导下，成员的行为得到一定的规范，学习活动开展的秩序也得到规范。这些都有益

---

① 何皓怡. 教师工作坊中协同知识建构过程分析方法及应用研究[D]. 武汉：华中师范大学，2020.

于有效组织学习，发挥教师工作坊的团队效益。

6. 任务分工

教师工作坊会根据不同成员的知识储备、兴趣爱好和现实需求等，为教师成员分配不同的任务、赋予不同的职责，力求任务分工的合理、科学。成员依据共同的目标履行职责、完成任务、贡献力量，通过分工协作的方式展开群体合作活动，以期实现研修目标。

(四)基于活动理论的教师工作坊作用于小学整本书阅读教学的改进

整本书阅读作为一种理念和方法，它的推行与实施是对语文教育实际问题的应对。整本书阅读是自古有之的教学理念与阅读方法，而非当代的产物。比如中国传统的"蒙学"，就提倡儿童通过学习《百家姓》《三字经》等来识字、认字，并由此积累阅读经验；再如关于《论语》《诗经》等"四书五经"的诵读教学。整本书承载着前人的经验与智慧，具有丰厚的阅读价值。再到民国时期，叶圣陶提出养成阅读整本书习惯的教育教学主张。《义务教育语文课程标准(2022 年版)》针对整本书阅读提出："本学习任务群旨在引导学生在语文实践活动中，根据阅读目的和兴趣选择合适的图书，制订阅读计划，综合运用多种方法阅读整本书；借助多种方式分享阅读心得，交流研讨阅读中的问题，积累整本书阅读经验，养成良好阅读习惯，提高整体认知能力，丰富精神世界。"可见课程标准对于"整本书阅读"这一拓展型学习任务提出了明确的要求和标准。通过梳理学科历史的渊源，"整本书阅读"对今天语文阅读教学依然具有启发意义与实践价值。

整本书阅读对于培养学生阅读兴趣、增加阅读经验和提高阅读品位等具有重要价值。尤其在小学阶段，学生处于养成良好阅读习惯、培养一定阅读能力的关键期。因此在小学阶段，更需要科学、合理地选择阅读书目、创建阅读教学策略。

当前小学整本书阅读教学存在一定的困境。而在活动理论指导下构建的教师工作坊具有组织上的整体性、目标上的一致性、成果上的共享性等特点。因此，将基于活动理论建设的教师工作坊与小学的整本书阅读教学相结合，有助于提升参与教师的素质，并作用于小学整本书阅读教学的改进。

1. 实施流程

活动理论视域下的教师工作坊对于小学整本书阅读教学的改进，具体可以从课前准备、课中施教和课后反思三个层面展开。

(1)课前准备

针对课前准备，教师工作坊可以发挥其培训、研讨的功能。

首先是针对整本书阅读开展教学知识和教学技能培训。教师工作坊可以通过线上和线下相结合的形式，由骨干教师、学科带头人、专家等针对整本书阅读的教学进行培训，实现知识的共享，发挥教师工作坊作为交流平台和社交网络的作用。教师工作坊集体培训可以对教师在教学实践中遇到的具体问题进行回应，并且可以切实地对课程标准进行解释，以帮助教师深入地理解课程标准对于小学阶段整本书阅读的要求。理解课程标准可以对教师的教学工作提供方向性的指导，驱动教师积极落实整本书阅读的教学。同时，教师工作坊还可以对整本书阅读的历史进行梳理、解释整本书阅读的基本知识、汇总整本书阅读的教学策略类型、锻炼教师的整本书阅读教学技能以及分享优秀教师实践经验等。

其次是发挥教师工作坊的主题研讨功能。可以由坊主针对学术界的热点提出研讨主题，成员在合理分工的条件下各司其职，最终形成对整本书阅读教学问题的共同认识和理论系统。也可以由参与的一线教师根据教学实际，收集、提出真实存在的教学难题，如针对小学阶段整本书阅读的学情调研、教学时间规划、学生阅读书单制定、教学工具设计以及评价体系建构等，在教师工作坊中发挥与利用学习共同体的力量与资源，整合解决问题的具体方案。在课前的主题研讨中，坊主可以组织成员进行策略性的讨论，集思广益，最终整合为针对某一阶段、某一课时或某一本书的教学设计。

值得注意的是，在课前备课阶段，教师工作坊的研修模式需要着重发挥共同体的作用，提高成员的组织性和活动的有效性。并且要注重动机要素在共同体中的激励作用，以成员教师目标的一致性为出发点，鼓励成员教师通过协作的方式解决问题，为整本书阅读教学的展开提供充足的前期准备。总而言之，在教学前的备课阶段，教师工作坊主要可以从提升教师素养、形成教学策略两个方面为小学的整本书阅读提供支持，发挥团体合作的最大效益。

(2)课中施教

在整本书阅读教学的实施过程中，教师工作坊可以提供相应的反馈与指导、交流与合作，参与教师则可以在教学实践中应用并检验教师工作坊提出的理论和教学方法。

从教师工作坊的角度来看，参与教师为主体，在教学实践遇到方法操作、策略推进的困难时，可以及时利用教师工作坊的平台同其他成员沟通，甚至是共同磨课和评课，从而获得及时性的辅助和参考，以解决自身问题。与此同时，在教学实施过程中，也要注重运用分工的机制，对参与教师进行任务的安排，参与教师则遵循活动规则进行自主的教学活动。教师工作坊充分尊重参与教师的自主性，并且教师工作坊的氛围较为民主、平等、和谐，这些都是能够保证参与教师自主展开整本书阅读教学的有利因素，实现主体间的合作共赢。

从参与教师的角度来看，在整本书阅读教学实施的过程中，参与教师不仅会有意识地迁移在教师工作坊习得的技巧和知识，也会积极实施和运用教师工作坊制定的方法及策略、设计的教学工具等。因此，参与教师的实践对于教师工作坊共同体而言也是一种反哺。具体而言，在教师工作坊的指导和辅助下，参与教师可以在大方向的指引下，发挥自身能动性进行教学。如在导读、自读、讨论、写作或是拓展等课堂中，参与教师可以根据学生的能力水平、兴趣爱好和现实需求等自如地调整话题和方法，从而改变教学模式的僵硬状态，使得整本书阅读教学更灵活。除了探究如何更好地落实整本书阅读教学，参与教师还需要及时记录实施过程中的问题，检验方法的可行性和有效性，进而在总结阶段进行反馈。

(3)课后反思

课后反思阶段，一般指的是在教学完成后教师进行总结和反思的阶段。在这一阶段，"教师工作坊"可以帮助成员进行评价、总结、修改和完善。

针对整本书阅读教学的评价，在教师工作坊的活动模式下，可以分为自评和互评两种类型。自评指的是教师落实教学后的自我评价，互评则是教师工作坊成员之间的互相评价。评价活动的展开，有利于整本书阅读教学的学科化和经验化，经过教师工作坊的总结，还可以促进小学整本书阅读策略的系统化。经由教师工作坊的分工，成员教师们还需要在收集来的问题和建议的基础上，对教学策略、教学方法、教学知识等进行修改，从而形成完善和系统的解决方案。除此之外，成员所反馈的教学情况和相关数据，可以帮助教师工作坊进行后续的进一步研究。

2. 价值与意义

在活动理论的指导下，教师工作坊的活动作用于小学整本书阅读教学的改进，具有以下现实意义。

首先，促进教师对整本书阅读教学的深入理解，提升参与教师自身的教学素质。在教师工作坊的组织下，教师可以通过参与技能的培训和知识的共享，提升自身专业素养，促进自身职业发展。教师工作坊的整本书阅读教学培训不是将现成的理论和知识直接灌输给教师，而是通过全体、全程、自主的参与和体验，让参与教师在尝试、交流、反思、总结等一系列过程中生成自己对于整本书阅读教学的深刻理解、行为转换和有效经验。

其次，促进教学策略的科学性和有效性，符合语文课程改革新理念。在教师工作坊的学习模式下，构建了民主、和谐、平等的研修环境，坊主和成员以集体协作的形式各司其职，合理的分工、程序的制定以及标准的要求，都使得教师工作坊的活动过程和活动成果有了质量的保障。

最后，发挥教师工作坊的辐射影响，提高区域内整体教学质量。由于教师工作坊的坊主、辅导教师和参与教师在一定的区域范围内具有较强的学科影响力和认可度，教师工作坊的研究成果可对范围内的教师、机构和学校等发挥辐射影响，从而使得教师工作坊研制、完善、成型的整本书阅读教学策略得到推广和应用，从而提高区域整体的整本书阅读教学质量。

虽然基于活动理论的教师工作坊目前尚处于探索阶段，但可以明确的是，这一活动模式是符合课程改革要求的模式。针对当下小学整本书阅读教学的现实困境，教师工作坊凭借其成员的组织性、目标的一致性、行动的自主性、实施的科学性等，回应了课程改革对于教师提出的专业素质要求。

【本章小结】

本章在总结小学语文整本书阅读教学改进实施经验的基础上，总结了两个行之有效的模型——"基于U-S框架的整本书阅读教学改进推进模型"和"基于活动理论的整本书阅读教学改进教师工作坊实施模型"。本章着重阐释了两个模型的理论基础、内涵与要素特征，并结合整本书阅读教学改进的实际情况对模型的应用作深入阐释，以期从宏观层面为推动整本书阅读教学、学习、研修提供参考。